新
悦

遇见智识与思想

失落文明系列简介

本系列丛书意图探索伟大的古文明的兴衰和古代世界人们的生活。每本书不仅涉及所述文明的历史、艺术、文化和延续至今的影响，还试图解释它们与当代生活的联系以及在当代社会中的重要意义。

该系列已出版

THE AZTECS

"世界" 之战

墨西哥的
阿兹特克往事

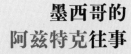

Frances F. Berdan

[美] 弗朗西斯·伯丹 著

曹磊 译

李默然 审校

中国社会科学出版社

审图号：GS（2023）700 号
图字：01-2021-4787 号
图书在版编目（CIP）数据

"世界"之战：墨西哥的阿兹特克往事/（美）弗朗西斯·伯
丹著；曹磊译.—北京：中国社会科学出版社，2023.5
（鼓楼新悦）
书名原文：The Aztecs：LOST CIVILIZATIONS
ISBN 978-7-5227-1594-0

Ⅰ.①世… Ⅱ.①弗… ②曹… Ⅲ.①阿兹蒂克人—民族文
化—文化史 Ⅳ.①K731.8

中国国家版本馆 CIP 数据核字（2023）第 057344 号

The Aztecs：Lost Civilizations by Frances F. Berdan was first published by
Reaktion Books, London, UK, 2021, in the Lost Civilizations series.
Copyright© Frances F. Berdan 2021
(The simplified Chinese translation rights arranged through Rightol
Media Email：copyright@ rightol. com)
Simplified Chinese translation copyright 2023 by China Social Sciences
Press. All rights reserved.

出 版 人	赵剑英	
项目统筹	侯苗苗	
责任编辑	侯苗苗　杨　颖　王万里　兰钧雯	
责任校对	王佳玉	
责任印制	王　超	

出　　版	中国社会科学出版社
社　　址	北京鼓楼西大街甲 158 号
邮　　编	100720
网　　址	http://www. csspw. cn
发 行 部	010-84083685
门 市 部	010-84029450
经　　销	新华书店及其他书店

印刷装订	北京君升印刷有限公司
版　　次	2023 年 5 月第 1 版
印　　次	2023 年 5 月第 1 次印刷

开　　本	880×1230　1/32
印　　张	12
插　　页	2
字　　数	235 千字
定　　价	89.00 元

目　录

大事年谱

公元 1—650 年前后	特奥蒂瓦坎[1]鼎盛时期
公元 950—1175 年前后	图拉[2]鼎盛时期
公元 1150—1350 年	奇奇梅克[3]人迁徙到墨西哥[4]中部地区
公元 1325 年	特诺奇蒂特兰[5]城址奠基
公元 1428—1430 年	阿兹特克三国同盟成立
公元 15 世纪 50 年代早期	墨西哥中部，尤其是墨西哥盆地内发生严重饥荒
公元 1465 年	查尔科被征服，沟通东、南两个方向

[1] Teotihuacan，位于今墨西哥城附近，古代印第安托尔特克人（Toltec）的宗教和文化中心，"特奥蒂瓦坎"的印第安语意思是"神都"。

[2] Tula，位于今墨西哥城附近，古印第安托尔特克文明的首都，公元 1168 年遭到其他印第安部落入侵，最终毁于战火，阿兹特克人将托尔特克人奉为自己的祖先。

[3] Chichimec，北美印第安部落，公元 12 世纪迁徙到中墨西哥，终结了托尔特克人的统治，阿兹特克人属于奇奇梅克人的一个分支。

[4] Mexico，这个地名源自阿兹特克战神墨西卡利。

[5] Tenochtitlan，位于墨西哥特斯科湖一座岛上的古城，公元 1344—1345 年前后，阿兹特克人以这座城市为首都，统治墨西哥，直至公元 1519 年被西班牙人征服。

	的商贸通道被打开
公元 1473 年	特拉特洛尔科[1]臣服于特诺奇蒂特兰
公元 1479 年	阿兹特克帝国惨败于塔拉斯坎帝国之手
公元 1487 年	特诺奇蒂特兰“大神庙”完成一次重要扩建
公元 1502 年	蒙特苏马二世[2]接替阿维措特[3]成为阿兹特克皇帝
公元 1504 年和公元 1515 年	三国同盟与特拉斯卡拉[4]及其盟友爆发“容冠战争”
公元 1519 年	埃尔南多·科尔特斯[5]麾下的西班牙征服者抵达今天的韦拉克鲁斯[6]附近
公元 1519 年 11 月 8 日	埃尔南多·科尔特斯和蒙特苏马二世

[1] Tlatelolco，位于墨西哥盆地的古代印第安城邦。

[2] Motecuhzoma Xocoyotzin，公元 1502—1520 年在位，后被西班牙人俘获。

[3] Ahuitzotl，公元 1486—1502 年在位，阿兹特克帝国的第 8 任统治者，他的前任蒂索克仅仅在位 5 年就去世了，所以作者说他的继任者运气好。

[4] Tlaxcala，中美地区印第安城邦，这个族群是西班牙人进攻阿兹特克帝国时的最主要盟友。

[5] Hernando Cortés，1485 年至 1547 年 12 月 2 日，西班牙贵族，阿兹特克帝国的征服者。

[6] Veracruz，墨西哥东岸最大的港口城市。

	在特诺奇蒂特兰城下举行谈判
公元 1520 年 7 月上旬	西班牙人的"悲痛之夜"
公元 1521 年 8 月 13 日	西班牙征服者俘获阿兹特克末代皇帝
	考乌特莫克（Cuauhtemoc）

图1　手拿可可果实的火山岩材质男性雕像，年代为公元 1440—1521 年

引　言

阿兹特克文明是最后一个覆盖古代中美地区的广阔区域，历史悠久的伟大人类文明。公元 1521 年，阿兹特克帝国和它们的盟友沦陷于西班牙征服者的铁蹄之下。从那时起，阿兹特克的恢宏首都毁于一旦，政府机构分崩离析，国家土崩瓦解，生活在这片土地上的人们遗忘了祖先颇具夸张色彩的宗教仪轨，转而皈依基督教。

表面上看，阿兹特克人建立的帝国连同他们创造的文明似乎真的已经"失落"（lost）了，理所当然应该划入"失落的文明"系列丛书的关注范围，不过这只是真相的一个方面。历史上真实的阿兹特克帝国虽然已经"失落"，阿兹特克人创造的文明却没有彻底淡出人们的视野，仍然需要给予持续的关注。

书面文献，考古学和人类学

阿兹特克人是个有文化的族群，经他们之手流传后世的文献可谓汗牛充栋。这些古代文献包括专业书写者撰写的配图手抄本，王朝正史和地图，还涵盖野史逸闻、户籍档案、往来账目、历法纪年、天文星象等诸多门类。遗憾的是，阿兹特克文献中的绝大多数后来都成了西班牙征服者的报复行动，以及其他相关事件的牺牲品。在西班牙宗教人士的眼中，这些土著人编纂的文献属于彻头彻尾"魔鬼的杰作"，因此遭到了有计划的蓄意销毁。

地图1 "后古典时代"晚期的中美地区[1]

尽管如此，仍有少量阿兹特克文献躲过一劫，同时还有数量可观的同类文献在西班牙征服行动结束后的数十年当中，经由当地土

---

[1] 书中地图系原书插附，下同。

著首领或西班牙政治、宗教领主的授意，被重新创作出来。过滤掉那些混杂其间的西班牙文化元素以后，这些"再生文献"便可以为我们展现大量"前西班牙时代"阿兹特克社会的历史风貌。

16世纪的西班牙征服者非常喜欢舞文弄墨，他们热情洋溢地撰写了大量名目繁杂、引人入胜的探险游记。通过往来书信和其他文本，他们描述了自己和那些未来的被征服者，也就是当地土著居民的早期交往经历。此类文献包括科尔特斯写给时任西班牙国王的5封信，科尔特斯手下某位士兵撰写的一本"信史"，以及若干篇由这位征服者本人亲手创作的简短现场目击记录。

征服行动结束后的很多年当中，以多明我会修士迭戈·杜兰[1]和圣方济各会修士贝尔纳迪诺·德萨阿贡[2]为代表的众多西班牙宗教人士都曾以阿兹特克历史文化为题创作过长篇大论。这些宗教人士及其他学者留下的资料往往具有非常高的可信度。比如迭戈·杜兰等人对于自己搜集、整理的那些阿兹特克手稿的介绍；贝尔纳迪诺·德萨阿贡通过采风方式，直接从有文化的土著居民那里获得一手材料，完成的百科全书式作品《佛罗伦汀手

---

[1]　Dominican friar Diego Durán，1537—1588年，年幼时随同家人从西班牙移居墨西哥，成年后接受圣职，代表作 *Aztecs：The History of the Indie*。

[2]　Franciscan friar Bernardino de Sahagún，1499年生于西班牙，1529年随同家人移居墨西哥。

抄本》[1]；还有类似唐费尔南多·德阿尔瓦·伊斯特利尔索奇特尔[2]这样的土著历史学者以"前西班牙时代"阿兹特克图册、手稿为研究对象撰写的相关专著，只可惜，他的书目前已经失传。除此之外，为了建立殖民新秩序，西班牙人在对当地土著族群实施人口普查的过程中，也留下了大量内容广泛的官方文件，以及税收报表和法律文书等材料。

在这些西班牙语文献长篇累牍的记述里，土著居民经常被刻画为愚蠢又木讷的形象。事实上，他们当中的某些人很早就掌握了西班牙语，进而开始用西班牙字母书写纳瓦语[3]的遗嘱、起诉书、地契、申诉书和信件。恰恰是这种古老语言的韧性，让阿兹特克人的口头和书面历史以"纳瓦语+西班牙语字母"的形式流传了下来，今天的我们才得以借助前人留下的正史、野史、诗词、歌曲和故事传说，重构古代阿兹特克世界的日常生活。

以阿兹特克人为题的史料尽管数量众多，内容也非常丰富，相关领域的研究却仍然存在某些"硬伤"。例如，科尔特斯留下的信

---

[1] *Florentine Codex*，墨西哥当时被称为"新西班牙"，这本书的全名为 *The Florentine Codex General History of the Things of New Spain*。

[2] Don Fernando de Alva Ixtlilxochitl，1578—1650 年，父亲是西班牙人，母亲为墨西哥当地土著居民。

[3] Nahuatl，阿兹特克语系的一个分支，西班牙人来到墨西哥以前当地的通用语言，纳瓦语原先使用的是难度很高的象形文字，普通人不容易掌握。

件就完全是以他本人为中心的自说自话，其他西班牙征服者讲述的故事，字里行间也都要受自身立场的制约，充斥着固有的文化偏见。某些西班牙神职人员身上背负的宗教狂热，自然而然，会让他们对当地人的宗教信仰和祭祀仪式嗤之以鼻。

看待问题的不同角度，也能对书写者的行文产生微妙影响。例如，某位土著居民中的上层人士对于"前西班牙时代"历史的讲述，不光会受限于他所处的社会地位，还可能受他所在地域特定视角的制约。换言之，书写者的思想通常和他自身的社会地位、居住地、伦理道德、工作职业等因素息息相关，这些因素造成的影响最终都会有意无意地体现在字里行间当中。

尽管如此，今天的我们仍然非常倚重那些殖民时代早期留下的史料去了解和触摸"前西班牙时代"的阿兹特克历史。了解和触摸那段历史的前提，首先是要将各类史料中"前哥伦布时代"[1] 的本土文化元素与殖民时代的外来文化元素及其变种加以区分。其次还应意识到，尽管这个领域的很多史料都能给人带来耳目一新的感觉，它们提供给我们的信息却始终都是片面的，无法充分还原那个已经"失落"了的阿兹特克世界。许多生活场景，比如妇女的活动、奴隶的日常起居等，在这些拼接的史料中仅是匆匆一现。

---

[1]　pre-Columbian，指哥伦布到达美洲以前。

考古学可以在一定程度上填补这些空白。进行考古发掘的目的，就是寻找并阐释古人遗留的物质遗存和人体遗骸。幸运的是，阿兹特克人留下了大量与他们的社会生活和私人生活有关的线索（其中的某些非常壮观，震撼人心）比如固定的建筑遗迹、可移动文物和人类遗骸等。

总的来说，阿兹特克人应该算是非常出色的建筑师，他们留给后人的建筑遗迹包括巍峨的神庙，雄伟的宫殿，以及球场、蒸汽浴室、骷髅墙[1]、武士会堂（warrior assembly rooms）、神像、祭坛、学校、城墙、甬路、水坝、梯田、日常居所，还有数量可观的仪式埋藏坑[2]。西班牙征服时期，以及征服行动结束后的短时间内，这些阿兹特克古迹中的绝大多数，尤其是类似神庙这样具有宗教和政治意味的建筑，普遍遭到了破坏。那些劫后余生的建筑，经历过若干世纪的风雨飘摇以后，也只剩平台和基础留存至今。

几百年来，华美炫目的阿兹特克文物在欧洲声名远播。早在西班牙征服时期，乃至其后的若干年中，包括科尔特斯在内的很多殖民者就开始把劫掠所得的一箱又一箱金银财宝，越过大西洋，馈赠给西班牙的众多机构和个人，其中的受惠者当然也包括西班牙国王本人。

---

[1] skull racks，阿兹特克文化中有用战俘的头骨砌墙、建塔的习惯。
[2] ritual cache，祭祀仪式结束后，某些祭品会被埋入地下或投入水中。

公元 1520 年，这些越洋而来的礼品运抵西班牙后，首先在国王的宫廷中展出了一段时间，随后又被送到布鲁塞尔市政厅（Hôtel de Ville of Brussels）继续展览。展现在参观者面前的首先是大量金、银盘子，然后是塞了满满两间屋子的阿兹特克盔甲和武器，接下来是各种"稀奇古怪"的服饰和其他物品。闻名遐迩，艺术眼光敏锐的画家阿尔布雷希特·丢勒[1]曾徜徉在这些展品当中流连忘返：

> 整整一天时间，我心无旁骛，满脑子想的全是这些东西……我为异域艺术家的高超技艺感到心悦诚服。[1]

由于这些展品体现出的独特韵味，再加上那些征服者、殖民官员，以及天主教修士和教士们浓墨重彩的竭力渲染，阿兹特克人从此便被很多欧洲人贴上了浪漫的"异域"标签。

17—18 世纪的多数时间里，欧洲人对阿兹特克的考古热情始终处于不温不火的低潮状态。公元 1790 年，随着别名为"历法石"的圆形"太阳石"[2]（直径 3.6 米），还有科亚特利库埃女神[3]雕像（高 2.7 米）在墨西哥城核心区域的出土，这种持续低迷的情

---

[1] Albrecht Dürer，德国文艺复兴时期画家。

[2] Sun Stone，现存于墨西哥人类学博物馆，2012 世界末日的说法就源自这块石雕上记载的太阳历。

[3] mother goddess Coatlicue，阿兹特克神话中的大地女神。

况终于有所改观。那之后又过了 1 年，体量庞大的"献祭之石"[1]重见天日。就像其他很多考古发现一样，这 3 件古物的出土，并非有意为之，而是得益于当时的墨西哥城需要重新整修城市主广场，也就是宪法广场（zócalo）的下水道。

上述 3 件文物出土后，经历过很多考古学历史上的"离奇事件"。比如说，"太阳石"就曾被人们以立姿摆放[2]，目的只是更方便研究上面的雕刻内容。1791 年 7 月 2 日，这件文物被转移到附近的一处天主教堂，安放在教堂西南塔楼最显眼的位置。经历过漫长的风雨侵袭之后，1885 年，"太阳石"又被转移到墨西哥城内新成立的国立博物馆（Museo Nacional）。1964 年，它才最终落户位于查普特佩克公园（Chapultepec Park）的墨西哥国立人类学博物馆（Museo Nacional de Antropología）新址，并保存至今。

由于西班牙征服者对阿兹特克本土宗教的敌视态度，科亚特利库埃女神雕像最初被天主教修士们埋在了大学的校园[3]里。1803年，普鲁士博物学家亚历山大·冯·洪堡[4]出于研究需要，把雕

---

[1] Tizoc Stone，又名"蒂索克石"，外形近似一个圆形磨盘，阿兹特克人献祭时，会把人牲的心挖出来，放在献祭石中心的小坑里。

[2] 立姿摆放容易倾倒，石头本身的重量也会对文物内部结构产生影响。

[3] city's university courtyard，原文并未具体说明是哪所大学，参考相关资料应为墨西哥国立自治大学。

[4] Alexander von Humboldt，1769 年 9 月 14 日—1859 年 5 月 6 日，近代地理学的奠基人之一。

像挖了出来。有意思的是，这位博物学家刚刚离开，雕像立刻又被修士们重新埋进了土里。时至今日，科亚特利库埃女神也已经成了国立人类学博物馆的镇馆之宝。

这些令人叹为观止的考古发现，重新点燃了世人对于阿兹特克文明的热情。从 19 世纪到 20 世纪早期，若干考古成果相继得到公布，激发了人们对阿兹特克历史的强烈好奇心。1825 年，墨西哥国立人类学博物馆正式成立。与此同时，考古学家开始着手进行一系列意义重大的发掘行动，特别是以埋藏在今天墨西哥城地下的古城特诺奇蒂特兰为对象的发掘行动。1914 年，相关发掘行动找到了一座"阿兹特克大神庙"[1]，还有与之配套的大量祭祀用品。遗憾的是，"阿兹特克大神庙"被发现以后，却没有得到相应的重视。直到 1978 年，针对这座神庙的考古行动才真正引发世人关注。

1960 年开始的墨西哥盆地大规模聚落形态[2]调查，为世人了解阿兹特克文明提供了一个全新视角。此次颇具启发意义的考古行动发现，墨西哥盆地范围内曾密集出现过数量众多的古代定居点。考古学家的关注重心由此逐渐从大型城市中心转向乡村。[2] 这些调查衍生出的多个项目，为 20 世纪中期出现并延续至今的以问题为导

---

[1]　Aztecs' Great Temple，指特奥卡里大神庙，是供奉雨神特拉洛克和战神威齐洛波契特里的金字塔形神庙。

[2]　settlement pattern，指某个区域范围内的居民，以及与之配套的生活环境。

向的考古学研究提供了养分。同时，让考古学家得以完善墨西哥盆地的年代序列和历史时间线，并对诸如人口规模、城乡关系、政治和社会复杂化、手工业生产、贸易和经营活动，以及家户的日常生活等话题进行探讨。

考古学家还将他们的注意力转向长期的文化和政治变迁历程，以及阿兹特克帝国对其征服地区的巨大影响。凭借 21 世纪先进的技术手段，考古学家能够搞清一位杰出的阿兹特克工匠如何制作样式繁复的羽毛头冠，能够厘清不同类型的陶器或石器的来源和交换路线，还能破解祭祀埋葬坑中数千件人工制品的内在含义……类似这样的清单可以写得很长、很长。在今天的阿兹特克考古学中，每一次全新成果的取得，都意味着更多的新课题随之而生。

今天，以古代阿兹特克城市和乡村地区为对象的发掘行动，已经为我们提供了与这个古代族群生活有关的大量信息，本书随后将陆续介绍其中的几项研究成果。针对阿兹特克文明的考古发掘，最重要的收获出现在墨西哥城的中心地带，还有以"大神庙"[1] 为核心的周边区域。目前，考古学家的足迹几乎已经遍及阿兹特克帝国的每个角落。他们找到了大量建筑遗迹，还发掘出数量可观的可移动文物。这些文物的涵盖范畴，大到"大神庙"地基底部出土的

---

[1] 原文为 Tenochtitlan's Great Temple，指的就是前文提到的阿兹特克大神庙，为避免混淆，译者统一将这处地名翻译为大神庙。

科约尔沙赫基[1]石雕（直径 3.2 米），小到鹿形的石膏塑像、细如米粒的翡翠珠子、纤薄的燧石刀、精致的耳环和唇塞[2]之类的高度只有 10 厘米的小玩意儿。

　　从考古研究的角度来说，文物出土时最好能保持在原位不动，或者至少应该留在它们当初被有意无意安放的位置。这样一来，考古学家就可以据此判断文物产生的年代，同时推测它当初的归属地，比如说一处民居、一座神庙，乃至一个社区等等。由于各种各样的原因，全球博物馆收藏的各类文物，其中还包括不少异常精美的工艺品，的确也有很多无法说明出处或者来历不明。尽管如此，这也并不意味着它们没有任何考古学方面的价值。举例来说，一件华丽的绿松石马赛克镶嵌画，不光可以向世人展现古代工匠的高超工艺，同时还能通过画面间接传达某些信息。比如制作这幅镶嵌画都使用了哪些材质的原料，它们的具体产地；古代工匠制作这幅镶嵌画时采用的工艺和流程，具体都需要哪些工具；乃至画面本身的象征性含义等。也有很多精美的阿兹特克工艺品由于制作材料不易长期保存，只在考古发掘中有零星发现，其结构已得到细致研究，[3]

---

[1]　Coyolxauhqui，阿兹特克神话中的月亮女神。
[2]　lip plugs，阿兹特克人习惯在嘴唇上打孔，然后塞上一个形似鸟嘴的器物作为装饰。

比如目前保存在维也纳的羽毛盾牌[1]和头冠。

　　埋藏地下的人类遗骸，能直接为我们提供与阿兹特克人有关的更多信息。这些出土遗骸的身份通常是逝者或殉葬者。"大神庙"周边就曾找到过火化后的贵族遗骨，以及很多被砍掉头颅祭祀雨神的人牲，其中的某些个体明显属于未成年的孩子。"大神庙"附近的一些建筑遗迹中还发现了血液的残留物，这意味着那里曾举行过"血祭"（blood-letting）仪式。遗迹中几个随意散落各处、鬓角位置被人工打孔的头骨，则说明它们当初可能是被挂在架子上用于公开展示。总而言之，考古发掘中找到的人类遗骸能够向后人透露诸如死者年龄、性别，乃至健康状况之类的重要信息。特定情况下，它们甚至可以告诉我们这些逝者生前的迁徙历史，乃至最后的死因。

　　考古发掘获得的各类信息，可以为文献资料提供重要的修正和补充，而且这方面的资源几乎可以做到源源不断、取之不竭。就在您阅读本书的同时，考古学家或许正在墨西哥城搜索阿兹特克人留下的祭祀遗迹，其他研究者则或许分散在阿兹特克帝国昔日疆域的各个角落，收集整理各类与之相关的逸闻传说。这些研究成果可能是单调乏味的，也可能是骇人听闻的。

　　相比书面文献，考古发掘得来的信息有一个重要优势，那就是

---

[1]　feather shield，盾牌主体用木材和藤条制成，外部再粘贴羽毛作为装饰。

能够基本摆脱书写者自身主观偏见的束缚。举例来说，某座宫殿也许会在某个特定的时代拔地而起，成为统治者权力和财富的象征，然后又在某个特定的时代遭到遗弃。从遭到遗弃的那刻开始，这座宫殿就会静静地矗立在那里，保持原状，直到后人再次发现它为止。尽管在这个过程中，宫殿也可能经受破坏和洗劫。

同样的道理，某位逝者入土为安时，也许会经历一系列有意而为的葬仪，然而当时的人们如此安葬死者和那些随葬品，却并非是为了故意给未来的考古学家造成某种误解，或者故意让他们形成某种印象。除此之外，考古学的研究重点是那些现实的物质遗迹，关注的是书面文献通常不会涉及的古代人类日常生活中的诸多方面，比如居所建造、手工艺、饮食习惯、生活水平等。这意味着考古研究可以比文献研究追溯到年代更加久远的历史。

通过考古发掘得到的信息，由于研究视角和技术的限制，无疑也会存在不完整和片面性的问题。征服行动结束后，西班牙人故意在很多阿兹特克城镇的原址上修建新城，新城建筑使用的石料直接取自旧城。这样一来，当代考古学家要想找到那些古城遗址就变得非常困难。更有甚者，某些考古信息经过时光的"筛选"，本身也会给后人造成一叶障目的错觉。就拿出土文物来说，除了极个别的情况，多数用木材、布匹、羽毛之类易腐材料制作而成的普通日用品都很难保存长久，真正能够流传下来的物品大多和语言、宗教、社会规范等抽象文化有关。

现代人类学可以适度弥补考古研究和文献研究领域存在的不足。时至今日，仍有超过200万人讲纳瓦语，也就是把阿兹特克人的语言当作自己的日常用语。过去500年间，尽管西班牙和墨西哥两地横跨大洋建立了长期联系，不断保持着文化交流，这种古代语言却表现出了惊人的稳定性。语言是民族文化的最集中体现。通过研究语言，可以揭示那些古代神话传说的微妙内涵，可以厘清古代家庭的人际关系，还可以间接获得包括农耕、纺织、医疗在内的古代人类活动的大量线索。这些内容，通常都是文献研究和考古研究的"短板"。

除了语言，阿兹特克人繁衍至今的后代，以及很多其他当地土著族群，仍在坚守先人文化传统的前提下，延续着自身特有的某些风俗习惯，比如耕种的方式、饮食的口味，乃至个人或集体言行规范方面花样百出的繁文缛节等。过去数十年间，人类学在这个领域跨越将近500年的时空阻隔，历经沧海桑田进行的不倦探索，或许不仅仅是成功复原了一幅浴火重生的阿兹特克世界日常生活图景那么简单。

本书将全面借鉴考古学、文献学和人类学这3门学科提供的信息，而不是偏重其中任何一方，因为可供借鉴的信息越全面，也就意味着对历史的还原越接近客观现实。在接下来的几章当中，作者将以这些信息为入手点，深入研究它们背后隐藏的那个真实历史，也就是已经"失落"了的阿兹特克文明。正是这些七零八碎的文化碎片的相互拼接，成就了阿兹特克人曾经生活过的那个世界。

一些重要概念

引言的最后，作者希望澄清一些不易理解的专业术语。这些专业术语当中，最棘手的恰恰是本书的主题——阿兹特克人（Aztecs）。作者笔下的阿兹特克人，指的是"后古典时代晚期"[1]（公元 1350—1521 年）生活在墨西哥盆地，说纳瓦语的特定族群。本书所说的阿兹特克帝国，指的则是墨西哥盆地范围内，以特诺奇蒂特兰、特斯科科（Texcoco）、特拉科潘（Tlacopan）三大城邦为核心的那个古代国家。

容易发生混淆的是，"阿兹特克"这个概念还可以被用来含混地指代某个特定的历史时期，某种专门的艺术和建筑风尚，有时甚至可以跟"墨西卡"画上等号，最后这种情况下，"阿兹特克"作为地理概念通常特指特诺奇蒂特兰以及它的周边区域，比如特斯科科等地。阿兹特克时代，生活在墨西哥中部地区的居民习惯按自己所属的城镇或城邦来划分各自的身份，所以"墨西卡"经常又可以

---

[1]　Late Postclassic period，西方史学界所说的"古典时代"指的是古希腊、古罗马时代，后古典时代晚期实际指的就是中世纪晚期。

跟"特诺奇卡"[1]和"库瓦—墨西卡"[2]这两个说法相提并论。最后一个有趣的词就是"中美地区"（Mesoamerica），这是一个文化区概念，指的是"前哥伦布时代"经历了复杂国家和文明兴衰的墨西哥和美洲中部地区。

澄清这些问题和术语以后，本书作者将引领诸位回到过去。这个"过去"可能会让你感觉熟悉又陌生。感觉熟悉是因为同属人类的我们，共性永远多于差异；感觉陌生，则可能是因为本书讲述的某些内容也许会超出你的日常经验范围，从而让你觉得怪异甚至不快。

本书讲述的故事开始于公元 1519 年。

---

[1] Tenochca，阿兹特克人认为自己的祖先是特诺奇卡人。

[2] 根据后文这个词的含义，故采取连续略音的发音规则，把这个词翻译为"库瓦—墨西卡"。作者混用了 culhua、colhua 和 culhuacan 这 3 个概念，其中 culhua 和 colhua 指与阿兹特克人存在深厚渊源的库尔瓦人，culhuacan 指库尔瓦人建立的城邦库尔瓦坎，有时也可被用来指代库尔瓦人或库尔瓦族群，译者根据上下文作了具体处理。按照阿兹特克神话，神要求墨西卡人的祖先不断流浪迁徙，同时将自己族群的名称改为 Mexica，直到看见一只老鹰站在仙人掌上吃蛇，才能停下定居，Mexica 的本意就是"鹰蛇相斗"。本书原文普遍存在"阿兹特克"和"墨西卡"两个概念混用的情况，为避免混淆，除非为了行文需要，译者均将其翻译为"阿兹特克"。

第 1 章

令人沉醉的图景

我们看到许多小城和村庄恍如飘荡在水中，还有很多规模
更大的城镇坐落在干燥的田野里，坐落在笔直、平滑，连接墨
西哥的堤岸上。此情此景，让我们惊异无比，觉得这个地方就
像阿马迪斯[1]传说中描绘的那个魔法世界一样，雄伟的高塔、
神庙，还有其他砖石结构的建筑在水中矗立。我们的许多士兵
甚至心生疑问——眼前的一切，究竟是不是在做梦？[1]

西班牙征服者贝尔纳尔·迪亚斯·德尔卡斯蒂略[2]用这样的
文字描绘了与他初次相逢的阿兹特克古城特诺奇蒂特兰及周
边地区。公元 1514 年，这位年仅 19 岁的步兵告别西班牙，来到西
印度群岛（West Indies），随后又在 1519 年投靠到当时盘踞古巴
（Cuba）的科尔特斯麾下。[2]同年 4 月，他们在墨西哥海岸，靠近今
天韦拉克鲁斯的地方登陆。上岸后的这支小部队不断深入内陆探
险，在阿兹特克帝国边境地区反复徘徊，进进出出。几个月以后，
他们在辽阔的墨西哥盆地发现了一大片城市。与这个"人间仙境"
迎头相遇的一瞬间，西班牙人感觉眼花缭乱。此时此刻，他们都想
了些什么？此时此刻，他们的心里都有什么样的感受？眼前的景象

[1] Amadis，又称"高卢的阿马迪斯"，西方神话中的海洋之子，传奇英雄。
[2] Bernal Díaz del Castillo，下文简称为"贝尔纳尔·迪亚斯"，大致生活年代为公
元 1492—1581 年，科尔特斯手下的士兵兼历史学家，代表作《征服新西班牙信史》，
此书 1988 年已由商务印书馆出版。

对这些西班牙人而言，是一个完全陌生的世界，他们来到这个世界以前，其实就已经拥有了一套属于自己的世界观。这套世界观从何而来？闯入这个神奇陌生世界的西班牙人，究竟又会以怎样的"眼光"打量周围的世界？

贝尔纳尔·迪亚斯和他的同僚们生活的时代，正处于中世纪西班牙向近代社会跨越的特殊阶段。³西班牙这个国家内部，当时还存在着西班牙人与摩尔人[1]两大族群之间的张力关系。这样的张力关系催生出西班牙人的尚武精神和赤胆忠心，让他们注重礼节和荣誉，可以毫不犹豫地为基督教信仰献出生命。此类根深蒂固的历史传统的外化形式，就是西班牙文化中那些具有神话或半神话色彩的冒险故事和骑士传说。所有这些传奇骑士当中，最广为人知的一位非高卢的阿马迪斯莫属，他的地位相当于英国文化中的亚瑟王（King Arthur）。

贝尔纳尔·迪亚斯第一眼看到阿兹特克帝国的都城时，脑海中马上浮现出的也是阿马迪斯的故事。此类浪漫冒险故事的常见套路差不多都是让这位几乎战无不胜的骑士在大地上四处游走，精力充沛地与胆敢挑战自己的强敌决斗，征服那些光荣的城市。各种以阿马迪斯为主角的传说，通常还会提及壮丽的高塔，坚不可摧的要

---

[1]　Moor，指生活在北非地区的土著穆斯林，他们在中世纪曾跨海侵入伊比利亚半岛。

塞，华丽的宫室和庭院，以及空旷的原野。

科尔特斯手下的这位西班牙步兵满怀激情地俯视特诺奇蒂特兰古城时，他的内心深处或许产生了一种阿马迪斯附体的错觉：

> 第5天，他们发现自己来到了一座可以俯瞰湖面的坚固城堡附近。城堡名为"布拉多伊德"（Bradoyd），矗立在一处高耸的悬崖峭壁之上，面朝广阔的咸水[1]，背靠连绵的沼泽，应该算是这片土地上最漂亮的风景。如果打算从临水的那面进入城堡，那就只能乘船；要是打算从紧邻沼泽的那面进入城堡，则可以沿着一道长堤直接走过去。长堤上的路面很宽，足可供两架马车相向而行。靠近城堡入口的位置，路面却变成了一座很窄的小桥，那是一座吊桥。4

1519年11月的这天，贝尔纳尔·迪亚斯仿佛沉醉在眼前的美景当中。从16世纪50年代直到1584年撒手人寰，这位西班牙步兵反复讲述着这段经历。尽管时隔多年，他笔下的风景仍旧那么绚烂迷人。贝尔纳尔·迪亚斯在书中坦承，他写作的主要目的就是"赞颂西班牙人在征服'新西班牙'及周边省份的过程中发生的那些传

---

[1] 原文为salt water，特诺奇蒂特兰所在的特斯科科湖有些水域是咸水，有些水域则是淡水。

奇经历，以及他们的英雄壮举。"⁵类似这样的说法，听起来好像直接来自阿马迪斯的故事传说。

与上述浪漫理想相伴的，是异常坚定的宗教信仰，是对那些触手可及的金银财宝（尤其是黄金）的无限贪婪，还有夺占新的领地，猎取在这片领地上为自己当牛做马的奴隶的强烈渴望。显而易见，西班牙征服者当年与这个充满挑战的异域世界迎头相遇时，内心充满了躁动，野心勃勃，同时还怀着自己的一套理想信念。

1524年的纽伦堡[1]特诺奇蒂特兰地图

不到 1 年时间，贝尔纳尔·迪亚斯笔下那个令人沉醉的世界便以地图的形式呈现在欧洲人面前。这份地图描绘了特诺奇蒂特兰以及环绕在它周围的湖泊和乡村。西班牙征服者初次造访这片土地时，走的是南边的堤岸（位于地图左侧）。进入位于湖边的伊斯塔帕拉帕（Ixtapalapa/Iztapalapa）以前，他们露天过了一夜。可以想象，这些西班牙人从海岸深入内陆，带着那些途中临时入伙的土著同盟者，小心翼翼地骑马走在宽阔的堤坝上，经过那些站在独木舟里，呆呆凝视着他们的人群。他们一步步向前移动，逐渐深入阿兹

---

[1]　Nuremberg，1524 年，以科尔特斯寄回欧洲的那些信件为参考资料，第一份拉丁文版的阿兹特克地图在纽伦堡发行上市。

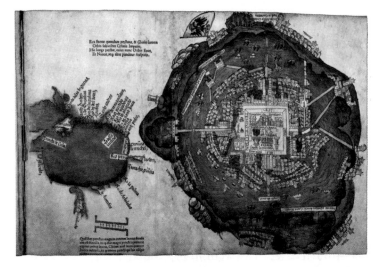

地图2　公元 1524 年的纽伦堡特诺奇蒂特兰地图[1]

特克人众口相传的那座伟大城市的神秘腹地，身边随处可见平顶的

---

[1]　右侧城市外圈文字（12 点方向顺时针开始）：他们从这条河将水引到城中；特拉科潘；特斯科科；伊斯塔帕拉帕。右侧城市内圈文字（12 点方向顺时针开始）：市场；为房屋抵御湖潮的堤坝；用于敬奉的庙宇；蒙特苏马的娱乐场所；蒙特苏马的花园。右侧城市中心文字（从左到右，从上到下）：街道；蒙特苏马的住所；特诺奇蒂特兰；用于祭祀的庙宇；祭祀者的头；石制偶像；祭祀者的头；饲养动物的场所。左侧湖外圈部分地名（地图上方从左顺时针）：无花果树角；圣安东；棕榈河；对靴河；圣安德烈；头图瓜尔郭河；裂石；旗河；圣胡安海湾；塞维利亚；阿尔梅里亚；圣佩德罗；考劳东；棕榈河；林河；圣灵河；佛罗里达。左侧湖内圈部分地名（内圈上方从左顺时针）：尤卡坦；阿奇多纳；帕努河；古巴角。

地图上方文段：特诺奇蒂特兰曾经是杰出、辉煌的政权。现在作为东方的、新的另一片土地臣服于凯撒。

地图下方文段：每小段为 12.5 里格，两小段就是 25 里格。1 里格为 4 罗马里。因此这里线段对应长度为 100 里格。

地图中拉丁语译者为李正宇，西班牙语译者为宓田。——编者注普通民居，以及很多庄严的神庙。

　　闻名遐迩的纽伦堡地图据说是科尔特斯在 1520 年 10 月，也就是特诺奇蒂特兰连同那里的居民被西班牙人和他们的土著盟友彻底征服以前 10 个月，随同他的第二封信寄给西班牙国王的礼物。1524 年，这份地图在纽伦堡借助一位欧洲工匠的巧手，配上科尔特斯在第二封信中罗列的拉丁文地名，以木版印刷的方式公开发行。

　　为了迎合欧洲人的需要和口味，纽伦堡地图的绘制添加了中世纪风格的高塔、穹顶和尖顶，标注了文字说明，能看到垂柳依依的堤岸，还能看到以抽象方式刻画的房屋（"前西班牙时代"的阿兹特克人通常不会采用这些手法）。这份地图中描绘的雕像，明显具有欧洲古典主义时代的风格。当地居民放牧的羊群中，还被安插进了两只狮子。"大神庙"所处的位置，被画上了代表基督教的十字标记，神庙的屋顶上，哈布斯堡[1] 王室的旗帜高高飘扬。与此同时，这张彩色地图的民居屋顶则被涂成了欧式的红瓦色调。

　　总的来说，整张地图展示的是一个井然有序的城市空间。按照欧洲人的标准，类似这样的城市无疑象征着"文明"。只不过，"文明"和"野蛮"往往会在这个空间里共生、并存。生活在那里的居民崇尚活人祭祀，城市中心最显眼的位置，煞风景地矗立着一

---

[1]　Habsburg，西班牙国王在血缘上属于哈布斯堡家族。

座斩首雕像[1]，还有两副面露狰狞的骷髅架。纽伦堡地图展现的那幅令欧洲人熟悉又陌生的场景，很大程度上，其实都是制图者自身想象出来的产物。

种种迹象显示，纽伦堡地图的原始版本无疑出自阿兹特克书写者之手。整幅地图的布局有它自身的内在规律，当地土著族群的审美理念异常重视对称平衡，因此地图中距离和空间的比例分配都很平均。真实的特诺奇蒂特兰并非图中所显示的那样正好坐落在一片湖水的正中央，制图者有意把它放在正中间的位置，其实是为了突出这座城市本身的重要性。当时的阿兹特克人实实在在地相信，特诺奇蒂特兰是"宇宙之轴"（axis mundi），它是这个世界的正中心，同时也是整个宇宙的中心。

这幅地图还可以给人造成一种"条条大路通特诺奇蒂特兰"，尤其是"通'大神庙'"的错觉。制图者通过线条勾勒出来的"大神庙"轮廓，以及他对整座城市空间布局的描绘非常具有地方特色，同时也象征性地传达了这些场所具有的自然和超自然力量。地图中还出现了一些现实生活中不可能存在，或者至少无法被西班牙征服者理解的形象。例如，制图者有意在顶部双子神庙间的空隙

---

[1] decapitated sculpture，指阿兹特克神话中的月亮女神乔吉卡特利，她曾被太阳神砍下头颅。

里画了一个小太阳的图案。太阳图案出现在这个位置，是因为每年春分和秋分这两个特殊的日子里，生活在特诺奇蒂特兰的阿兹特克居民恰好可以看到朝阳从双子神庙的夹缝之间冉冉升起。

纽伦堡地图精确注明了古城中很多重要地点的位置，比如特拉特洛尔科大市场（Tlatelolco market，它在图中被标注为"Foru［m］"）；还有位于特诺奇蒂特兰西边的一条小河，它可以通过当地人架设的渡槽（aqueduct）为古城提供水源；以及位于湖面东部的那几条堤坝。所有这些重要地点在图中的位置都标注得非常精确，不过科尔特斯寄给西班牙国王的第二封信却对它们只字未提。

最后还有一点值得注意，有别于传统的欧洲地图，纽伦堡地图采用的是"上西下东"的模式。这种模式是西班牙征服者出现以前，阿兹特克地图的传统风格。西班牙征服者出现以后，直到16世纪，很多出自墨西哥中部地区的地图仍然沿用了这种风格。

综合考量上述因素，有充分的理由认为，当初以木版印刷的方式出版纽伦堡地图的那位德国制图匠，参照的原始模板应该是一份货真价实的阿兹特克地图。他只不过是依照自己的习惯，在这份地图中增添了一些欧式建筑和其他符号。[6] 换言之，这份地图融合了阿兹特克和欧洲的两种理念，两种时空感知方式，是欧洲人依据自己的想法和习惯对阿兹特克传统时空观进行重塑以后，创造出来的一幅"混血地图"，属于跨文化交流的产物。

如果我们想要对当年西班牙征服者眼中那个阿兹特克帝国的地形、地貌，对那片土地上的大小城镇，以及生活在那里的土著居民有一个全面的了解，纽伦堡地图无疑是一个理想的切入点，不过这份地图所能提供的信息仍然是片面的，是西方人站在自身立场上的一种"自说自话"。本书随后的章节则将竭尽所能，从阿兹特克人的立场出发，阐释与阿兹特克文化相关的诸多话题。

地形地貌

西班牙征服者当年从弃舟登岸的墨西哥湾海滩，长途跋涉深入特诺奇蒂特兰所在的高海拔地带，一路上经历的地形、地貌可谓千变万化、广袤无边。上岸伊始，映入他们眼帘的是沙丘起伏、幅员辽阔的滨海平原。滨海平原的后面，先是属于湿润和半湿润气候的丘陵、山地，然后是巍峨耸立的群山，深不见底的峡谷。走出这些大山，视野重新变得开阔，气候重新变得干爽，人烟稠密的大平原展现在他们面前。从海岸深入内陆探险的这一路上，西班牙人其实已经丝丝缕缕地感知到了阿兹特克帝国发出的些许信息。途经那些青山绿水的低海拔热带地区时，他们先是和几个隐藏在山洼里的小型定居点不期而遇。那之后，西班牙人直线横穿辽阔无垠的大平原，平安翻过终年积雪（即便是在 8 月也依然如此）的山口，最终看到了那片主宰墨西哥盆地的神圣湖水。

一路上经历的很多事物，对他们而言，都是陌生的。只有那些或巍峨、或寒冷的山峦、峡谷和田地，以及其他有限的几样东西，能让这些西班牙人找到似曾相识的回家之感。也许正是因为这个原因，科尔特斯才福至心灵，将这片新发现的土地命名为"新西班牙"。[7] 为了获得维持短期生存的物资补给，西班牙人已经对当地的城市格局、要塞布防，乃至军队人数有了一个初步的了解。与此同时，考虑到未来长期占领的需要，他们还对这片土地进行过勘察，找到了很多可以为自己所用的物资，比如水源、木材和矿产，还有各类农产品。

阿兹特克帝国东、西、南、北四个方向的地理环境大同小异，西班牙人当初大多是取道这个国家的东部进进出出。他们的探险活动通常选择在夏天的雨季，对于当地环境特点的了解也主要集中在"微环境"（microenvironments，虽然那时还没有这个概念）层面，缺少一种宏观上的把握。站在今天全局性的立场上重新审视这段历史，阿兹特克帝国的领土大部分都属于热带地区，帝国内部不同地域的气候差异主要取决于当地的海拔高度，再就是随季节变化的降水量。当代地理学家将这片土地划分为"高山暖温带"（tierra caliente）、"高山温带"（tierra templada）和"寒冷带"（tierra fría）三大部分，阿兹特克帝国的核心区域就属于寒冷带。

前面提到的滨海平原，以及低海拔内陆山地和平原地区属于高山暖温带，是一片名副其实的"热土"。这个区域的海拔高度在0—1000米的范围内浮动，当地的气候炎热、湿润，降水量充沛。这样的环境孕育了数量众多的野生动物、茂密的植被和肥沃的耕地，每年可以收获两季庄稼。

从阿兹特克人的时代直到现在，美洲豹在这片土地上昼伏夜出，猴子尖声啸叫，各种各样的小鸟炫耀着自己绚烂的羽毛，河流和海里鱼虾成群。阿兹特克人将这里视为某些重要物资和商品的供给地，比如可可豆、棉花、绿松石、色彩绚丽的羽毛和海盐等。在阿兹特克帝国的最后阶段，这个国家的统治者先后征服了当地的许多城邦，将那里的资源牢牢抓在自己手里，增强了帝国的国力，提高了国民的生活水平。

高山温带的海拔在1000—2000米之间，气候冷暖宜人，当地能看到低矮的丘陵，也能看到高耸的群山和深陷的峡谷。每年5—10月的季节性降水在这个地方分布非常不均，由此孕育出了干燥的灌木丛林、半湿润的山地丘陵、广袤的草原，还有高山针叶林等多种不同"微环境"共生并存的奇特景观。阿兹特克帝国以位于墨西哥盆地的核心地带为原点向东、西、南3个方向辐射，控制着这片高山温带的大部分土地，从而获得了可靠的粮食（尤其是玉米和豆子）产地。除此之外，这片土地还能为他们提供绿松石、黄金、铜、色素、染料、蜂蜜等品种丰富的其他资源。

图 2　高原地带的玉米地

　　寒冷带的海拔高度在 2000 米以上，涵盖高山平原、湖泊盆地和巨型火山等多种地形地貌。这个区域内生长的植被，有些是高原环境特有的种类，还有一些对降水的依赖程度不高。平坦的草原、广阔的农田，灌木丛[1]，橡树、松树混合林在这片土地上都有分布。相比于低海拔地区，这里的季节性降水没什么规律可循，土地每年的可耕种季节较短，农民必须面对经常性的霜冻灾害。

————————

[1]　scrub woodland，以灌木为主的稀疏森林，适合夏季炎热少雨，冬季凉爽多雨的地中海式气候，故名。

话虽如此，阿兹特克时代，当地却是有名的"粮仓"。西班牙人初次来到这里时，看到的就是高山平原上开垦出来的成片农田，随处可见的鹿和野兔。吃不尽的鱼虾在湖中往来游弋，一年一度，还会有大批候鸟成群结队来到湖边繁育后代。无论是阿兹特克帝国时期，还是他们之前更早的数千年间，这些资源都是吸引人群来此定居的重要因素。生活在寒冷带的阿兹特克人既可以从自己国家的核心地带就地取材，也可以从周边的被征服地区进口包括木材、芦苇、燧石和盐在内的各类物资。

墨西哥盆地名为"盆地"，实际却在高原之上，最低海拔高度2236米，面积在7000平方千米左右，属于名副其实的寒冷带，是阿兹特克帝国的腹地。这块盆地自带一个"蓄水池"，它的四周群山环抱，海拔最高的山峰高度可达5465米，雨水从天上落下来以后，沿着山上的沟壑，直接就能汇聚到盆地中间的湖里，从不会外泄。[8]从古到今，山洪暴发都是当地夏天的常见现象。

阿兹特克帝国总共有3座都城，分别是特诺奇蒂特兰、特斯科科和特拉科潘，其中又以特诺奇蒂特兰为首，它所在的那块由5个湖泊组成的湖区最终发展成了一座人口众多的繁华城市。构成湖区的5个湖泊依照季节的不同，在雨季或旱季会有不同程度的连接。位于南面和北面的湖泊以泉水为源头，湖里全是淡水。位于东面，海拔更低，面积更大的特斯科科湖（Lake Texcoco）则全是咸水，虽

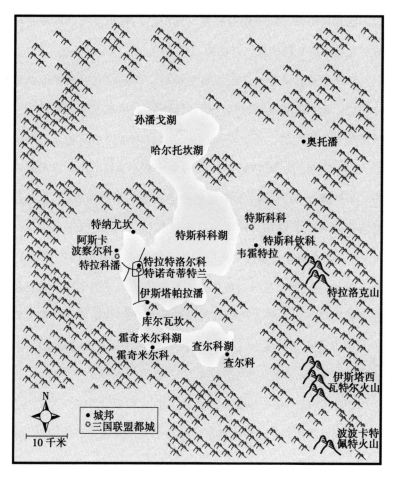

地图 3　公元 1519 年的墨西哥盆地地图

然无法用于农田灌溉，却可以被用来晒盐。阿兹特克时代，西、

南、北 3 个方向的淡水湖及湖岸地区被当地农民通过修建垛田的方

式广泛开垦出来，用于农业种植。垛田是一种相当高产的耕种模式，它在墨西哥被称为"奇南帕"[1]。

以墨西哥盆地中的这些城镇为圆心，阿兹特克帝国的军队东征西讨。他们取得胜利以后，那些生活在上述其他 3 个地理分区的其他被征服族群，无论距离远近，都要向帝国纳贡称臣。西班牙人刚来这里时，阿兹特克帝国的总面积已达 20 万平方千米左右。1519 年，当时的阿兹特克皇帝连同他的两位盟友[2]总共统治着多达 400 个城邦。其中的某些城邦纳贡行省（tributary provinces），会受到来自帝国中央的强力看管，而其他的行省（strategic provinces）则会被视为地位并不平等的盟友或附庸国。包括特诺奇蒂特兰在内，所有这些以城邦形式存在的政治实体，都是将一座城市或小镇作为核心，同时控制城镇周边面积各异的一片土地。

1519 年 11 月那个仿佛是被命运选中的日子，西班牙人举目四望，打量着墨西哥盆地里那些星罗棋布的大小城镇，心中感到一种无法言说的震撼。

---

[1] chinampa，大致原理是从湖岸和湖底就地取土，用这些泥土在水中修建人工岛，然后在岛上种植庄稼，这种耕作模式在中国江浙地区也很常见，被称为垛田。
[2] 指特斯科科和特拉科潘城邦的城主。

城镇

　　前往特诺奇蒂特兰途中，科尔特斯发现当地的高山峡谷和平原密集分布着大大小小的城市、小镇和村庄，以及一片又一片精耕细作的玉米地和豆子地。那些以"城邦"（city-states）或"水山"[1]为名的政治实体，是土著居民赖以为生的居住地和社会单位。每个城邦通常以一个人口聚居区为核心，这个核心内部包含归集体共同所有的重要神庙、宫殿和市场，核心外部还会有附属的小镇和乡村地区。作为当地统治者的居住地，每个城邦核心区域的重要性显而易见。

　　西班牙征服者按照规模大小，将这些城邦划分为城（cities）和镇（towns）。彻底打败阿兹特克帝国以后，他们在这些曾经的土著定居点上重新修建了具有典型西班牙风格的居所。16世纪的西班牙人看重城市生活，原先居住在西班牙本土时，他们就向往城市文明，来到"新西班牙"以后，这样的生活理念被延续下来，只要条件允许，他们想方设法也要住在城里。可以想象，初次见到阿兹特克人修建的象征"文明"的大片城镇，那些西班牙征服者的内心深

————————

[1] altepetl，这个词出自纳瓦语。

处一定会感觉如释重负。虽然他们很快就意识到，这些城镇里还驻扎着数量可观的军队。

早在刚刚弃舟登岸时，西班牙人就曾在海岸上修建了一座名为"富饶之地韦拉克鲁斯"（Villa Rica de la Veracruz）的小镇。贝尔纳尔·迪亚斯为此留下了这样的记载：

> 我们准备建一座教堂，一座市政厅，再建一座兵工厂，这些都是每个小镇的必备设施。[9]

对当时的西班牙城镇而言，必备设施还应该有若干广场，以及包括宫殿在内的各类政府机构，城市中的这一切都应该被安排得井井有条。科尔特斯总爱将他遇到的那些阿兹特克城镇与塞维利亚（Seville）、科尔多瓦（Cordova）、格兰纳达（Granada）等西班牙城市相提并论，事实上，它们之间存在的相似性也的确令人惊异。西班牙人遇到的那些墨西哥中部地区的代表性城镇当中，无一例外发现了让他们感觉似曾相识的神庙、广场，还有作为政府办公场所的大小宫殿。

特诺奇蒂特兰总体呈网格结构，这样的现象在中美地区其实并不常见。阿兹特克的每座城市在建筑细节和整体景观方面都有它各自的特性，然而基本的外观和内涵却又万变不离其宗。对西班牙人而言，这些城市无一例外充满异域风情。当时的西班牙人对"异域"这个概念的理解，主要源自与摩尔人打交道的那段历史。来到中美地区，邂逅阿兹特克人以后，他们自然而然会把从摩尔人身上得来的知识套用到这些美洲土著身上。[10] 英语中"摩尔人的"（Moorish）这个概念出自单词"清真寺"（mosque），后者在西班牙语中的写法是"mezquita"。来到中美地区以后，西班牙目击者和历史学家经常用它指代阿兹特克人的神庙，本章开头提到的 1524 年出版的纽伦堡地图上就曾出现过这个词。

事实上，公元 1541 年，某位姓名未知的西班牙征服者（可能是一名牧师）曾就自己在绘制地图的过程中将阿兹特克神庙标注为"mezquita"一事向西班牙国王表达过歉意，[11] 诸如此类的"乌龙事件"仍然能够让人意识到摩尔人对伊比利亚半岛将近 8 个世纪的统治给西班牙人留下的文化烙印，同时还能让人意识到，阿兹特克人在当年的西班牙征服者眼中究竟扮演了怎样一种"他者"（the other）形象。

阿兹特克人

除了手稿中的插图，以及某些雕塑作品，今天的我们无法看到任何一张那个时代的阿兹特克人的清晰图像，各类历史文献对于这个族群外貌特征和言谈举止的记载也非常有限。某些有限的记载当中，就包括一位神秘的名为"匿名征服者"留下的概略性介绍，他的名字叫"安尼莫斯"[1]：

> （当地人）体形匀称，身材修长，个子不矮。他们的皮肤颜色发黑，或者更接近深棕色，举止得体，有风度。总的来说，这些人非常机灵、忠诚而且勤劳。[12]

曾经和阿兹特克帝国皇帝蒙特苏马二世相处过一段时间的贝尔纳尔·迪亚斯对于这位高贵统治者的身形外貌作了更详细的描述：

> （他）大概40岁上下，个子挺高，身材修长匀称，没什么赘肉，皮肤也不是特别黑。从肤色和身形来看，他就是一个地道的印第安人。他的头发不是特别长，只能将将盖住耳朵，嘴上乌黑的胡须稀稀落落，却修饰得非常有形。他的脸形偏长，却洋溢着喜悦的表情。两只眼睛看上去很漂亮，随时可以根据情况需要，放射出或友善、或威严的目光。他非常讲究干净整洁，每天下午都要洗一次澡。[13]

---

[1] Anonymous，这个单词在英语中的意思是匿名者，所以作者说他的名字很古怪。

图 3　阿兹特克皇帝蒂索克和阿维措特参加自我献祭仪式

另一位亲眼见过蒙特苏马二世的西班牙人留下的回忆，可以被视为上述记载的补充材料。他眼中的阿兹特克皇帝：

> 身高中等，身材苗条，脑袋挺大，鼻子有些扁平。他的为人非常精明、谨慎，有学识、有能力，能够明察秋毫，却又残忍、暴躁，说话的口气特别生硬。[14]

蒙特苏马二世留给这些西班牙人的印象是貌不惊人，同时又是一位值得尊敬、德高望重的君主。这一点即便对他的敌人而言，也是如此。

相比生理方面的差别，阿兹特克帝国的老百姓在文化和语言领域所体现出的多样性其实更加明显，每个族群都有自己专属的文化标记。例如，托托纳卡人（Totonacs）彰显身份的独特标志是蓝色的圆形唇塞，奥托米人（Otomí）喜欢佩戴石头磨制而成的唇钉，奇奇梅克人则偏好在脸上涂抹交叉的十字。另外，无论哪个部落的印第安人，他们的发型和服饰也都非常有个性。每个部落内部，还存在着细致入微的阶层划分。阿兹特克人总体上可以分为武士、祭司、商人、石匠和农夫五大阶层，每个阶层都拥有属于自己的服饰特色。所属的社会阶层越高，浑身上下的穿着打扮也就越光鲜亮丽。

　　阿兹特克人携手身边邻居们创造出来的那个世界，繁荣富庶、多姿多彩，这个世界的复杂性，只有日复一日身处其间的人才能感同身受。初来乍到的西班牙人很快意识到了不同印第安族群之间的差异性，尤其是他们在语言文化和政治归属关系方面的明显区别。特别引人注目的是那些大大小小的土皇帝和贵族领主，以及象征他们身份的多彩华服。公元 1519 年的蒙特苏马二世无疑是他们中间当之无愧的王者，他的身份是墨西卡特诺奇蒂特兰城邦的城主（King），也是阿兹特克人眼中称霸"全世界"的皇帝。

　　欧洲人第一次看到蒙特苏马二世的画像是在西班牙人征服阿兹特克帝国 60 多年以后。公元 1584 年，来自法国的圣方济各会修士、作家、旅行家，同时还是外国手稿收藏家的安德烈·泰韦[1]出版了一本重要专著，这本书里有一幅铜版画插图，用的就是蒙特苏马二世的画像。负责制图的佛兰德[2]工匠压根没见过蒙特苏马二世，他制图时的参考只有安德烈·泰韦收藏的几张画像和其他文献资料。制图过程中，佛兰德工匠按照欧洲人的口味，对这位阿兹特克皇帝的外貌进行了艺术加工。话虽如此，画面中的他仍然显得整洁、干净，两只眼睛看起来炯炯有神。只可惜，由于篇幅限制，

---

[1]　André Thevet，1516—1590 年，这个人首次将原产美洲的烟草种子带回欧洲。
[2]　Flemish，欧洲古代地名，大致位置在今天的法国、比利时、荷兰三国交界的地方，中世纪欧洲绘画艺术的中心。

图 4　蒙特苏马二世像

这幅画像无法充分展示文献资料中提到的蒙特苏马二世的修长身材，也没按文献记载给他画上稀疏的胡须。作为一位浑身上下散发着王者之气的统治者，紧皱的眉头却似乎暗示着他内心的恐惧和疑虑。

佛兰德工匠对蒙特苏马二世装束的刻画可谓浓墨重彩，体现出鲜明的异域风情。特别是他的羽毛盾牌和王冠，这两件东西连同那支长矛，就像佛兰德工匠全凭空想在画面中添加的贝壳和鸵鸟毛一样，都属于纯粹的装饰品。很多欧洲人过去一直以为阿兹特克人手中的羽毛盾牌是某种类似贵族纹章的东西，只不过"盾牌表面覆盖的那层羽毛让它看起来异域情调更浓一点"[1]。[15]

就像公元 1524 年出版的纽伦堡地图一样，这幅画像也属于跨文化交流的产物，画像中的蒙特苏马二世实际上是欧洲人从自身出发，想象出来的一个"影子"。类似这样的情况在那个时代的欧洲非常普遍，应该算是以安德烈·泰韦为代表的欧洲学者在自己同胞的脑海中构建美洲印第安人形象的一个重要手段。

当年的西班牙征服者以及那些追随他们来到"新西班牙"的其他欧洲人，牢牢掌握着这种形象构建的话语权，时而可以让土著印第安人与自己的关系恍如同宗兄弟，时而又可以让两者间的态势看起来风马牛不相及。例如，西班牙人向特诺奇蒂特兰进发的过程中就曾形容他们沿途遇到的当地妇女"对印第安人而言已经足够漂亮"，每每提到印第安人土著祭司时，他们也要在前边加上"所

————————

[1]　阿兹特克盾牌上的羽毛能够对箭头之类的武器起到缓冲和拦阻作用，原理近似现在的凯夫拉纤维，当时的欧洲人不明白这点，故有此说。

谓"（so-called）两个字。对于中美地区土著热衷的活人祭祀仪式，西班牙人同样感觉无法接受，即便类似习俗在那个时代的欧洲文化中拥有深厚积淀[1]。尽管如此，他们仍对印第安人在战斗中表现出来的勇敢无畏，以及在艺术和建筑领域的勤劳、灵动和高超技巧赞不绝口。

征服行动结束后，西班牙征服者还要在随后的漫长岁月里和这些土著族群朝夕相处很多年，与他们通婚，尝试改变他们的政治、经济生活，努力说服这些人，试图让他们皈依基督教。相应地，阿兹特克人以及其他土著族群则要经历毁灭性的大瘟疫，背井离乡，在适应外国领主强加给他们的那套新规矩，接受征服者摆布的同时，努力保全自己的语言和文化。

以上就是从地理、政治、族群和文化风俗等多个角度，对早期西班牙人亲眼看到过，亲身经历过，同时又认真研究过，然后向世人讲述过的那个阿兹特克世界的概略性介绍。本书的后续章节将把美洲土著留下的史料与现代考古学、人类学的研究成果相结合，从这两者的共同视角出发，尽最大可能，重构"前西班牙时代"中美地区历史上那个伟大帝国的社会和私人生活景观。

---

[1] 弗雷泽在《金枝》中提出一套理论，认为基督教供奉耶稣十字架以及弥撒领圣餐的习俗源自原始的活人祭祀仪式。

图 5　特诺奇蒂特兰的立城传说，雄鹰栖息在仙人掌上

第2章

谁是阿兹特克人？

墨西卡人来到了墨西哥城所在的区域，告别曾经生活过很多年的故土，离开遥远的家乡，经过若干年从一个地方辗转另一个地方的颠沛流离，最终选中了这片土地……（他们）发现了一块巨石，也可以说是一座石头山。山顶上，巨大的多刺仙人掌生长得郁郁葱葱，一只红尾鹰在这里筑巢，在这里觅食……他们打算给这片土地起个名字，把它称作"特诺奇蒂特兰"……之所以起这个名字，是因为山顶上的那棵多刺仙人掌，"特诺奇蒂特兰"在我们卡斯蒂利亚语[1]里的意思就是"多刺仙人掌长在石头上"。[1]

本章开头描述的场景在阿兹特克历史上具有里程碑式的意义。公元 1540 年或 1541 年，一位奉命为总计 72 页的《门多萨手抄本》[2] 撰写前言的阿兹特克书写者写下了上述文字。

手抄本的第一页显得异常拥挤、凌乱，作者通过总计 51 个蓝色涡旋（cartouches）图案，以编年体的方式绘制了一份年表。阿兹特克人时间概念中的"年"名只有"房"（House）、"兔"（Rab-

---

[1]　Castilian，即西班牙语。

[2]　*Codex Mendoza*，西班牙人征服阿兹特克帝国后，首任墨西哥总督的安东尼奥·德门多萨（Antonio de Mendoza）命令手下的阿兹特克奴隶编纂的一本简要介绍当地历史和风土民情的配图小册子。

bit)、"苇"（Reed）和"燧石刀"（Flint Knife）4 种，可以按顺序循环使用。每个年名前方顺序搭配 1 到 13 个不等的成串小圆圈，构成不同的纪年，从 1 开始画满 13 个小圆圈后，再从 1 开始重新纪年。就像本书插图展示的这样，以左侧为起点，自上而下分别是"2—房"年、"3—兔"年、"4—苇"年、"5—燧石刀"年、"6—房"年等，整张年表记载的是从"2—兔"（公元 1325 年）到"13—苇"年（公元 1375 年）的一段历史。讲到"2—苇"年，也就是公元 1351 年的时候，阿兹特克书写者还着重标记了一次名为"新火节"[1] 的重要宗教事件。

插图正中高傲地站在仙人掌上的雄鹰，意在提醒世人不要忘记特诺奇蒂特兰的传奇历史。讲述特诺奇蒂特兰建城传说的同时，书写者还用交叉斜线说明了这座"岛城"的内部分区，介绍了每片城区的主要首领。除了鹤立鸡群的最高统治者特诺奇[2]，其他首领的衣着、外貌就好像一个模子里刻出来的，只不过每个人物的身上都被标注了不同的姓名。

代表特诺奇蒂特兰这座亲水城市的图案下方，阿兹特克书写者还画上了两个很小的图案，象征更早占据这片土地的两大族群，他

---

[1]　New Fire Ceremony，阿兹特克纪年方式以 52 年为一个完整周期，相当于中国的 60 年一甲子，每到这个特定年份，当地老百姓都要过新火节，把家中的锅碗瓢盆全部打碎，意在辞旧迎新。
[2]　Tenuch，传说中阿兹特克帝国的创建者。

们是库尔瓦坎人（Colhuacan）和特纳尤坎人（Tenayucan）。为了追求艺术效果，图中代表这两个族群的武士形象有意被画得非常矮小，他们在手持标志性羽毛盾牌的阿兹特克武士面前，显得不堪一击。武士身边摇摇欲坠的神庙图案通过隐喻的方式传达出征服和占领的寓意，每个神庙图案的上方，还同时用象形文字和字母文字标注了它们所属城邦的名称，图案中心关于特诺奇蒂特兰起源的描绘意在强调一个完美的起源传说对于维护城邦活力的重要性[1]。插图中的各种元素相互勾连，以精确到时间、地点的方式，象征性地讲述了阿兹特克帝国的发迹史。那两个被征服的族群，则成了这段历史开启前的一段"序曲"。

《门多萨手抄本》的问世说明，即便是在西班牙人征服阿兹特克帝国20年以后，当地的土著书写者仍然能够立足于自己族群的古老文化，依照传统风格绘制图画。手抄本记载了阿兹特克帝国先后征服9大城邦首领的军事行为，38个被征服行省的纳贡清单，以及普通阿兹特克人日复一日，从出生到死亡的各种生活细节等重要信息。

《门多萨手抄本》的创作流程首先是让阿兹特克书写者绘图，然后由他们用自己的语言把图画的内容和寓意讲给西班牙人听，后

---

[1] 即通过构建历史的方式，在群体内部形成一种普遍的文化认同，增强凝聚力，读者可参考安德森《想象的共同体》。

者再给图中的各类形象配上西班牙语的名称和解说词。类似这样的编纂方式，不禁让人想起在破解古埃及象形文字过程中发挥过关键作用的罗塞塔石碑（Rosetta Stone）。作为历史文献的《门多萨手抄本》本身其实也是一件文物。就像本书第 1 章提到的纽伦堡地图一样，《门多萨手抄本》属于西班牙和阿兹特克两种文化交流融合的产物。手抄本使用的是欧洲生产的纸张，书写西班牙语名称和解说词时，用的也是西班牙制造的鞣酸铁墨水（iron gall ink），土著书写者绘图的颜料却属于当地特产和传统工艺。其中的红色和粉色来自胭脂虫，橙色和棕色来自赭石，黑色和灰色来自炭黑（carbon black），蓝色和绿色则是用玛雅蓝[1]和雌黄调配出来的产物。使用不同种类的颜料调配复合色属于相当复杂的技术，阿兹特克书写者却能敏锐地洞悉其中奥妙，使用这样、那样的原料，营造理想的视觉效果。[2] 从某种意义上来说，他们既是书写者，同时也是艺术家。

遗憾的是，与《门多萨手抄本》同时期或更早时期出现的大量阿兹特克文物都很少，甚至根本就没有可供追溯的明确历史。保存在博物馆、档案馆和图书馆中的此类物品，因此往往只会被贴上一个配有一两行说明文字的小标签。就算其中的几件文物能够拥有一

---

[1] Maya blue，玛雅人发明的一种蓝色颜料。

份清楚的"履历"，那也只是挂一漏万的特例。《门多萨手抄本》作为这些特例中的一员，凭借一波三折的坎坷经历获得了非常高的知名度。

这件文物最令人啧啧称奇之处，就是它如何在问世后的 480 年当中得以幸存并流传于世。《门多萨手抄本》的诞生地最有可能是在公元 1535—1550 年新西班牙总督安东尼奥·德门多萨治下的特拉特洛尔科，也就是特诺奇蒂特兰的姐妹城市。编纂这本小册子到底耗费了多长时间，今天的我们已然无从知晓，不过当初参与创作的西班牙语注释者曾直言不讳地承认，他的工作完成得非常仓促。

《门多萨手抄本》最后成书的时间大概是在公元 1541 年前后。编纂完成后，这本书可能立刻就被打包装箱，通过骡马驮运，翻越险峻的群山，离开高原地区来到韦拉克鲁斯，然后再从那里装船远渡重洋运往西班牙。运送手抄本的那条船当时可能加入了专门负责运输金银财宝的西班牙武装船队，然而这样的做法却没能使它在半路上免遭法国海盗的截击。

提及这段往事，我时常浮想联翩，假如当初遭到截击时，某位不知名的海员拿起这本书，随手往海里一扔……我们可能就永远看不到它了。所幸，《门多萨手抄本》躲过了一劫。

由于半路上的意外事件，本应被送往西班牙的《门多萨手抄本》转而落到了一位法国人手中，他就是亨利二世（King Henry Ⅱ,

公元 1547—1559 年在位）时期的法国宗教领袖兼学者安德烈·泰韦。这位学者收藏了数量可观的探险题材手稿，自认为它们具有很高的价值。《门多萨手抄本》目前总共可以找到 3 处他的亲笔批注，其中两处标明的日期都是"1553 年"。

安德烈·泰韦之后，《门多萨手抄本》先后通过购买、继承或赠与等途径，幸运地落到了与先前的主人趣味相投的几位收藏者手中。公元 1659 年，这本书成了著名的牛津大学博德利图书馆（Bodleian Library in Oxford）的馆藏，随即遭到雪藏，最终借助金斯博鲁爵士[1] 1831—1848 年期间出版的《墨西哥古物》（*Antiquities of Mexico*）系列丛书才得以重现人间。总的来说，这本书之所以能流传至今，靠的是老天保佑，再就是前后几位收藏者的细心呵护。

《门多萨手抄本》讲述的故事以公元 1325 年为起点，相对中美地区漫长的历史，这已经是个非常靠后的年份。它记载的内容主要集中在墨西哥，故事的主角是说纳瓦语，修建特诺奇蒂特兰，开启阿兹特克帝国历史大幕的那些人。需要说明的是，本书使用的"阿兹特克人"（Aztecs）这个概念，广义上指的是"后古典时代"（公元 1350—1521 年），说纳瓦语，生活在墨西哥盆地的那个族群。如

---

[1] Lord Kingsborough，1795—1837 年，本名 Edward King，后受封为子爵，主要成就是收集整理各类古代阿兹特克手稿，《墨西哥古物》丛书总计 7 册，在作者生前和去世后陆续出版。

果从狭义的角度来说，"阿兹特克人"这个概念有时也可以跟"墨西卡人"或其他别的什么概念画上等号。

无论从广义，还是从狭义的角度去定义阿兹特克人，有一个问题我们始终无法回避——这个族群以及他们的杰出文明到底来自何方？

祖先

阿兹特克文明和阿兹特克帝国（这个国名的前面通常还要冠之以"墨西卡"三个字）并非凭空而来，它们的出现是中美地区古代文明起起伏伏，一路演化的最终结果。这其中知名度最高的当属公元前 1200—前 300 年前后出现在墨西哥湾沿岸的奥尔梅克文明[1]，公元 250—900 年前后出现在中南美洲的玛雅文明，公元 1—650 年前后出现在墨西哥盆地的特奥蒂瓦坎文明，以及公元 950—1175 年出现在墨西哥盆地北部古城图拉的托尔特克文明。

这些古代印第安前辈修建带有大型公共建筑的城市，成立实行中央集权制度，文化昌明，等级清晰，各司其职，商贸繁荣，艺术和手工业兴旺，书写系统发达，通过公共祭祀仪式普及宗教信仰，

---

[1] Olmec，目前已知最古老的美洲印第安文明。

提升农业技术水平，满足国家的人口增长需要，为后来阿兹特克文明的兴起打下了基础。早在墨西卡人来到墨西哥中部地区以前，上述这些文明因子便已在当地生根发芽。

后来居上的墨西卡人为了强化自身统治的合法性，曾有意识地让自己和这些令人敬仰的早期族群，以及他们留下的那些"圣地"搭上关系。所有这些"圣地"当中，特奥蒂瓦坎和图拉对墨西卡人具有特别重要的意义。正是通过对这两座古城的占领和改造，他们将自己开创的历史与那些前辈文明的历史"嫁接"到了一起。[3]

特奥蒂瓦坎的核心区域位于墨西哥盆地的东北角，墨西卡人在公元 13 世纪首次来到这里时，当地已经变成一片废墟。鼎盛时期的特奥蒂瓦坎，面积差不多有 20 平方千米，人口有 10 万—20 万。相比其他中美地区城市，特奥蒂瓦坎显得鹤立鸡群，尤其是它的庞大规模在那个时代非常少见。整座城市的布局呈网格结构，而非当时更常见的广场式院落结构[1]，特奥蒂瓦坎城内没有其他中美地区城市地标性的足球场[2]，看不到为那些帝王、祭司和其他显贵修建的风格独特的纪念碑。尽管存在如此之多的反常现象，这座城市仍然在它的鼎盛时期保持着对周边地区乃至在更大范围内的影响力。

----

[1]　plaza compounds，即类似古罗马城那样，围绕大大小小的广场任意建房。

[2]　ballcourts，中美地区印第安人热衷踢一种实心橡胶球，规则近似现代足球。

特奥蒂瓦坎在墨西卡神话中占据着核心地位。阿兹特克人认为,他们身处其中的这个世界是由诸神齐心协力共同创造出来的,特奥蒂瓦坎则是这些神的居所。这座城市名字的本意就是"诸神之地"(Place of Many Gods)。[4]阿兹特克人不光在自己多姿多彩的神话故事当中,通过口头讲述的方式将特奥蒂瓦坎奉为圣地,现实中的他们还会虔诚地朝拜这座已经沦为废墟的城市,同时从当地带走一些面具、雕塑、精美陶瓷之类的"圣物",而且至少会将其中的一部分埋在特诺奇蒂特兰的神庙地基之下。[5]阿兹特克人对特奥蒂瓦坎如此崇敬,以至于他们的艺术家也在努力复制、借鉴这座城市独有

图6 古典时代的伟大城市特奥蒂瓦坎

的艺术和建筑风格，这其中就包括位于特诺奇蒂特兰核心区域的两座神庙。

"图拉"这个地名的含义是"芦苇之地"（Place of Reeds），位于特诺奇蒂特兰以北 80 千米，是托尔特克人的故乡。特奥蒂瓦坎垮台后，当地经历了一段诸侯割据、各自为政的时期，托尔特克人趁势收拾残局，成了公元 950—1175 年这个时间段，中美地区北部地区的主导力量，同时还对中美地区南部的很多区域保持着影响力。据估算，历史上真实的图拉城，面积 13 平方千米，人口只有 5 万，与气势恢宏的特奥蒂瓦坎相比要逊色很多。话虽如此，那个时代作为一座城市应该具备的"标配"，比如神庙广场、宫殿和足球场等，在这座古城中却一样不少。

图拉古城以及生活在那里的先辈仿佛曾经的特奥蒂瓦坎，深受阿兹特克人的崇敬，后者构建的那套政治和宗教"话语"融合了大量来自托尔特克人的神话传说。这些故事里的各路神灵如同普通人一样，拥有七情六欲，喜怒无常。与这些神灵为伍的诸位英雄，也是有缺点、有瑕疵的普通人，先辈们的辉煌过去则是这些故事的永恒主题。这样的情况下，阿兹特克人构建的那套"话语"当中，神话和历史的界限也就没那么泾渭分明了。

托尔特克人对阿兹特克人的影响还发生在现实生活层面，后者认为图拉是一切高端手工业的发源地。阿兹特克人在将"奢侈品工匠"这个职业称为"托尔特克"（tolteca）的同时，还在特诺奇蒂特兰城中修建了许多明显具有托尔特克风格的建筑。[6]除此之外，图拉的王室成员还被阿兹特克人尊奉为正统血脉，早期阿兹特克统治者都会尝试通过与托尔特克王室子遗联姻的方式，让自己手中权力的合法性获得更普遍的承认。

阿兹特克人最初来到已经高度发达的中美地区时，并不会因为自身文明的落后而相形见绌。相反，无论是象征意义，还是在实际行动上，他们将自己的文化与特奥蒂瓦坎和图拉的文化融合到了一起。如此一来，阿兹特克文明也就和发展水平更高、拥有光荣传统、更加具有正统性和影响力的前辈文明建立了血脉联系，最终后来居上，占据了中美地区历史舞台的中心位置。难能可贵的是，他们在这个过程中还没有丢掉自己的传统文化。

阿兹特克早期历史

阿兹特克独特文化的形成与他们早期的迁徙历史息息相关，这个族群的祖先是从辽阔的北部干旱区辗转来到墨西哥中部的若干独立群体。史前时代，生活在干旱沙漠中的古代印第安人经常会一路向南来到中美地区定居。只可惜，现存的史料仅能为我们提供时间比较靠后的几次迁徙活动的详细情况。在这些图文并茂的迁徙故事里，[7]阿兹特克人连同其他几支（通常是 8 支）有名有姓的族群踏上漫漫征途的起点是一处亦真亦幻的所在，那个地方四面环水，看起来和他们最终的归宿特诺奇蒂特兰出奇地相似，被称为"阿兹特兰"（Aztlan），也就是"苍鹭之领地"（Place of Herons）的意思。按照其他一些历史文献的描述，阿兹特克人迁徙之路的起点是一个有 7 条分叉的山洞。这个山洞被称为"奇科莫兹托克"（Chicomoztoc），即"七个山洞"（Seven Caves）的意思。

这些聚在一起的古代印第安人被统称为"奇奇梅克"（Chichimeca），寓意为"狗一样的人"（People of Dogs）。奇奇梅克人在一次次向南迁徙，寻找更富饶土地的过程中，总体上保持着游牧民族的生活习惯。具体到这个群体内部，不同的分支又体现出不同的特点，有些族群偏重依赖狩猎和采集野生植物为生，有些族群的糊口方式则更加"文明"。

墨西卡人在奇奇梅克人群体当中，无疑属于更加"文明"的类型。他们借以遮羞御寒的衣物是短斗篷（虽然破破烂烂）而非兽皮，还会种植玉米，修建大型建筑物（神庙）。他们的族群拥有祭司，经常举行球赛仪式[1]，崇拜诸多神灵，能够制造精美的奢侈品，比如珍贵的绿松石和可可豆。在这样的前提下，阿兹特克人和

---

[1]　ritual ballgame，古代印第安人的球赛起源于太阳崇拜，是向太阳献祭的一种方式。

其他奇奇梅克人来到墨西哥盆地生活以前，其实就已经拥有了从游牧民族向农耕民族转变的基础。

无论奇奇梅克人开始此行的起点到底在什么地方（目前还没有准确的地点），他们的终点肯定是在南方。身为阿兹特克人的领头人，远行途中，祭司们时刻不忘他们的守护神威齐洛波契特里[1]，也就是传说中的"南蜂鸟"[2]。在这位法力无边的大神指引下，阿兹特克人中途和他们的同伴分道扬镳，独自踏上冒险之旅。

类似这样的神话故事，实际反映的很可能是南下过程中奇奇梅克人发生的内讧，后来的故事讲述者则将这场内讧象征性地演绎为发生在不同神祇间的纠纷。有一个故事就是这么讲的，绰号"草花"（Grass Flower）的女神——也可以说是女巫——玛里纳奇托[3]原本和她的兄弟威齐洛波契特里共同引领南下的墨西卡人，后来却因为二人不睦，被扔在了半路上。还有一个故事是这么讲的，故事的主角太阳神威齐洛波契特里和他的妹妹月亮女神科约尔沙赫基，还有化身为满天星斗的兄弟们在一座名为"科阿特佩

---

[1] Huitzilopochtli，阿兹特克神话中的太阳神。

[2] Hummingbird on the Left，又译"左蜂鸟"，阿兹特克传统地图中的方位是上西、下东、左南、右北。

[3] Malinalxochitl，太阳神威齐洛波契特里的姐妹，具体是姐姐还是妹妹，没有查到准确资料。

克"[1] 的大山上发生争斗，并且打败了他妹妹和兄弟们[2]。[8] 恰恰是因为后一个故事，阿兹特克人才将特诺奇蒂特兰古城中的"大神庙"命名为"科阿特佩克"。同样还是因为这个故事，新落成的"大神庙"成了他们眼中全世界的中心。

图 7　迁徙中的阿兹特克人，领头的那位驮着他们的守护神威齐洛波契特里

据史料记载，奇奇梅克人抵达墨西哥中部地区最晚应该是在公元 12 世纪，比阿兹特克人快了一步，抢先在特斯科科湖沿岸建立定居点。姗姗来迟的阿兹特克人来到这片沃土时，发现当地分布着

[1]　Coatepec，位于墨西哥韦拉克鲁斯州。
[2]　按照阿兹特克神话，太阳神占上风的时候，白天就比黑夜长，月亮神和星星占上风的时候，黑夜就比白天长。他们用这个神话解释昼夜交替、四季轮回。

大大小小，起源自墨西哥中部早期文明的城镇。那些历史最悠久的城镇，大多和刚刚衰落的托尔特克文明保持着千丝万缕的联系。这个古老文明孕育了一套成熟的神话体系，在当地的政治影响力不容小视。

生活在这些城镇中的老百姓如履薄冰，时刻面临战争的威胁，冲突随时可能爆发。不经意的一句话就可能将昔日的盟友变成今天的敌人，一场明智的政治联姻则可能化干戈为玉帛。总的来说，当地的政治环境可谓山雨欲来、暗流涌动，日子相当不太平。初来乍到的阿兹特克人让本已复杂的形势雪上加霜。

迁徙途中，他们先后造访了若干处定居点，然后无一例外地与那里的主人发生冲突，被迫再去寻找下一个目标。一路上，这些外来者忍受着疾病、战乱等不利因素无休无止的折磨，始终没有放缓寻找新家园的脚步。有那么一段时间，他们落脚在一座名为"查普特佩克"[1]的山上（这座山是一条大河的源头），随即却遭到周围敌意族群的围攻，只得败走与托尔特克文明存在深厚渊源的城邦库尔瓦坎。抵达库尔瓦坎的阿兹特克人被迫成了当地领主的附庸，为了生存，他们必须缴纳重税，还要充当雇佣兵。这样一来，阿兹特克人也就成了别人手中的玩物。

---

[1] Chapultepec，位于今墨西哥城市中心。

　　身陷库尔瓦坎,寄人篱下的这段时光,对阿兹特克人而言,无疑还是值得的。恰恰是在这个地方,他们学到了很多高深的学问和实际的生活经验,为将来的生活做好了准备。阿兹特克人性格坚毅,还非常善于接受新生事物,协助库尔瓦坎城邦连续发动对外战争的过程中,他们证明了自己的实力和能力。作为回报,后者给他们划分了一块领地,虽然这块土地到处都是毒蛇以及其他致命害虫。

　　逆境中的阿兹特克人凭借高超的胆识,顽强生存了下来,令周围的那些大小领主们刮目相看,进而开始愿意跟阿兹特克的精英阶层联姻,意在通过这样的方式将他们拉进库尔瓦坎上流社会的圈子。对于初来乍到的阿兹特克人而言,借助联姻赢得库尔瓦坎上流社会的接纳,同时还以托尔特克文化的正统传人自居,从战略上讲,是非常高明的两步棋。

　　只可惜好景不长,库尔瓦坎城邦下嫁给他们的那位新娘并没有按正常逻辑和一位有血有肉的活人喜结连理,而是以人牲的身份"嫁给"了阿兹特克的守护神。得知此事的库尔瓦坎城邦大发雷霆,派兵将他们赶进了特斯科科湖。塞翁失马焉知非福,再次流离失所的阿兹特克人却在湖中小岛上发现了一只站在仙人掌上的老鹰,那是大神威齐洛波契特里允诺给他们的应许之地的标记。后来的《门多萨手抄本》曾经提到过这个故事,今天墨西哥国旗上的老鹰和仙人掌图案同样源自这个故事。

阿兹特克人拼尽全力，在这座小岛上站住了脚。此时仍旧缺衣少食的他们只得向身边的那些敌意族群作出妥协，后者惧怕阿兹特克人的强大战斗力和彪悍性格，又对他们的随遇而安的适应力和坚韧不拔的精神心怀敬畏。公元1325年，被迫栖身小岛的阿兹特克人衣衫褴褛、一贫如洗，频遭周围邻居的白眼，前途一片黯淡。仍然是在不屈信念和坚定理想的感召之下，随后的一个世纪当中，他们竭尽所能在这片强手如林的动荡土地上生息繁衍，显著提升了自身的政治和军事实力，最终脱颖而出。那之后，他们建立的庞大帝国从公元1430年到1521年，维持了将近1个世纪。

阿兹特克人迈向帝国时代的第一步就是想方设法，让这座小岛变得更加宜居。为了向引领自己来到此地的威齐洛波契特里表达敬意，他们决定修建一座由泥土和木头构成的朴素祭坛。隐匿在湖中的小岛面积狭小，缺少建筑材料以及其他生活必需的自然资源。困守小岛的阿兹特克人只能尽力搜集各类湖区特产，比如鱼、青蛙、虫子[1]、候鸟等，然后用这些东西跟别人交换木材和石料。位于特斯科科湖里的这个小岛虽然四面环水，岛上居民日常生活所需的淡水却无法保证稳定而充足的供应，阿兹特克人提出的解决方案是

---

[1] 阿兹特克人有食虫风俗，今天的墨西哥人延续了这种生活习惯。

修建渡槽（aqueduct），将查普特佩克山上四季不断的丰沛泉水引过来，满足城市发展的需要。[9]

以威齐洛波契特里的祭坛为中心，阿兹特克人修建了未来城市的核心神庙区。那座朴素祭坛本身，后来则慢慢升级换代成了特诺奇蒂特兰金字塔，也就是所谓的"大神庙"。若干年以后，当不期而遇的西班牙征服者中断这个帝国的演进历程时，那座最初的祭坛已经部分或者也可以说是完全改头换面，总面积增加到了原先的13 倍。

簇拥着这个神圣的中心，勤劳的阿兹特克人向外扩展着他们的城市，同时还将这座城市划分为几大块城区。每块城区以下，则被进一步细化为众多社区。支撑这一切的基础，是那些不断被开垦出来的垛田。所谓"垛田"，其实就是分布在小岛周围，露出湖面的浅滩，今天的我们有时也会将它们称为"浮动花园"（floating gardens），虽然它们根本就不可能浮在水上。

来到岛上的首个 100 年当中，原先局促的定居点逐渐变成了规模宏大的城市，引来了众多投奔者，并与阿兹特克人混居。岛上优越的生活条件，还有那座足以让人日进斗金的大市场就像一块磁铁，吸引着一条条独木舟从四面八方划破水面，汇聚到阿兹特克人的领地。此时的特诺奇蒂特兰已然雏形初具，从墨西哥盆地列强林立的环境当中异军突起。

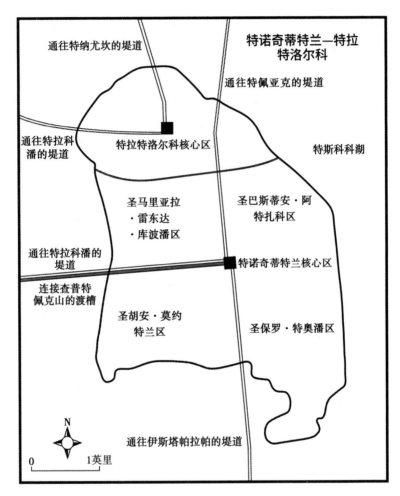

地图4　特奥蒂瓦坎的城市规划

　　阿兹特克帝国迈向辉煌的第二步是向外扩张，征服那些竞争对手，或者迫使他们和自己签订城下之盟。公元1325年的特诺奇蒂特兰恰好位于一个强大"铁三角"的中心位置，南有库尔瓦坎，东有特斯科科，西面则是阿斯卡波察尔科[1]。阿兹特克人栖身的那个岛当时属于阿斯卡波察尔科城邦的领地，作为回报，前者必须向后者纳贡称臣，还要充当他们的马前卒。

从短期利益的角度来看，阿斯卡波察尔科城邦为阿兹特克人提供栖身之地获得的回报可以说是物超所值。后者是勇猛而且极具战斗力的武士，作为阿斯卡波察尔科城邦的雇佣兵，他们替主人征战四方，开疆拓土。阿兹特克人在这个过程中同样获得了实实在在的利益，经济基础日渐增强，开始由寄人篱下的依附者向分庭抗礼的同盟者转化，在当地获得了可观的政治和军事影响力。

阿兹特克帝国迈向辉煌的第三步战略是通过与精英阶层联姻的方式继承这个地区原有的政治遗产。当时的阿兹特克人已经和库尔瓦坎城邦结亲，同时还越发明确地认识到将自己所属的那套文化并入托尔特克正统文化的重要意义。正如我们已经看到的那样，由于文化方面的差异，阿兹特克人与库尔瓦坎之间的联姻最终引发了一场灾难。尽管如此，双方最终还是适应形势的需要重归于好，阿兹特克的一位首领重新迎娶了一位库尔瓦坎公主，后来还生了一个孩子。这个孩子名叫阿卡玛皮奇特里[2]，公元 1372 年，他成了特诺

---

[1]　Azcapotzalco，位于今墨西哥城以北。
[2]　Acamapichtli，历史上第一位阿兹特克君主。

奇蒂特兰的最高统治者，被尊称为"特拉托阿尼"[1]，也就是"城主"的意思。

对阿兹特克人而言，这是一个具有里程碑意义的时刻，从今往后，原本属于奇奇梅克人的他们终于能够以"托尔特克正统传人"的身份自居了。经过多年的颠沛流离，阿兹特克人总算在诸侯并起的墨西哥盆地占有了一席之地。也正是从这时开始，他们的历任统治者经常性地跟这个地区范围内的重要城邦联姻。随着时光的流逝，其他城邦的统治者和贵族阶层也逐渐适应形势变化，对来自特诺奇蒂特兰的求婚者青睐有加。阿兹特克人由此获得了攫取地区霸权的基础。

经历了大概3代人，也就是100年左右的韬光养晦，以雇佣兵身份寄人篱下的阿兹特克人面对时刻充满变数的未来，努力建设自己的城市，学习各种政治权术和手腕，终于在墨西哥盆地复杂的地缘环境中后来居上，成为当地的主导力量。公元1427年，阿斯卡波察尔科城邦年迈的统治者泰佐佐莫克（Tezozomoc）撒手人寰，打破了墨西哥盆地范围内原有的权力平衡。趁着泰佐佐莫克的几个儿子为了争夺王位继承权，把阿斯卡波察尔科城邦闹得四分五裂的有利时机，阿兹特克人摆脱了套在身上的枷锁，将这个地区的经济

---

[1] tlatoani，这个头衔在后文中多被作者写为king。

和政治主导权乃至最高统治权牢牢掌握在自己手里。这也正是一直以来他们孜孜以求的终极目标。

族群和身份

阿兹特克人初次踏足墨西哥盆地时，这片土地的每个角落差不多都已经被形形色色的不同族群瓜分殆尽，这些族群包括阿科尔瓦人（Acolhua），特帕内卡人（Tepaneca），库尔瓦人（Colhua），查尔科人[1]和奥托米人等。[10]盆地范围以外的地方同样也都"名花有主"，生息繁衍着其他五花八门的族群。比如北面的奇奇梅克人和提奥奇奇梅克人（Teochichimeca），西面的马特拉钦卡人（Matlatzinca）和米却克人（Michoaque），南面的米斯特克人（Mixteca）、萨波特克人（Zapoteca）以及同属玛雅人的若干分支，东面还有特拉斯卡尔特卡人（Tlaxcalteca）、乌埃索辛卡人（Huexotzinca）、托托纳卡人和胡雅斯特卡人（Huaxteca）。这些千奇百怪的名称以及它们所代表的族群背后隐藏着什么样的故事？对阿兹特克人而言，或者对阿科尔瓦人、米斯特克人、托托纳卡人、奥托米人以及任何一支定居此地的族群而言，冥冥之中的这场不期而遇对他们各自的

---

[１]　Chalco，位于墨西哥盆地的古代印第安城邦。

命运又会产生怎样的影响？[11]

象征"文明"与"野蛮"的托尔特克人和奇奇梅克人在当地印第安人群体中分别代表着人类社会发展的"高""低"两级，所有族群都处在从"低"到"高"的演进历程当中，阿兹特克人却仿佛是混杂其间的一个"另类"。一方面，为了追求自身发展和地区霸权，他们从托尔特克人那里学到了很多东西，将其奉为文化正统；另一方面，他们又从未遗忘自己身为奇奇梅克人的一员所应具有的文化特质，以及尚武好战的个性。阿兹特克人骄傲地坚守着他们的奇奇梅克传统，从不讳言自己的这段过往经历。

通常来说，各类史料谈及不同时代的族群历史时，总会把更多的笔墨耗费在那些最强者身上。按照这样的规律，阿兹特克人理所当然成了现存的很多美洲土著文献，以及西班牙殖民时代早期文献中的主角。这些文献对当地历史的讲述，往往是站在阿兹特克人的立场上，借助他们的目光审视周围的世界。例如，借助这些文献，今天的我们可以了解到，奥托米人在阿兹特克人眼中，穿衣打扮的品位很差，艳俗得要命；托托纳卡人则缺乏教养，举止粗鲁。至于当年的阿兹特克人在这些邻居眼中到底是个什么样子，今天的我们却根本无从知晓。

在阿兹特克时代，划分族群的主要标准是每个族群共有的文化特质，而非当代人种学看重的那些生理特征。这其中的某些文化特质是外在的，能够让人一目了然，比如独特的语言，在穿衣打扮方面的共同喜好，武士的战袍，头发的样式，等等。尤其是语言，"什么人说什么话"是区分不同印第安族群的重要标志，奥托米人说的是奥托米话，托托纳卡人说的是托托纳卡话……以此类推。阿兹特克人站在自己的立场上想问题，自然而然就会把纳瓦语视为一种最优雅、最得体的语言表达方式，"Nahuatl"这个词本身就有"优良言语"（good speech）的意思。相应地，其他族群的人即便会说两句纳瓦语，说得肯定也不是特别地道。类似托托纳卡人这样不说纳瓦语的族群，则干脆被贬斥为野腔无调。

依照语言划分族群的办法简单明了，问题在于，一种语言的内部往往存在不同的方言分支。即便是同一种语言，也经常会和其他语言发生交流，大量吸收外来语。服装样式以及配套的那些装饰物，对于划分族群来说，也是一个非常明显的标志。正如阿兹特克人曾经看到的那样，提奥奇奇梅克人身披兽皮；马特拉钦卡人喜欢穿用龙舌兰纤维制成的粗布斗篷；托托纳卡人偏爱色调明快的彩条布斗篷和短裙；奥托米人因为过分追求华丽，反而显得过犹不及；胡雅斯特卡汉子身上披的斗篷挺不错，却从不穿围腰布，这让阿兹特克人看着非常不顺眼。

直接出现在面部的彩绘和鼻子、嘴唇或头发等身体部位的装饰物，也是迅速识别不同族群成员的一条捷径。通常情况下，能够在战

场上俘获敌人的勇猛武士都会被授予形式各异的羽毛服饰和盾牌作为
奖赏。这其中，"鹰武士"[1] 的那身穿戴应该属于阿兹特克文化的特

图 8　胡雅斯特卡武士头戴标志性的尖顶头冠

[1] eagle regalia，阿兹特克战士如果能在战场上累计捕获 4 名俘虏，就可以被授予
鹰武士的光荣称号，同时得到一身用羽毛制成、造型类似老鹰的服饰。

有产物。除此之外，他们的军服体系还吸收、借鉴了其他族群的很多款式，比如最著名的"胡雅斯特卡战袍"。据史料记载，西班牙人刚刚来到这片土地时，每名阿兹特克武士只要能在战场上抓到 2 个俘虏，就可以被授予一套"胡雅斯特卡战袍"。能够达到这个要求的武士人数很多，相应地，"胡雅斯特卡战袍"的需求量也就非常大。为了填补缺口，身在特诺奇蒂特兰的阿兹特克人甚至需要从周围的藩属城邦"进口"这种战袍。某些跟胡雅斯特卡人八竿子打不着的族群，也会加入生产、贩卖"胡雅斯特卡战袍"的行列当中。

千奇百怪的发型同样可以向外传达复杂而多样的信息。阿兹特克人的发型男女有别，即便同样都是男性，在战场上抓过俘虏的男人和没抓过俘虏的男人，不光发型方面迥然有别，后者还会遭到众人的公开嘲笑。同样都是女性，也可以通过头发的样式，让别人知道自己已婚或未婚的生活状态。祭司作为族群内部相对独立的特殊群体，他们的发型和其他人都不一样。

对于不同族群而言，发型是识别身份的重要标志。勇猛好战的奥托米武士习惯剃光前额，却把后脑勺上的头发留得很长。胡雅斯特卡和托托纳卡的女性喜欢在长长的发辫上捆扎布条，再插上彩色的羽毛，类似这样的打扮在阿兹特克人眼中往往会被认为很漂亮。

形式各异的族徽也是不同族群彰显各自身份的一个直接且重要

的标志，然而类似这样的划分标准对时刻处于风云变幻之中的阿兹特克世界而言，恐怕并不适用，甚至反倒会把人引入误区，因为包括阿兹特克人在内的众多古代印第安族群对族徽的设计和选择往往都比较随性，对日常服装、军服款式，尤其是语言的使用也是如此。生活在墨西哥中部的印第安人群体，特别是贵族阶层，普遍存在双语现象。由于这些因素的干扰，当地不同族群间的界限始终都是模糊不清的，极易发生混淆。

相比之下，其他一些族群的划分依据，比如共同的领地、共同的历史、共同的理想、共同的利益，乃至共同的敌人等，就显得更加含混。以共同领地为依据划分族群是一项不可能完成的任务。中美地区的土著居民，无论何种族群，日常生活大多依附于大大小小的城邦或同类性质的政治实体。单一族群占据或主导一个城邦的情况确实存在，不过多数城邦都属于多族群共生的混合体。某些情况下，城邦内部的人口构成还会随时间的流逝而发生改变。

生活在墨西哥中部的众多族群，每时每刻都在发生变化。他们可以像阿兹特克人那样，通过大规模迁徙突破地缘的局限，也可能会因战争、饥荒的爆发，在小范围内四处游走。他们或许会远走他乡，建立作为商贸中心的飞地；或许会凭借高超的技艺，受聘于其他城邦的统治者，"出国"工作。

公元 1450—1454 年，墨西哥盆地发生了一场惨烈的大饥荒。

阿兹特克人和其他族群为了活命，不得不将家人甚至自己卖到更富庶的沿海地区充当奴隶。这场饥荒过去以后，他们中的绝大多数都留在了新家，没有返回故土。相似的情况还发生在 16 世纪早期，生活在墨西哥盆地东部，素来和阿兹特克人不睦的乌埃索辛卡人迫于身边特拉斯卡拉人的凌厉攻势，只得投奔特诺奇蒂特兰寻求庇护。危机结束后，他们中的一部分人返回故土，可是也有很多人选择继续留在特诺奇蒂特兰。诸如此类的事件，最终催生出一个族群界限相当模糊的复杂社会群体。

　　共同的历史、共同的理想，如果换个说法，指的就是一个族群的过去和未来。起源传说对增强族群的凝聚力至关重要，类似这样的传说通常都包含一段漫长的冒险经历，还会以一位建功立业的传奇英雄为主角。故事里的传奇英雄开天辟地，把自己的领地变成世袭制的王朝，然后率领这片土地上的人们直面风起云涌的世界，守卫家园、开疆拓土。基于这段言之成理的共同历史，族群中的每名成员便可以回顾过去，展望未来，追求他们共同的理想。所谓"共同理想"，通常来自族群守护神的神启，或者至少出自侍奉这些神灵的祭司之口，它的作用是统一每个人的行为和思想，形成合力。阿兹特克人在这方面的表现尤为突出。他们骄傲地宣称，自己是由神选定的世界之主，是神安排他们建立了特诺奇蒂特兰这座圣城，然后再以这里为基点去征讨四方。

　　个体对于族群的认同感经常体现为对族群守护神的忠诚信仰。例如，奥托米人无论身居何处，都会对大神奥唐特库利[1]无限崇敬；约普人（Yope）即便背井离乡，也忘不了他们的西佩托堤克[2]。族群中每名成员的忠诚度和向心力经常受家庭背景、邻里关系、城邦环境、统治者意志、社会阶层、工作职业等因素的干扰，对于诸神的崇拜，能够通过一种颇具仪式感的手段，不断强化个体对族群的认同。当族群面对共同敌人实际或想象中的威胁时，共同的利益经常能让所有成员同仇敌忾。鉴于墨西哥中部地区动荡的政治和军事形势，外敌威胁对每个族群来说，始终都是一种常态。虽然交战双方大多是实施全民动员的单个城邦或城邦联盟，族群意识却也经常在他们的分分合合、明争暗斗中扮演着重要的角色。

　　在阿兹特克帝国建立的初始阶段以及随后 90 多年的时间里，墨西哥中部始终都是一个多元文化、多种语言和不同政治势力相互交融的拉锯地带。土著居民身份认同的形成主要以城邦为基础，同时也要受族群、语言、职业、社会地位、盟友关系等诸多因素的影响。阿兹特克世界中的每个人对于自己的身份认知都是多面的、微妙的，有时甚至还是相互冲突的。

---

[1] Otontecuhtli，阿兹特克神话中的火神。
[2] Xipe Totec，阿兹特克神话中的重生之神。

"阿兹特克人"这个概念指代的其实并非是一个特定的族群。直到公元 1803—1804 年，德国博物学家洪堡造访墨西哥以后，这个概念才真正获得普遍接受。在此之前，那些初次与西班牙人不期而遇的土著居民一般只会将自己视为某某族群的一员，更通行的做法则是将自己视为某某城邦的一员。鉴于本书故事讲述的进度已经从墨西卡人早期四处迁徙的阶段过渡到定居墨西哥盆地，建立帝国的阶段，笔者接下来也将在行文中越来越多地用"阿兹特克帝国"（Aztec empire）这个说法指代由特诺奇蒂特兰、特斯科科和特拉科潘三大城邦为核心构成的对外扩张联盟。另外，"阿兹特克"（Aztec）这个概念在本书中还将被用来形容截至前西班牙时代晚期流行于这个美洲土著国家的艺术和建筑风尚。

第 3 章

建立帝国

据说，战场上的蒂索克[1]异常骁勇善战，登上王位以前的他曾在疆场上屡建奇功，因此被授予"特拉卡特卡特尔"[2]的头衔。能够获得这个头衔的人位高权重，以此为起点，蒂索克最终继承王位。他的哥哥、弟弟[3]，还有父亲和祖父登上宝座以前，也走过了相同的路。[1]

这一切都是真的吗？这位短命、背运，仅仅掌权 5 年的阿兹特克皇帝（公元 1481—1486 年在位），真的来得及做出这么多壮举，建立这么多功勋吗？战场上的他真的勇敢、善战吗？由图片和文字共同构成的史料向我们展示了这位皇帝的多面性。

本章开头引述的文字出自《奇马尔波波卡手抄本》（*Códice Chimalpopoca*）和《门多萨手抄本》，这两份历史文献不约而同地罗列了蒂索克在位时征服的，散布在墨西哥盆地西部和南部的 14 座城邦。[2]多明我会修士迭戈·杜兰却将这位皇帝描绘为崇尚清静无为，同时还胆小如鼠的隐士，认为他无法引领特诺奇蒂特兰开疆拓土、铸就辉煌。[3]蒂索克刚刚继位时曾发动过一次不光彩的战争，特

[1] Tizoc，公元 1481—1486 年在位的阿兹特克皇帝。
[2] Tlacatecatl，高级军官和贵族称号，大致相当于副总司令，按照阿兹特克军规，获得这个职位的前提是在战场上抓到 6 个以上的俘虏，还要有 20 次以上的英勇表现。
[3] 蒂索克继承的是哥哥的王位，他去世后又把权力传给弟弟。

诺奇蒂特兰为此搭上了 300 名最勇敢的武士，最终却只抓了 40 名俘虏。总的来说，蒂索克给阿兹特克帝国的军事实力造成了非常大的负面影响，他的英年早逝或许并非意外，很可能源于身边近臣的投毒行为。

有关蒂索克的更多史料，来自一块名为"蒂索克石"的安山岩（andesite）材质古代石雕。[4] 这件大型石雕的直径超过 2.6 米，厚度却不到 1 米，总重大概有 9 吨半。石雕整体为圆柱形，象征性地刻画了一轮向外放射光芒的红日。红日的中央有一个直径 45 厘米，深 15 厘米的圆形凹陷，凹陷部位向外延伸出一道凹槽，直达石雕的边缘。这块石雕可能是一种名为"鹰石碗"（cuauhxicalli/eagle vessel）的祭祀用品，也可能是用于盛放角斗比赛中被杀武士心脏和鲜血的容器。

"蒂索克石"完成于蒂索克执政初期，制作它的目的或许是想给那时正在动工扩建的"大神庙"增添一件宝物。这项扩建工程彻底完工是在公元 1487 年，蒂索克当时已经撒手人寰。[5] 阿兹特克帝国的历任皇帝有个不成文的规矩，新主登基时总要下令制作一件大型石雕，然后把它放在某个具有重要象征意义的地方公开展示，以便为自己增光添彩。公元 1450—1512 年前后，阿兹特克帝国总共制作了 7 件此类性质的器物，可惜最后仅有 3 件传世。这些石雕诞生的那个年代，它们伫立在大庭广众之下，默默宣扬着帝国的文治武功，坚定着每个人的信念，象征着战神对阿兹特克人不离不弃的庇佑。所有这一切，最终都通过艺术的象征手法体现在庞大的石雕作品上。

图9 壮观的蒂索克石上描绘的战场大捷画面

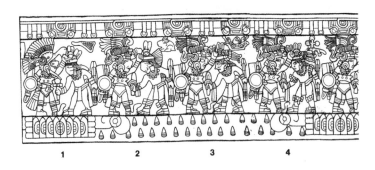

图10 蒂索克石上描绘的5位正在打斗的武士，胜利者身披带有托尔特克标记的蝶形胸甲，头戴羽毛头冠穿三角形战裙，手持掷矛器，这是一种贵族兵器

　　"蒂索克石"的顶部是用浮雕手法雕刻而成的一个光芒四射的太阳形象,太阳中部还有一个小坑。相比之下,这件作品侧壁的图案更加引人注目。图案内容包括 15 名[1]得胜而归的武士,每名武士的身前还押解着一名战俘。类似这样的形象刻画细致入微,在石雕的侧壁上前后相连,围成一个完整的圆圈。蒂索克是这些艺术形象当中唯一有名有姓的人物,他身穿象征阿兹特克守护神威齐洛波契特里的服装,伸手揪着一名来自马特拉钦卡城邦或者至少是属于这个族群的俘虏的头发,后者生活在墨西哥盆地西部的托卢卡(Toluca)地区。其他 14 名武士身穿的衣服代表的可能是阿兹特克人的另一位重要神灵——战神泰兹卡特里波卡[2]。

　　浮雕图案中,15 名武士随身携带的武器装备样式大多源自托尔特克文明。借助这些物品和形象,阿兹特克人象征性地宣示了他们在当地拥有的统治权和征伐权的正统性。这也是"蒂索克石"上的那些浮雕图案希望传达的信息。受制于这些勇猛武士的俘虏每人都有的配套铭文,说明了他们各自所属的城邦或族群,他们身上的服饰则代表了这些城邦或族群的守护神。

　　这场发生在尘世间的征服事件,征服和被征服的双方是装扮成

---

[1]　原文为 fifteen pairs,即"15 对",但是参考本书插图及后文内容,实际应为"15 名"。

[2]　Tezcatlipoca,这 14 名武士在阿兹特克文化中被称为"郊狼战士",后文将有详细介绍。

各路神灵的凡人，他们行走在一幅和谐的宇宙图景当中，头顶星辰密布的天空，脚踏分别象征冥府入口和出口的鳄鱼脊背和大嘴，只不过鳄鱼嘴里的牙齿换成了锋利的燧石刀。浮雕的整体构图形象化地再现了阿兹特克人心中冥府、尘世和神界三层分级的宇宙观，[6] 这可以被视为一个井然有序的宇宙模型，创作它的目的则是为了确认和突出阿兹特克帝国在广阔、无边宇宙中的核心地位。

表面上看，"蒂索克石"似乎承载着蒂索克征战四方的荣光，是对他赫赫战功的褒奖，然而考古学方面的深入研究却揭露出一个非常尴尬的真相——浮雕图案展示的胜利场面只有 2 次能跟《奇马尔波波卡手抄本》和《门多萨手抄本》记载的 14 次大捷对上号，那些对不上号的军功实际应该属于年代更早的其他几位阿兹特克君主。至于蒂索克打的几场败仗，浮雕图案中则根本没有体现。对于这个问题，我们或许不应过分苛责蒂索克本人。如果换个思路，浮雕图案的含义似乎也可解释为他所统治的那个庞大帝国是几代人前赴后继、添砖加瓦的结果。不管怎么说，阿兹特克帝国最不起眼的皇帝最终却包揽了最辉煌的战果，这件事本身仍然非常具有讽刺意味。

不同的君主，不同的韬略

公元 1430—1519 年，也就是西班牙征服者首次来到特诺奇蒂特兰，中断这个国家自身的前进脚步以前，包括蒂索克在内，总共有 6 位皇帝在位期间曾拓展过阿兹特克帝国的疆域。[7]这些皇帝全部都是那些早期墨西卡首领的后裔，他们的正统身份毋庸置疑，尽管类似蒂索克这样的无能君主总让人感觉德不配位。早在创业之初，墨西卡祖先便已立下为追求富国强兵而不惜牺牲一切的远大理想。为了实现这个理想，历代阿兹特克君主都必须遵守一套既有的政治规则和领导艺术，然后以此为基础去驾驭对外战争，谋求王室联姻，谙熟外交场上的纵横捭阖，参加各类奢华的宴会和祭祀仪式。

更重要的是，阿兹特克人认为一位称职的"好皇帝"还应该拥有保卫国家、开疆拓土的能力。他必须在战场上证明自己的勇气，信守对各路神祇的承诺，对贵族和平民（甚至朋友和敌人）宽宏大量、一视同仁，掌握在公开场合得体说话的技巧。作为皇位继承人，他还必须拥有一个崇高的军事头衔，而且能够证明自己的皇室血统无懈可击。如此种种的限制和期许并不会扼杀皇帝的主动性，把他变成"机器人"。恰恰相反，历代阿兹特克君主无不个性鲜明，同时还拥有自己的一套执政理念。这些皇帝在位期间凭借一己之力究竟会给阿兹特克帝国留下何种印记，又将怎样影响它的历史走向呢？

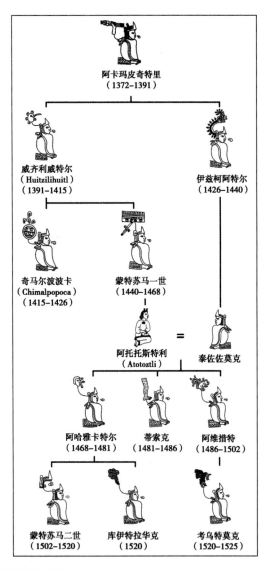

图 11　阿兹特克皇帝家谱

公元 15 世纪和 16 世纪出现的大量手抄本和雕塑作品为我们了解这些阿兹特克君主的文治武功提供了一个理想的切入点。出现在手抄本和雕塑作品中的他们，要么端坐在芦苇编织的宝座上，要么神气活现地押解着被俘的敌军武士，要么就是在某次重要的祭祀仪式上面不改色地奉献自己的鲜血。问题在于，出自这些图片史料的皇帝形象往往无法摆脱程式化的窠臼，缺乏同时代人对他们的直观感受。这种情况下，我们要想更真切地走近那些阿兹特克皇帝，以及早期墨西卡人等土著印第安群体，更深入地了解这些统治者的个性、癖好和理想，就必须依靠文字史料中的相关叙述。[8]

伊兹柯阿特尔[1]、蒙特苏马一世[2]和阿哈雅卡特尔[3]是阿兹特克帝国初创阶段公认的 3 位"模范皇帝"。他们是老练的政治领袖，是久经沙场的战士，还是口若悬河的演说家，信仰坚定、宽宏大量。这 3 位皇帝的血统纯正高贵，继位以前就拥有"特拉卡特卡特尔"的军事头衔，当时年仅 19 岁的阿哈雅卡特尔年纪轻轻便获此殊荣，很可能存在极大的水分。

除了上述这些共性，3 位阿兹特克皇帝还通过他们的履历展现出个性化的一面。伊兹柯阿特尔在位期间最值得称道的业绩就是率

---

[1]　Itzcoatl，公元 1426—1440 年在位。

[2]　Motecuhzoma Ilhuicamina，公元 1440—1468 年在位。

[3]　Axayacatl，公元 1468—1481 年在位。

领他的族人摆脱阿斯卡波察尔科城邦的束缚，建立阿兹特克三国同盟[1]。今天的我们依据史料推测，这位皇帝应该是一位擅长见风使舵的机会主义者，他取得成功的前提是能够准确抓住对手的弱点。与此同时，他还是一位外交大师，能够有效团结身边的盟友。战场上的他坚忍顽强，成功征服了墨西哥盆地范围内的诸多城邦。在这位模范特拉托阿尼的统治下，帝国开始成形。

蒙特苏马一世从伊兹柯阿特尔手中接过权力的同时，也延续这位"有道明君"的优良作风。作为伊兹柯阿特尔的侄子，蒙特苏马一世继承皇位以前便已是一位出色的军事家和政治家。坐镇特诺奇蒂特兰的他称得上是一位铁腕君主，在位期间精力充沛地发动了一系列对外战争，意在向阿兹特克帝国周边拓展势力，从被征服地区攫取大量贡品，打压那些潜在的敌人。就像伊兹柯阿特尔一样，这位皇帝的言行举止处处显露着典型的"墨西卡风范"。

阿哈雅卡特尔是蒙特苏马一世的孙子，与几位前任相比，他在位期间取得的政绩要逊色许多。这位皇帝也曾发动过若干次对外战争，但一多半都打了败仗。这其中，针对塔拉斯坎帝国的那次西征很可能是西班牙人出现以前，阿兹特克帝国打过的最大一场败仗。

---

[1] Aztec triple alliance，由当时位于今墨西哥城范围内的3个印第安城邦国家组成的政治和军事同盟，这个同盟构成了阿兹特克帝国的核心。

阿哈雅卡特尔率领残兵败将逃回特诺奇蒂特兰时，全城老百姓哭得昏天黑地。话虽如此，历史上的阿哈雅卡特尔仍旧被视为一位骁勇的武士，有别于诸位前任的真刀真枪，这位皇帝更加擅长通过谈判的方式，不战而屈人之兵。凭借这项特殊才能，他沿着阿兹特克帝国模糊不清的边境线，征服、建立了一系列附庸国。平心而论，阿哈雅卡特尔的军事才能其实远远逊色于他的外交天赋。

接替他的蒂索克下令扩建了位于特诺奇蒂特兰核心位置的"大神庙"，同时却暂时停止了阿兹特克帝国对外扩张的步伐。福星高照的阿维措特继往开来、再接再厉，他在位期间，阿兹特克帝国的疆域面积达到了历史上的顶峰，向南最远可以波及今天的危地马拉（Guatemala）边境地区。有别于阿哈雅卡特尔，阿维措特很少愿意和对手谈判，更加倾向采用硬碰硬的手段去夺取胜利。他留给后人的印象是无所畏惧、野心勃勃、英勇顽强、鲁莽轻率又倔强执拗，因为过分追求奢侈生活、铺张浪费、大手大脚，阿维措特在历史上留下了恶名。可能恰恰是出于满足个人私欲的需要，他发动战争时选择的目标大多是那些出产上等绿松石、贵重黄金、艳丽羽毛和珍贵可可豆的热带富庶地区。虽然由此而来的贡品源源不断涌向特诺奇蒂特兰，这位皇帝的日子还是经常感觉入不敷出。阿维措特在位期间还有一项政绩让他青史留名，那就是通过有意提拔非贵族出身的平民士兵，打破当时已经趋于僵化的社会分层。

　　阿维措特的继任者蒙特苏马二世接续了前任的军事辉煌，直到西班牙人的从天而降迫使他的任期戛然而止。阿维措特的理想是将阿兹特克帝国的疆域扩展到热带地区，这个过程中，他不得不暂时绕过某些难啃的硬骨头，因此在帝国的版图上留下了很多缺口。蒙特苏马二世继位后为自己设定的目标就是抹平这些人为的"沟壑"，彻底征服那些仍在反抗的城邦，最终完全解决东边令人厌烦的宿敌——特拉斯卡拉人。

　　蒙特苏马二世在宗教信仰方面表现得异常虔诚，时刻不忘神的荣光，这是每名合格阿兹特克人的必备素养，更是身为阿兹特克皇帝的首要条件。这位皇帝好大喜功，在位期间主持修建了不少大型建筑，意在通过这种方式为特诺奇蒂特兰增光添彩，同时也是替自己脸上贴金。作为精英血统论的坚定支持者，蒙特苏马二世继位后立刻用贵族出身的官员替换了阿维措特时代任命的那些平民官员。

　　上述这些阿兹特克皇帝在位期间各有各的脾气秉性，却不约而同地重视提升军事实力，征伐四方。同样是发动对外战争，几位皇帝又各有各的特色。阿维措特明显更加生硬粗暴；阿哈雅卡特尔在使用武力的同时，还善于借助谈判，软硬兼施地实现自己的政治企图；蒙特苏马二世则是一位高明的战略家。他们当中的某些人，比如蒂索克和蒙特苏马二世，在宗教信仰方面比其他几位皇帝显得更加虔诚。除了阿维措特，历代阿兹特克皇帝全是血统论的忠实信徒，他们在位期间出台的相关政策加剧了这个国家的阶层固化。

这些皇帝的脾气秉性无论再怎么多样、善变，却始终无法给这个国家造成长期性的影响。蒂索克或许是他们当中性情最孤僻、怪异的一位，只可惜，这位皇帝的执政时间过于短暂，也就没能从根本上动摇阿兹特克帝国的内在气质，改写它的历史走向。即便能够出现类似阿维措特这样富于开创精神的皇帝，他所采取的种种改革措施也只能昙花一现般地遭到继任者的抹杀。

阿兹特克三国联盟

阿兹特克帝国的历任皇帝，或多或少，都为中美地区舞台上这个最大帝国的迅速发展出了自己的一份力，帝国的核心基础是由特诺奇蒂特兰、特斯科科和特拉科潘三大城邦构成的联盟。通常来说，权力过于分散，尤其当一个城邦或一个帝国无法实现号令统一时，往往就会引发灾难性的后果。面对暗流涌动的政治环境，阿兹特克皇帝以及其他两大城邦的最高统治者究竟如何将这个权力联盟维系了将近100年呢？

特诺奇蒂特兰、特斯科科和特拉科潘能够携手并进的基本前提在于三大城邦共同的文化属性和战略目标，以及盟友间的相互尊重和取长补短。为了巩固联盟，三大城邦达成了很多默契，同时也形成了若干的明确协议。比如对联盟内部的权力作出清晰分割，保证每个城邦的基本自治权；互相开放边境，允许人员自由流动；通过非对称的方式维持三大城邦间的张力平衡等。这一系列默契和协议可以确保参与联盟的每位统治者拥有自己城邦范围内的最高统治权，避免来自其他城邦的干涉。与此同时，三大城邦的统治者在联盟内部还可以凭借"大城主"（huey tlatoque/great kings）的身份统治若干附属城邦，形成各自的势力范围。例如，伊兹柯阿特尔执政时期，听从特诺奇蒂特兰号令的主要是它南面的9座城邦，坐镇特斯科科的内萨瓦尔科约特尔（Nezahualcoyotl）负责领导位于东北方向的14座城邦，特拉科潘的统治者托托奎瓦津（Totoquihuatzin）则将联盟西北方向的7座城邦纳入麾下。

某位"大城主"的势力范围具体可以涵盖哪几个附属城邦，基本依据的是就近原则，只不过真实的历史经常做不到如此清晰明了、直截了当。墨西哥中部地区存在着长期的拉锯战争，城邦间的打打杀杀、分分合合实属家常便饭，折腾了不知多少个来回。这样的情况，势必造成地缘政治的混乱，城邦间的领地划分仿佛零散的拼图游戏。贵族分封以及胜利者对战败者土地和人口的瓜分让这种混乱局面雪上加霜，每块新征服的领地最终都会被那些来自不同政治实体的大小领主分割得零七八碎。除此之外，某位"大城主"也

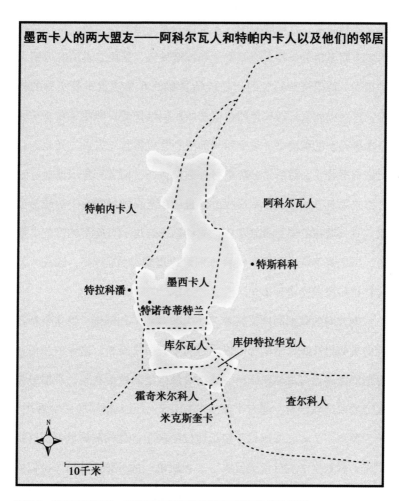

墨西卡人的两大盟友——阿科尔瓦人和特帕内卡人以及他们的邻居

特帕内卡人

阿科尔瓦人

·特斯科科

特拉科潘·

墨西卡人

·特诺奇蒂特兰

库尔瓦人

库伊特拉华克人

霍奇米尔科人

查尔科人

米克斯奎卡

N

10千米

地图 5　特诺奇蒂特兰、特斯科科和特拉科潘三国联盟的统治范围

可能会出于纯粹的善意或交换的目的，将自己的领地划到另一位"大城主"名下。

初看起来，组成联盟的三大城邦并非完全势均力敌，特拉科潘的实力明显稍逊于特诺奇蒂特兰和特斯科科，后面二者的实力则大体相当。特诺奇蒂特兰的历任统治者始终非常注重军事实力的提升，意在以此保持对其他两位盟友的压倒性优势。即便是在发动联合军事行动的情况下，远征所得的战利品也得首先风风光光地送到特诺奇蒂特兰，然后再分配给另外两位盟友。前者有意识地通过这种方式独享胜利荣光，明显提升了自己在老百姓和联盟中的政治形象。三大城邦的实力参差不齐，战利品当然也不可能平均分配。据说，特诺奇蒂特兰和特斯科科分别可以得到总数的2/5，矮人一头的特拉科潘只能得到1/5。

贵族间的联姻同样秉持着"实力非对称"的原则。特诺奇蒂特兰的贵族男性每次结婚都可以同时迎娶若干位新娘，这样的风俗使得他们能够通过战略联姻的方式结成最广泛的政治联盟。手握最高权力的阶层联姻时，还有个额外的规矩——三大城邦的"大城主"至少要将一个女儿或姐妹下嫁给地位稍逊于自己的藩属城邦，这样一来，联姻生下的后代也就成了"大城主"的外孙或外甥。类似这样的政治联姻重复过不知多少次，特诺奇蒂特兰最终在血缘和辈分上取得了对于特斯科科以及其他城邦的"非对称优势"。联盟中的其他两大城邦则如法炮制，比如特斯科科的"大城主"，把女儿下嫁给受他们辖制的附属城邦。通过联姻的方式，阿兹特克帝国仅仅用了三代人的时间便将那些各自为政的城邦用王室血缘的纽带，紧紧捆绑成了一个整体。

互相尊重是成功维持联盟关系的重要前提，指定继承人、新城主加冕、老城主下葬之类的特殊场合则是盟友之间投桃报李的有利时机。无论当事人是哪位"大城主"，其他两位盟友都将在这些场合扮演重要角色。继承人的人选确定时，他们是现场的见证人；新城主加冕时，他们可以在一旁站台助威；老城主入土时，他们的到场又是逝者的无上荣光。每经历一次这样的场合，三大城邦的联盟关系就等于在众目睽睽之下被强化了一次。

强大的个人魅力也可能对增进盟友关系起到积极作用。特斯科科城邦公元 1418—1472 年在位的"大城主"内萨瓦尔科约特尔的生平极富传奇色彩，他在自己漫长的任期内同时拥有工程师、立法者以及艺术资助者等多个头衔。值得一提的是，公元 1449 年蒙特苏马一世曾请他出山，在特斯科科湖上设计、修建了一条绵延 16 千米的长堤，意在将湖中的咸水和淡水区域分割开来，缓解经常性的洪灾造成的损害。

盟友之间取长补短的需要同样有助于巩固联盟关系，这其中最核心的问题就是军事和物资方面的相互援助。阿兹特克帝国的周边局势可谓烽烟四起，谁能在短时间内动员大量军队投入战场，谁就能获得较大的优势。相比于单打独斗的城邦，那些能够从盟友及附属城邦及时获得友军支援的城邦联盟无疑拥有更大的胜算。

　　除了军事行动，诸如大型工程建设之类的人力密集型项目同样需要友好城邦的协同配合。特诺奇蒂特兰"大神庙"历史上的每次扩建无不需要来自周边城邦的人力和物力支持。构成阿兹特克帝国核心的三大城邦各有各的特长，可以优势互补。占据特诺奇蒂特兰的墨西卡人在军事战略、战术方面的天赋无人能及，特斯科科城邦的阿科尔瓦人精通法律、艺术、工程设计，以及其他各项技能，从写诗到制陶再到绘画，不一而足。至于特拉科潘的特帕内卡人，目前还没有史料能够说明他们到底具备哪些特长可以为另外两位盟友所用。

　　联盟的建立并非意味着盟友间不会发生任何龃龉。恰恰相反，矛盾肯定存在，特别是在特诺奇蒂特兰和特斯科科之间。许多流传至今的故事传说都能证明这种紧张关系的存在，虽然这些史料大多是存在偏颇的一家之言。阿兹特克帝国建立的早期阶段，特诺奇蒂特兰和特斯科科的统治者都会通过耍手腕的方式，在刚刚成形的联盟内部谋求最高主导权。按照特斯科科城邦的说法，当时特斯科科的"大城主"内萨瓦尔科约特尔为此曾发兵讨伐过伊兹柯阿特尔主政的特诺奇蒂特兰，最终迫使后者割地求和。墨西卡人站在自己的立场上，编了一个和特斯科科城邦的说法完全相反的故事。在这个故事里，作为失败者的内萨瓦尔科约特尔被迫向蒙特苏马一世割地求和，以这种相对体面的方式，臣服于实力蒸蒸日上的特诺奇蒂特兰。

与此同时，阿兹特克史料当中还记载了若干次发生在联盟内部友好城邦之间的战争。无论这些故事讲述的是真实历史，还是纯粹的文学创作，它们的存在都意味着特诺奇蒂特兰和特斯科科，也就是"后古典主义时代"晚期中美地区实力最强的两大城邦，它们在一团和气背后隐藏着深深的裂痕。

建设和管理帝国

构成阿兹特克帝国的基础是一个个相对独立的城邦，特诺奇蒂特兰、特斯科科和特拉科潘作为它们中间的领头羊，实力最强。三大城邦的处事原则是党同伐异，联合一切可能联合的城邦，然后再去进攻别的城邦。联盟中的其他城邦实力逊色于三大城邦，相应地，它们从那些被征服城邦身上获得的利益也要有所减少。历史的真相就是这样。

阿兹特克帝国在军事领域奉行的是进攻战略，而非消极防御。遭遇西班牙人以前，特诺奇蒂特兰只被外敌攻陷过一次。这件事发生在蒙特苏马二世当政时期。墨西卡人难以捉摸的劲敌乌埃索辛卡人利用伸手不见五指的夜色偷偷溜进特诺奇蒂特兰，不光彩地烧毁了位于城区边缘的一座神庙。墨西卡人震怒异常，迅即采取了报复措施。阿兹特克帝国的首都遭遇外敌入侵虽然仅此一次，"誓死捍卫自己的城市"却仍被这个国家的君主奉为首要职责之一。

阿兹特克帝国发动的历次军事行动，有些是货真价实的征服战争，有些则属于更具仪式感的"荣冠战争"[1]。发动征服战争的目的是为了劫掠其他城邦的经济财富，比如土地、劳动力，以及各类产品。发动"荣冠战争"的目的相对单纯，主要是为了让阿兹特克武士获得实战锻炼的机会，同时依据捕获的俘虏人数甄别这些武士的能力，给予他们相应的级别和地位。被他们抓到的那些俘虏，则将成为祭祀仪式上的人牲。

阿兹特克三国同盟的主要对手是东边的特拉斯卡拉、乔鲁拉（Cholula）和乌埃索辛卡等城邦，前者的目的就是要打败它们，征服它们。双方的战争周而复始，惨烈无比，贯穿了这个国家的整个历史。姑且不论阿兹特克帝国发动这些战争的深层次动机到底是什么，面对来自敌对城邦的不断挑衅，以牙还牙是统治者避免落下"软骨头"骂名的合理、常用手段。这样的做法对外宣示了一个政治实体敢于进行军事对抗的决心，同时还能对其他心怀敌意的城邦起到震慑作用。除此之外，战争还能带来大量俘虏。巍峨、庄严的神庙中，以他们为人牲的祭祀仪式，既可以取悦各路神祇，同时也可以为帝国增光添彩。

---

[1] Notable wars，阿兹特克人的宗教信仰崇尚活人祭祀，所以他们在战斗中总是尽可能生俘敌人，而非将敌人在战场上杀死，这种奇特的作战方式被称为荣冠战争。

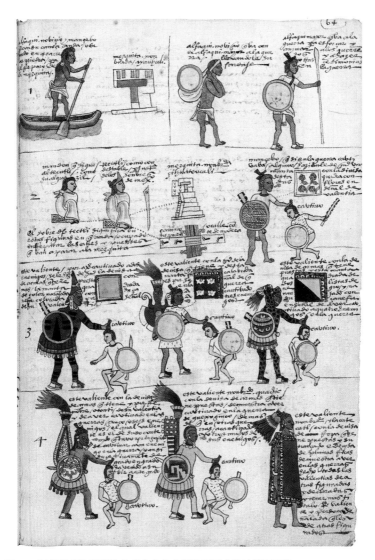

图 12　抓获俘虏的阿兹特克武士由此获得象征军功的斗篷和服饰

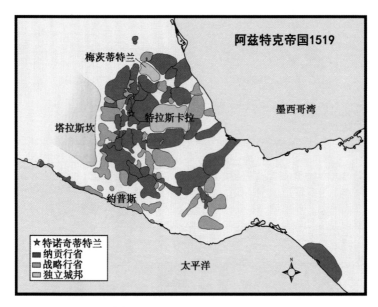

地图6   公元1519年的阿兹特克帝国地图

　　三国同盟在经济和政治领域基本的治国方略包括军事征服、经济操控、外交谈判、威胁恐吓、政治联姻，以及政治和宗教方面的同化。西班牙人来到这里以前，漫长的对外战争将帝国的疆域扩展到38个地方省份（regional provinces），下辖总计271个大小城邦。它们是阿兹特克帝国的"纳贡行省"（tributary provinces）。[9]据估算，它们的总面积可达20万平方千米，人口数百万，能够为帝国提供数量可观的人力、物力资源。多数情况下，被征服城邦的统治者如果能在战后存活下来，便可以被允许留在原位继续执政，前提是必须向帝国纳贡称臣，放弃反抗，同时还要满足帝国提出的各种临时要求，比如出兵助战或者为某项工程提供劳动力等。在某些特定情况下，帝国统治者也可能会直接插手附属城邦的地方事务，对那些地理位置紧邻墨西哥盆地的城邦尤其如此。"大城主"有时甚至会将自己的近亲安插到这些附属城邦充当首领。

贡赋的数额通常要经过双方的讨价还价，具体内容一般都是当地的特产。高原地区城邦的纳贡项目以玉米、豆子、奇亚[1]和苋菜之类的食品为主，其他的还有芦苇编织的席子和椅子、木制品、盐、蜂蜜和龙舌兰蜂糖（maguey honey）、石灰、鹿皮等。距离首都越远的行省，被帝国纳入版图的时间相对也就越短，它们缴纳的贡品主要有优质的石材和石制品、高品位的黄金和金制品、漂亮的羽毛和羽毛制品，铜质的铃铛和斧子，以及美洲豹的皮毛。

帝国各地从南到北纷纷贡献出包括各类产品和原材料在内的当地特产，比如胭脂虫染料、可可豆、辣椒、老鹰、柯巴香（copal incense）、纸张、葫芦瓢、橡胶和棉花等。除此之外，几乎所有省份都要为帝国贡献数量可观的布匹（普通白布和染色布，棉布和龙舌兰纤维布等），有些省份还要负责提供用羽毛制作的战袍。脚夫们排着整齐的行列，按80天1次、半年1次或1年1次的规律将这些贡品送往特诺奇蒂特兰，填满"大城主"的仓房，用实际行动证

---

[1]　chia，芡欧鼠尾草，一种药用植物，也可以作为普通蔬菜食用。

明着阿兹特克皇帝在尘世和神界拥有的至高无上地位。包括日用品和奢侈品在内的大量财富源源不断涌向特诺奇蒂特兰，为统治者的奢靡生活提供了物质基础，让他有条件大宴宾客，给予盟友和敌人千奇百怪的赏赐，提高祭祀盛典的规格，遭遇饥荒时开仓放粮，嘉奖勇敢的武士，酝酿新的战争。

三国联盟发动战争的主要目的是通过收缴贡品的方式获得各类资源的控制权，与此同时，它们还有很多手段干涉那些被征服城邦和相邻地区的经济生活。比如为那些主要从事长途贩运高档奢侈品买卖的生意人提供资助和支持，在被征服地区建立大型市场，确保相同行业经营者的公平交易机会等。

外交谈判、威胁恐吓、政治联姻、吸收外来文化，所有这些手段相互配合，构成了阿兹特克帝国的一整套怀柔方略。通过非军事化的手段达成某项共识，无论讨价还价的背景是一场盛宴，还是其他让人不那么愉快的场合，协议签订的背后必然要以国家实力作为后盾。阿兹特克帝国凭借怀柔方略，兵不血刃地征服了众多城邦，通过名义上的双边协议将它们绑定在自己的战车之上。这样的办法特别适用于处理那些悬而未决的边境纠纷，尤其是在稳固阿兹特克和塔拉斯坎[1]两大帝国之间那条漫长而又麻烦不断的边境线的过程

----

[1] Tarascan Empire，位于墨西哥西南部，它在中美地区的实力仅次于阿兹特克帝国。

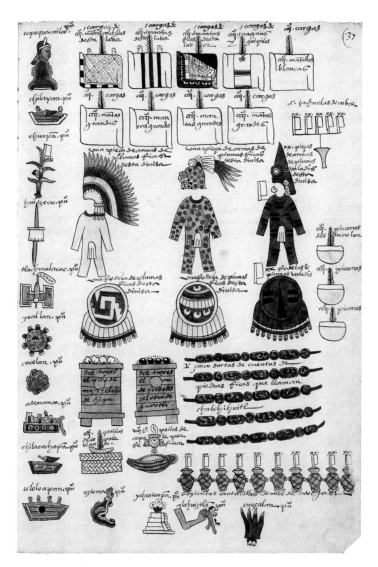

图 13　纳贡行省特佩夸库尔科

中发挥了举足轻重的作用。

这些通过怀柔策略被拉入帝国版图的"战略行省"，地位等同于罗马帝国建立的附庸国，它们分布在边境线上，可以对帝国的腹地起到缓冲作用，同时还能确保商道安全，维持长途贸易的正常运转。为了强化这些友好城邦的忠诚度，三国联盟的"大城主"经常送给它们各种礼物，友好城邦则会投桃报李地予以回赠，而非像被征服城邦那样称臣纳贡。

怀柔策略作为一种搞定对手的战术，成本相对低廉。其他一些阴险手段与这种战术配合使用，则可以起到软硬兼施的效果。例如，阿兹特克皇帝可以邀请敌对城邦的首领来特诺奇蒂特兰，现场观摩以他们城邦或其他城邦被俘武士为人牲的祭祀仪式，从而起到杀鸡儆猴的效果。除此之外，他们还可以强制性地安排政治联姻（这种策略只适用于占优势的一方），吸收同化被征服族群从神圣偶像到英雄形象，再到军服款式之类的各种宗教和精神象征。

阿兹特克帝国本质上属于一种威权政治，它的内部结构十分松散，中央对地方实行远程遥控。除了极特殊的情况，征服者一般不会替换那些被征服城邦的统治者，也很少会在帝国核心以外的区域任命省级地方官或派驻卫戍部队，类似这样的额外管控措施通常只适用于那些麻烦或叛乱不断的热点地区。阿兹特克帝国的军队并非战无不胜，恰恰相反，他们打了不少败仗，有些败仗的后果甚至是灾难性的，足以诱使那些被征服城邦萌生叛意。不过对多数被征服城邦而言，那些专横又冷漠的贡品催征大员的存在似乎已经足以巩固帝国在当地的权威，确保被征服者心悦诚服地纳贡称臣。阿兹特克人挑起战火、使用暴力的最终目的不是将被征服城邦的人口赶尽杀绝，因为足够的人口基数是保证贡品来源的必要前提。话虽如此，他们发动的几场战争仍然非常具有破坏性，在极个别的情况下，甚至需要从墨西哥盆地迁移人口去填补战后留下的"真空地带"。

总而言之，阿兹特克帝国建立纳贡和藩属城邦体制，保护商人正常交易，调控市场运行，构建文化认同，所有这些政策的出台都在证明这个国家是一个组织周密、结构多元的政治体系。

军事文化

军事文化是阿兹特克的立国之本，事实上，全民皆兵是阿兹特克时代墨西哥中部地区所有族群的生活方式。无论平时属于哪个阶层，从事何种工作，只要是男孩，就必须按武士的标准接受培养和训练。任何城邦都没有常备军，却可以随时征召大量接受过军事训练的预备役军人。在和平时期，这些人的身份可能是农民、渔夫、陶工、篾匠或其他任何职业，只要城邦一声号令，他们立刻就能投军入伍，变成能征惯战的职业军人。

阿兹特克人创造了一种以俘虏数量为基础的独特军事文化。武士每抓到一名俘虏，都会在他们的短斗篷和其他服饰上得到相应的作为奖赏的标志。猎俘人数达到顶级的武士被尊奉为"鹰武士"和"美洲豹武士"，在平常的日子里，他们可以享受各种特权，一旦战争爆发、两军对垒，这些人都会英勇无畏地冲锋在前。

发动征服战争必须遵守一套既有的规矩和流程。首先，挑起战火的一方需要找到一个正当的理由或者借口。"后古典时代"晚期中美地区动荡的政治局势能够为好战的阿兹特克人提供取之不竭的契机，比如帝国的商人或使者在途中遇刺，某个城邦回绝了帝国的某项要求（要求的具体内容可能是为特诺奇蒂特兰的某项工程提供劳动力或原材料）或不愿向帝国表示臣服，拒绝向帝国缴纳已经谈妥的贡品，乃至其他鸡毛蒜皮的小摩擦。三国联盟的"大城主"只要盯上一块风水宝地，那就不发愁找不到开战的由头。

准备一场军事行动，尤其是准备发动一场远征，是一项系统、全面的工作。阿兹特克的每处宫殿都储存有数量可观的武器装备，比如弓箭、梭镖和配套的掷矛器（Atlatl/dart throwers）、长矛和燧石刀（燧石刀身配木质刀把）之类的进攻性武器，以及用棉花填充的软甲、盾牌和用羽毛装饰的战袍等防御性武器。开战以前，这些东西会被及时分发到武士手中，不过也有一些参战人员平时还必须自己保管和维护武器装备。每名武士还能得到大量烤玉米粒、晒干玉米粒、奇亚籽、晒干玉米饼、辣椒、可可粉等富含营养又不易腐败的食品作为军粮。这些军粮中的很大一部分来自特诺奇蒂特兰大市场的零售摊贩。

作为最高军事统帅，发动军事行动以前，坐镇特诺奇蒂特兰的阿兹特克皇帝通常会要求其他两位"大城主"出兵助战。间谍则会奉命深入敌方领土，刺探包括城防配置、城市布局、道路情况以及行军途中可能遇到的各种障碍物等军事情报，所有这些情报最终都将汇总到阿兹特克皇帝指挥作战使用的地图上，三国联盟的其他两位"大城主"们对形势进行研判以后，如果感觉有必要，还会召集他们在墨西哥盆地范围内的附属城邦出兵参战。通常情况下，阿兹特克帝国都要保证己方在人数上压倒对方。

来自不同城邦的人马会在各自的"小城主"（他们经常参与这样的战争）、将军们和各色军旗的引领下，兵分多路前往目的地。成千上万的武士和挑夫排成整齐的行列走在路上，每天的行军里程在20—32千米，整支队伍蜿蜒曲折，一眼看不到尾。经过若干天跋涉，各路人马抵达终点。兵临敌军城下的他们仍然以城邦为单位安营扎寨，在这之后，不同城邦的军队还要团结在自己的指挥官和旗帜周围，各自为战。他们参加的那些战斗，多数都是面对面的白刃战，残酷、喧嚣、艰苦、激情燃烧，却又经常让人感到绝望。那些冲在最前面的武士凭借一身华丽的羽毛，将战场装点得五颜六色。战斗中的伤亡无法避免，不过每名武士心知肚明的目标却是要尽可能生擒敌人，因为捕获俘虏的数量直接意味着相应的特权和奖赏。战斗可能在旷野中进行，也可能爆发在城镇里。无论战场选在何处，进攻方取得胜利的标志都是攻入城中，焚毁防守方的神庙。这样的结果同时还意味着庇佑进攻方的神祇打败了防守方的神祇，凡间的胜利与神界的胜利合二为一。

阿兹特克人发动的每场战争都各有其特色，同时也导致了特定的后果。如果他们打了胜仗，自豪的武士们就会带着成批的战果凯旋，许诺将来还要为帝国夺取更多的财富。如果打了败仗，武士们只能垂头丧气地溜回家里，他们的首领还要在公开场合号啕大哭以示悔恨。即便打了败仗，阿兹特克帝国也始终没有放弃向外扩张的努力。在这种执着背后起支撑作用的是他们的好斗尚武精神，是对地区霸权的极度渴望，是阿兹特克人独有的军事文化。他们的军事文化要求所有男性从孩童时代起就必须接受军事训练，通过各类奖励措施激发出战场上的英勇行为，鼓舞人们的勇气和斗志，激发他们的奉献和牺牲精神。

军事文化对阿兹特克人的影响可谓深入骨髓，不过话说回来，从军入伍对他们中的大多数而言，毕竟只是一份"临时性"的工作。在不打仗的日子里，阿兹特克人都会做些什么？这将是本书接下来的一章需要讨论的话题。

第 4 章

在乡村和城市中谋生

> 一名合格的农民……应该积极、灵活、勤奋、吃苦耐劳、小心谨慎、专心致志……他与大地紧密相连……不合格的农民则偷懒耍滑，拖拖拉拉，三心二意。[1]
>
> 匠人应该是训练有素的艺术家……一名合格的匠人必须干练、谨慎、精明、足智多谋……敬业，有耐心……他细心工作，他竭尽全力……愚蠢的匠人粗心大意，只知模仿，不知创造，他是一个猥琐的小偷，一个贼。[2]

上述引文明显让人感到在阿兹特克人心中，"农民"和"匠人"这两个词指的不仅是一系列相关的技能和知识，同时也是一种为人处世的态度，一种思想意识的境界。阿兹特克人为合格农民和匠人设定的职业标准不光是局限在思想道德层面的泛泛而谈，而是必须量化到一言一行的具体细节。究竟做到何种程度才能称得上是一名合格的阿兹特克农民、陶工、纺织工、镶嵌画工艺师或其他匠人呢？深入研究一面精致的羽毛盾牌，探寻这件杰出艺术品制作过程中可能涉及的各类工艺技巧，了解它背后承载的时代语境，能够为我们揭示它的制作者所拥有的知识、技能和专业素养，让我们认识到这些阿兹特克工匠对细节的专注，感知他们制作这件技术复杂，饱含象征意味的工艺品时的内心世界。

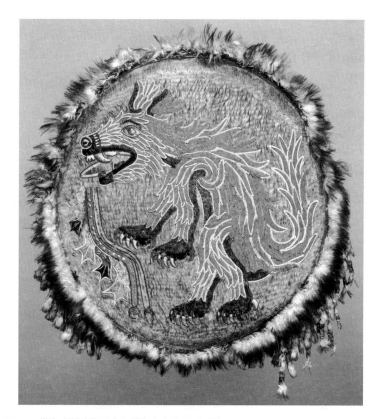

图 14　带有犬科动物图案和战争象征的羽毛盾牌

　　这面圆形盾牌被长期保存在奥地利维也纳（Vienna）的世界博物馆（Weltmuseum），关于它的来历，最可靠的说法是这样的。羽毛盾牌的诞生地应该是在墨西哥，不过它第一次白纸黑字出现在史料记载中，却是在公元 1522 年左右作为礼物被送给西班牙北部帕伦西亚（Palencia）的大主教。从那之后，这面盾牌又在 1596 年以哈布斯堡大公费迪南德二世（Fdtdinand Ⅱ/Archduke Ferdinand of Tyrol）藏品的名义，现身因斯布鲁克（Innsbruck）的阿姆布拉斯宫（Schloss Ambras）。

羽毛盾牌究竟如何流落到距离西班牙这么遥远的地方？目前最可靠的说法是，公元 1554 年这面盾牌被帕伦西亚大主教转送给了哈布斯堡家族（house of Habsburg）的费迪南德一世大公。[3] 除此之外，还有一件事情值得注意，费迪南德二世家族有多位先辈同样热衷收藏，这其中就包括 1519—1556 年在位的神圣罗马帝国皇帝查理五世（Charles V），查理五世的另一重身份是西班牙国王卡洛斯一世[1]。这样一来，羽毛盾牌经哈布斯堡家族亲人之手从西班牙辗转流落到奥地利，最终落入热衷收藏的费迪南德二世之手，也就不足为奇了。

1596 年出现在费迪南德二世藏品目录中的还有其他几件"前西班牙时代"的阿兹特克文物，比如那件著名的阿兹特克头冠，这件藏品当年在目录中被标注为"摩尔人的帽子"（Moorish hat），现在则被重新命名为"蒙特苏马的头冠"（Moctezuma's headdress）。从 1884 年开始，尤其是在 1891 年，羽毛盾牌连同一把羽扇、一面

---

[1] 西班牙哈布斯堡王朝的首任国王，原文为 Charles I，不过史学界一般依据西班牙语发音称他为"卡洛斯一世"，此处从俗翻译。

绿松石马赛克镶嵌盾，还有一幅以圣哲罗姆[1]为题的羽毛镶嵌画在阿姆布拉斯宫被来自中美地区的学者热里亚·纳托尔[2]重新发现以后，这些文物逐渐受到人们关注，后来陆续被转移到维也纳的博物馆收藏保存。

这面羽毛盾牌是目前传世的 4 面阿兹特克盾牌之一，[4] 直径超过 68 厘米，如果采用单臂弯曲持盾姿势的话，就可以对全身起到充分的保护作用，持盾者还不会感觉太累。制作这面盾牌使用了多种材料，它的底衬由大概 600 根芦苇篾片编织而成，整个盾牌的正面蒙了一层生皮。盾牌背面有两横四竖，总计 6 根起支撑固定作用的芦苇秆。与这 6 根芦苇秆配套的，是两根横向的皮条，它们的作用是将盾牌和手臂紧紧捆绑在一起。为了保护持盾者的手不被磨损，盾牌背面中心位置特意贴了一块四方形的皮子。需要把盾牌悬挂起来存放时，还可以在芦苇秆上额外拴根更长的皮条。总而言之，当年的阿兹特克工匠在轻易不会示人的盾牌背面花费了太多的精力和心思。这说明他们在制作和使用一件器物时，将实用性和艺术性放到了同等重要的位置。

盾牌正面和边缘被充满异域情调的羽毛装点得五颜六色。为了

---

[1] St Jerome，约公元 340—420 年，他是最早将《圣经》翻译为拉丁文的人。
[2] Zelia Nuttall，1857—1933 年，墨西哥裔美国考古学家。

固定这些羽毛，盾牌的边缘又整体蒙了一层纤维材料编织的细网，细网的某些部位被染成了红色。总计 1800 片红、白两色的粉红琵鹭（roseate spoonbil）羽毛，以及体量稍小的蓝伞鸟（blue cotinga）和绿咬鹃（green resplendent quetzal）羽毛按一定规律镶嵌在细网上，持盾者挥舞手中的盾牌时，红白相间的羽毛就会优雅地随风飘扬。可以想见，手持这样一面盾牌参加祭祀仪式或翩翩起舞，视觉效果必定异常震撼。

盾牌背面的边缘装饰了一圈 74 片羽毛状的流苏，它们色彩呈蓝—绿—红—红—绿—蓝多色相间的混合渐变模式。制作流苏的材料包括粗梳棉（carded cotton）、棉线、植物纤维和 5 种羽毛，所有这些材料被黏合、捆扎到一起，做成 9 厘米长的彩色圆锥体。

最令人叹为观止的还是盾牌正面由红色的粉红琵鹭羽毛、蓝色的蓝伞鸟羽毛、黑色的大尾拟椋鸟（great-tailed grackle）羽毛，以及黄色和橙色的橙头拟鹂（Altamira oriole）羽毛，再加上黄金拼接而成的马赛克镶嵌画。这面曾经列入费迪南德二世藏品目录的盾牌到底用了多少羽毛，至今仍然没人说得清。不过与它形制相似的另一面盾牌总共用了大概 26400 片羽毛，两相对照，我们大致可以对这面盾牌的羽毛消耗量有个笼统的估计。[5] 除了羽毛，制作这样一面盾牌需要用到的其他原材料还包括兰花鳞茎胶水、胭脂虫染料、兔皮和黄金。所有这些原材料，除了胶水和大尾拟椋鸟，其余都需要从墨西哥盆地以外的地区"进口"。

盾牌上最惹人注目的图案是一只以蓝色羽毛为主，黄金为辅，拼接而成的犬类动物，或者更准确地说，应该是一匹郊狼（coyote）。"郊狼战士"是阿兹特克武士的一个荣誉等级，当年至少有 6 个被征服城邦负责为帝国生产与这个等级配套的军服和装备。"郊狼战士"在军中的地位虽然不如鹰武士和美洲豹武士那么显赫，却同样享有许多特权。按照阿兹特克军规，军中的祭司如果能在战场上亲手抓到 6 名俘虏，即可得到一身黄色的"郊狼战士"军服，以及一顶用绿咬鹃（quetzal）羽毛制作的头冠。[6]"郊狼战士"这个称号与法力无边的大神泰兹卡特里波卡紧密相连，称号拥有者自然而然也会从他那里获得一定的法力。[7]出现在羽毛盾牌上的"郊狼战士"图案对面还有两个分别代表水流和火焰的抽象图形，这两个图形放在一起象征的就是战争。

关于当年制作盾牌的古代工匠，以及这些工匠们身上承载的阿兹特克文化，这件漂亮的器物到底能向我们透露哪些信息呢？毫无疑问，这面盾牌首先体现的是工匠们在制作过程中对细节的专注，对完美的追求。除此之外，制作盾牌的工匠必须同时了解多种原材料的属性，懂得分工合作，接受过严格的专业训练，拥有一定的艺术感知力，善于用象征手法传达某些隐晦含义。这面盾牌的存在还说明当年的阿兹特克工匠有办法以贸易或贡品的名义从遥远的异域获得他们所需的各类原材料。流传至今的盾牌上看不到任何日常使用造成的磨损或战斗损伤，这意味着它的真实身份可能仅仅是一件祭祀仪式上使用的礼器，或者是一件悬挂在宫殿、寺庙中的装饰品，也可能是用于馈赠的一件工艺品。

当初有能力制作这样一面盾牌的工匠并非特诺奇蒂特兰所独有，而是散布在阿兹特克帝国的每个角落，乃至帝国以外的区域。某些工匠有可能会被豢养在宫廷里，随时领受最高统治者和其他权贵下达的任务。某些工匠则可能开办家庭作坊式的商铺，在市场上公开出售他们制作的物品。无论采用哪种经营方式，这些工匠都能凭借高超的手艺获得一份稳定的工作，过上衣食无忧的生活。问题在于，那些为他们打下手的伙计，还有那些负责采办各色羽毛的劳动者，同样需要养家糊口。

生产食物

阿兹特克人的食谱

玉米在阿兹特克人的食谱中占据核心地位，可以被烹饪成种类多样、色彩丰富的各色美食。搭配玉米食用的还有各种豆子，以及品种繁多的蔬菜、水果，比如辣椒、西红柿、南瓜、牛油果，还有多刺仙人掌的花、果实和汁液。阿兹特克食谱中其他的常见食材有苋菜的茎叶和种子，奇亚的种子，以及其他各类野菜。普尔克（一种发酵酒精饮料，纳瓦语为"octli"）和可可是备受阿兹特克人喜爱的滋补饮料，他们的某些调味品也会将可可豆作为主要成分。阿兹特克人的饮食口味算不上特别清淡，除了盐、香草、蜂蜜和龙舌兰蜂糖，辣椒也会为他们的食物增添异常猛烈的口感。

　　阿兹特克人习惯食用家养的狗和火鸡，以及火鸡下的蛋。对普通老百姓而言，这两种动物的肉只能是偶尔改善生活的节日犒赏，贵族吃它们的频率则要高得多。除了这些司空见惯的食品，一份完整的阿兹特克食谱（尤其是对那些居住在墨西哥盆地的湖区居民来说）还应包括野鸭等季节性迁徙的候鸟，野兔、鹿和犰狳等野生动

图15　现代"田奎茨"出售的 nopales，也就是多刺仙人掌的果实

物，种类繁多的野生鱼类，蝾螈、鬣蜥，各种昆虫和它们的蛹，还有可食用的螺旋藻（spirulina algae）。

上述这些主、副食相互结合、互为补充，便可以构成一份营养充足且均衡的食谱。玉米富含碳水化合物；豆类具有非常高的蛋白质含量；苋菜和奇亚是重要的纤维素、蛋白质、矿物质来源；其他蔬菜、水果，包括玉米、豆类、苋菜和奇亚在内，都能提供人体所需的维生素和矿物质，辣椒尤其富含维生素 C。少量的肉类、鱼类、蛋类和昆虫与这些食物搭配食用，则可以进一步弥补蛋白质的摄入不足。

值得注意的是，"前哥伦布时代"的阿兹特克食谱中几乎看不到大西洋另一侧欧洲人日常生活中的很多食物种类。比如小麦、大麦、燕麦之类的粮食，牛、绵羊、山羊、猪等家养食草牲畜提供的肉食，以及葡萄和糖等其他食物。

烹饪是一项费时又费力的活动。每天晚上，阿兹特克人会把玉米粒放在含碱的水里连泡带煮。这个过程可以对玉米粒起到软化作用，增加它的钙含量，释放玉米本身含有的氨基酸。第二天早上，变软了的玉米粒就会被放进石磨，加上很少的一点水，磨成玉米糊。这个环节需要制作者不厌其烦地连续工作几个小时。加工完成的玉米糊被擀成圆饼，放在鏊子里摊熟。新鲜出炉的玉米饼配上豆子、辣椒、肉和其他副食，就是有营养的一餐。玉米在阿兹特克人的厨房里还有另一种吃法，那就是用来制作各式各样的"塔马利"[1]，比如土坯形的"塔马利"，顶部点缀几颗豆子的贝壳形"塔马利"，青蛙形"塔马利"，还有玉米花"塔马利"（maize flower tamale）等。玉米粒加水煮熟后还能做成有营养的稀粥或者名为"阿托利"（atolli）的饮料，烤熟后研磨成粉的玉米则可以进一步被加工成名为"皮诺"[2]的调味品。

这还仅仅是准备玉米一种食物。为了保证全天的饮食需要，豆子要被事先蒸熟或煮熟，草药和蔬菜要被切碎，动物和鱼类的肉要被弄熟，辣椒则要被磨成粉，结合别的配料制成调味汁。以辣椒为主要成分的调味汁是阿兹特克饮食的灵魂，可以跟任何食物搭配食用。除此之外，阿兹特克人的食谱中还会出现用蜂蜜或龙舌兰蜂糖腌渍的食物，添加了香草提味的食物，以及各类盐腌的食物。贵族家庭进餐时，可能会先喝一杯可可饮料。总体而言，除非遭遇严重饥荒，阿兹特克人的伙食水平普遍都不错。

制作食物通常是女性的职责，日复一日，从早到晚，她们同时还要承担纺线织布、养育孩子、整理房间、市场采购、协助丈夫种地、照料家庭菜园，以及养鸡等任务。有的妇女可能还要抛头露

---

[1] tamale，也可翻译为玉米粽子或"塔马利"，属于墨西哥传统食品，基本制作方法是把各种食材配上玉米粉包在玉米皮里下锅蒸熟或煮熟。
[2] pinolli，以玉米粉为基础，添加香草、可可之类的香精。

面，去市场摆摊，沿街叫卖一些自己制作的食物。

农业

阿兹特克人的食物来源主要依靠农业种植。帝国进入鼎盛时期后，人口出现剧烈增长，城市规模不断扩大，疆域范围以内所有边边角角的地方几乎都被开垦成了耕地。与这场土地危机相生相伴的是地震、洪水、干旱、风暴、霜冻、病虫害等后果惨烈却又无法预料的自然灾害。这些自然灾害会在阿兹特克帝国所在的高原、河谷地区毫无规律地反复、交替发生。例如，据史料记载，公元1460年、1462年、1468年、1475年、1480年、1495年、1496年、1507年、1512年、1513年，当地均发生过大地震；公元1332—1335年、1450—1454年、1502年和1514年，当地闹过旱灾；公元1449年、1500年、1507年，当地出现过洪水泛滥的情况；公元1403年、1446年、1491年和1506年，这个地区还发生过大规模的病虫害。很多自然灾害都会引发严重的饥荒。

面对人口压力和自然灾害，阿兹特克农民想出来的应对策略是修筑梯田、引水灌溉、构建垛田，实行精耕细作。这3种策略都有与之相对的地形地貌，修筑梯田的办法特别适合山区，引水灌溉更有利于让平原地区的农田旱涝保收，构建在湖底浅滩上的垛田既能增加耕地面积，又能就近利用湖里的水和肥料，提高作物产量。无论采用哪种策略，保证农业生产的最关键因素始终都是对水资源的有效调控。

　　修筑梯田可以让农民把山上那些原本不适于耕种或者容易发生水土流失的土地充分利用起来，变成良田。针对地势相对和缓的山坡，通常的做法是顺着山势构建一道道土坝，然后在土坝上种植龙舌兰。如果修筑梯田的地点是陡峭的山地，那就要把土坝换成石坝。无论土坝还是石坝，修建它们的目的都是固定山坡上的土壤，防止水土流失。灌溉设施，尤其是由众多河渠构成的大规模灌溉网络，能够确保平原地区的农民旱涝保收。通过对水资源进行人为分配，农民可以根据需要调整不同地块的灌溉水量，还可以随着降水量的变化随时增减灌溉水量。从小型水坝到大规模的沟渠，不管修建哪种灌溉设施，都必须有一定数量的前期投资。独立的家庭或小规模的社团可以承担一定的建设成本，大规模的投资则需要仰仗城邦之类更高级别的政治实体。

　　垛田是一种相当独特的农业耕作模式，非常适合中美地区南部高原湖泊的浅滩或潮湿低地的沼泽等生态环境。在以湖泊为中心的墨西哥盆地修造垛田，首先需要用木桩在水中划分出一个长方形的区域，然后向这个区域内填充淤泥和各类植物，直到填充物高出水面 1 米左右为止。在这之后，还需要环绕垛田种植柳树，意在对泥土起到加固作用，种植的顺序是先四角、再周边。[8] 星罗棋布的垛田被纵横其间的沟渠划分得井然有序，农民平时可以利用这片水网便捷地往来其间。西班牙人来到这里时，以淡水为主的特斯科科湖南部地区差不多已被垛田填满。特诺奇蒂特兰所在的那个湖心岛经过年复一年的人工造地，早已和周围的湖岸连成了一片。

多数垛田的宽度一般在2—4米，长20—40米，每年平均能收获3—4季，应该算是当时墨西哥最集约型的一种耕作模式。农民可以通过作物轮作的方式保持和增强土壤肥力。为了应对可能出现的病虫害，他们还会在垛田上实行多样化种植。为了提高土地的利用率，他们首先会在专用的苗床上育苗，然后直接往垛田上移植更容易成活的秧苗。对于垛田周边沟渠的定期清淤，既能保证水路的清洁、畅通，同时也能给庄稼施肥。除了专门的农田，很多阿兹特克人家里还拥有直接跟自家厨房对接的菜园，用于种植各类季节性的水果、蔬菜、草药和鲜花。每户人家还会在庭院里饲养几只狗和火鸡，这些动物既是全家人肉食的来源，同时还能为菜园提供肥料。

无论采用哪种耕作模式，种田的农民都只能全凭双手下田劳作，他们经常使用的工具包括挖掘棒、锄头、斧子，以及用葫芦制成的各类容器。农民使用这些工具开荒、翻地、培垄、开畦、挖坑、播种、浇水、除草，然后再浇水、再除草，直到最后收获。四季轮转，年复一年，阿兹特克农民依靠自身的勤劳和坚韧，以及世代相传的经验和技巧，耕耘在这片土地上。

渔猎，采食和狩猎

　　阿兹特克人的日常饮食主要依靠农业种植，同时还需要以其他食物来源作为补充，比如打猎、捕鱼，采集各种可供食用或药用的野生植物等。墨西哥盆地拥有众多湖泊，[9] 阿兹特克人深谙撒网捕鱼的技巧，还能熟练地使用标枪或粘网狩猎迁徙的候鸟。湖水孕育的藻类，以及各种昆虫和它们的卵，在阿兹特克人眼中也是可口的美味。要想捕捉青蛙、蜥蜴之类的小动物，则需要借助鱼叉之类的手段。特斯科科湖东部沿岸的食盐产量非常充足，墨西哥盆地及周边地区养蜂场驯养的蜂群可以保证当地居民的蜂蜜供应。阿兹特克食谱中有一类植物属于半驯化、半野生的类型，比如随处可见的多刺仙人掌，以及各种香草和草药。这些植物经常出现在田地的边边角角，可以根据需要和成熟度随时采收。至于鹿、犰狳，以及野兔等小型啮齿动物，阿兹特克人一般采用架网、下套或射猎等方式捕获它们。

　　所有这些生产和采集技术为阿兹特克人提供了可靠的，甚至远超日常所需的食物来源，虽然这个来源并不总是那么稳定。过剩的食物供应，让一部分人得以从最基本的生产劳动中解脱出来，从事某些全职或兼职的其他职业，尤其是生产日常用品和奢侈品。快速增长的人口为这些行业提供了充足的劳动力，同时也保证了这些行业的产品能够拥有广阔的消费市场。阿兹特克帝国商业领域的日渐繁荣也在一定程度上刺激了这些非食物生产行业的发展，因为遍布全国的交易市场可以保证它们的产品顺利周转变现，获取丰厚的利润。

日用品生产

所有阿兹特克家庭，不分高低贵贱，日常生活肯定都离不开几样必备的生活用品。这些东西通常是以黏土、纤维、石头为原料手工制成。即便同一种用途的日常用品，如果出自不同地域的工匠之手，形制方面也会略有差别。这些日常用品包括用湖边芦苇编织的席子和篮子，用铜打造的针和鱼钩，用葫芦制成的各类容器，用木头做成的小船，部分以木头为原材料做成的武器，用无花果树皮做成的纸张，还有以各类植物和矿物为原料提炼的染料等。

每个阿兹特克人都是与身边环境和谐相处的"大师"，几乎能将一切东西物尽其用。不仅如此，他们还善于立足手头既有的原材料进行创造性的应用，将它们制成各式各样的器具。例如，以黏土为原材料的陶器可以被用来储存、烹饪和盛装食物。同样还是黏土，稍作调整就可以被制成乐器、火盆、香炉、纺轮[1]、陶塑像、

---

[1] spindle whorl，手工织机的配件。

印章等许多其他东西。来自棉花和龙舌兰的纤维经过纺织加工后，可以变成衣服、布匹、帷幔、木乃伊裹尸布，还有一种能当货币使用，被称为"夸齐特利"（quachtli）的高档棉布。以玄武岩、黑曜石之类的石头制作的器具在食品加工、农业种植、军事装备等领域随处可见，无论平常过日子，还是节日庆典，都离不开它们。

从下地种田到入水捕鱼，从修屋盖房到织席编筐，从纺线织布到以黏土为原料制作各种陶器和模具，任何生产活动肯定都需要一套趁手的工具。石头是阿兹特克人制作各种工具的重要原材料，他们手中的石器能够胜任切、削、磨、敲打、粉碎、砍劈等多种工作。类似黑曜石刀这样的工具可以被用来切割从辣椒到芦苇，甚至棉线等五花八门的东西。陶制的研钵，早上被用来磨辣椒，下午被拿来捣烂牛油果，晚上还可以用它制作一种以兰花为原料的胶水。这些工具的使用频率如此之高，当然就需要定期更换。

阿兹特克帝国各类手工业的分布规律都是以地域为单位因地制宜。某个地方的黏土资源丰富，自然而然就会在当地催生出大量的制陶作坊。某个地方靠近沼泽湖泊，鱼类资源丰富，制作渔网的行业就会应运而生。同样的道理，干旱少雨地区生长着数不清的龙舌兰，当地居民就会以这些植物为原料，制作普尔克和各类纤维制品。森林茂盛的地区，就会有人利用身边触手可及的木材制作各种木器。某些原材料，比如黑曜石和棉花，在阿兹特克帝国境内几乎都有分布，以它们为加工对象的手工业也就不必遵循因地制宜的规律。

阿兹特克人日常生活离不开的那些器具几乎全部以家庭为单位进行生产。这种手工业生产很可能规模较小，并非有组织的专业作坊，其工作也属于副业性质，主要是利用种田以外的农闲时间生产一些东西，适当增加家庭收入。农闲期间，阿兹特克人的副业可能是制作扫把、松明火把或草编凉鞋和抛光葫芦碗，也可能是利用冬天的干燥气候打造一条独木舟。一部分东西生产出来以后会留给家庭自用，另一部分则会就近拿到市场上出售，然后再用赚到的钱购

图 16 一件陶制磨盘

买其他物品，还有一部分会被储存起来，充当亲友往来的礼品或祭祀仪式上的祭品。

阿兹特克人制造这些生活用品在经济方面需要投入的前期成本以及购买工具的费用都非常有限，他们日常生活开销的大头其实是在教育培训领域。阿兹特克人的生活以家庭为最基本单位，包括农业知识在内的各类核心技术大多通过心口相传的方式由长辈教给晚辈。例如，一位阿兹特克父亲可以把研磨燧石刀、雕刻木器之类的技巧传授给他的儿子，一位阿兹特克母亲则可能专门负责教导女儿学会纺线、织布和做饭。

阿兹特克人从事的这些手工业当中，纺织业是个值得深入探讨的话题。所有阿兹特克妇女，也就是这个国家一半左右的人口，都必须学习、掌握纺线织布的技巧，纺织业因此在中美地区遍地开花。纺线织布属于非常耗费时间的手工劳动。纺线的步骤需要在一部手动纺锤上完成，纺锤由木质的锤杆和陶质或其他质地的有一定重量的纺轮构成。天然纤维在纺锤上经过牵伸和加捻变成纱线，然后就可以放到腰机（backstrap loom）上织布。

"腰机"的名字主要源自它的结构，这种织机的核心部件由几根木棍构成，名为"卷布轴"的棍子通过一根带子固定在纺织工的腰部。纵向的经线一端固定在卷布轴上，另一端向外延伸出适当距离，固定在纺织工对面。耐心的纺织工将带有纬线的梭子在绷紧的

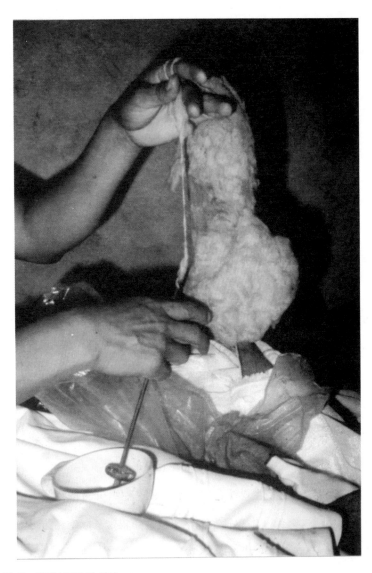

图 17　现代纳瓦妇女纺线

图 18　纺棉的纳瓦妇女

经线当中反复横向穿插，就可以把经线和纬线编成一个整体。被称为"织机筘"（batten）的木棍是整部腰机中最关键的部件，它的作用是将编在一起的经、纬线进一步拉紧，形成结实的布匹。腰机中其他几根木棍的作用是控制每根经线的位置，通过调整这几根木棍上下左右的间距，就可以在布面上织出繁简各异的花纹。

纺线织布这项工作对专业技能的要求比较高，阿兹特克妇女需要从 5 岁开始学习，直到 14 岁才能完全学会。尽管如此，纺织仍然应该算是一项非常便捷的家庭副业。妇女可以在不耽误看孩子、做饭、接待来客或者去市场摆摊做生意的前提下，随时随地穿梭引线。如此一来，无论是在特诺奇蒂特兰这样的繁华都市还是在遥远的乡村地区，无论是小门小户的普通百姓还是高堂广厦的贵族大户，纺织都是每个阿兹特克家庭乐此不疲的事业。很多时候，富贵人家的纺织产量反倒更高，因为这样的家庭往往拥有更多的女性。同样的道理，多数女性祭司集中的庙宇也会把大量时间投入到纺线织布上面，然后再将自己的劳动成果用于各类宗教仪式。

阿兹特克的织工通常都不会为买主发愁，尤其是那些生产衣料的织工。阿兹特克人的衣服，比如斗篷、缠腰布、袍子、短裙等，差不多都是把腰机上织出来的布直接往身上一披。这样的衣服每个人都穿，而且总有穿破了的时候，织工也就总能为自己的产品找到稳定的销路。他们生产的布匹，还可以被用来缴纳贡赋，充当送给朋友或神的礼物，当然也可以留给自己和家人穿。从某种意义上来说，纺织工的工作永远干不完，永远都不会失业。

阿兹特克老百姓向大小领主上缴贡品时最常用的就是布匹，每年的总量几乎可达 30 万件。[10] 这个数字充分说明了那些操作织布机的被征服城邦妇女在保证自家人穿好、穿暖的同时，为这个国家做出的巨大经济贡献。以贡品名义上缴的布匹通常是龙舌兰纤维布和棉布，前者主要来自盛产龙舌兰的高海拔地区。棉花与龙舌兰正好相反，一般只生长在低海拔地区，不过高海拔地区的纺织工匠也能通过市场交易获得织布用的原棉或纺好的棉线。棉花在阿兹特克帝国属于跨地域的硬通货。

日用品和奢侈品间的界限往往非常模糊。每名阿兹特克贵族可能都会认为用羽毛制作的斗篷或头冠应该属于日用品，而非奢侈品。因为从他们的角度来看，身着华服的贵族招摇过市，向众人显示自己的财富和不争的社会地位，实在是一种日常的“必需”。更何况，即便出自同一名工匠之手，用途完全相同的物品，在质量和价格方面也可能存在天壤之别。例如，同样都是陶碗，有的可能粗制滥造，也没有什么装饰；有的却可能精工细作，还被描摹得花团锦簇。黑曜石刀是每个阿兹特克家庭都离不开的工具，用途也非常多，然而一把普通的黑曜石刀只要配上精致的刀环和华丽的刀身，立刻就会身价倍增。相同材质的布匹可以在质地的粗细、纹饰的繁简等方面有所区别。原材料本身对于布匹的档次反倒没有那么大的决定作用，因为即便质地远不如棉花的龙舌兰纤维，也可以通过精加工的方式变得细如丝绸。一件描金刺绣的龙舌兰布斗篷即便穿在皇亲贵胄身上，也丝毫不会让他们觉得有失身份。

奢侈品生产

不同于生产日用品的普通手工业者，专门制造奢侈品的工匠需要更大的前期成本，多数情况下还需要把这门手艺变成自己的主业，用以服务那些集中在城市里的潜在客户。除此之外，他们在原材料的选择方面更加青睐价值昂贵的奇珍异宝，特别是热带鸟类的羽毛、漂亮的宝石，还有黄金、贝壳等。这些珍贵的原材料经他们之手华丽转身，蜕变为羽毛头冠、黄金手镯和脚镯、翡翠珠子，以及战袍、盾牌等装饰品，还能变成绿松石马赛克镶嵌画、精工细作的纺织品，还有旗帜、羽毛轿子、法衣之类的宗教仪式用品，将各路神祇、大小城主和贵族们的生活装点得珠光宝气。所有这些奢侈品，或幽微闪光，或轻舞飞扬，或耀眼夺目，或熠熠生辉，最终的目的都是彰显持有者的尊贵地位。

奢侈品工匠制作这些器物的原材料没有一样能从墨西哥盆地直接获得，都需要从远离帝国中心的地方进口。充当漂亮羽毛来源的红色金刚鹦鹉、活泼的伞鸟、艳丽的绿咬鹃等鸟类主要出产在南部沿海地区。这个地区还分布着大大小小的金矿。披着一身漂亮皮毛的美洲豹生活在南方的青山密林当中。翡翠的产地距离阿兹特克帝国更远，大概是在今天的危地马拉。绿松石的产地则可能远在今天的美国南方。目前有证据表明，翡翠和绿松石两种矿藏在阿兹特克帝国境内以及紧邻西南部的边境地区也有分布，[11] 当年的阿兹特克人却似乎并没能发现它们的埋藏地点。

储量稀少、不易开采，以及色彩、光泽度、可塑性等内在特征部分程度上决定了上述这些原材料的不菲价值。脚夫们肩挑手提，长途贩运的成本也进一步增加了它们的附加价值。产自远方的稀有原材料进入阿兹特克帝国的两条主要途径，一条是通过被征服城邦的定期纳贡，再一条则是依靠商人们的贸易往来。这些商人要么直接受雇于某些特定的统治阶层，要么就是以个人名义在帝国势力范围内的各个市场做买卖。

不管通过什么方式，稀有原材料在阿兹特克帝国的最终归宿，都是那些家庭手工作坊。这些手工作坊可能位于乡村，也可能位于城市，可能位于帝国的首都，也可能位于某个地方省份的中心城市。总体而言，生产奢侈品的手工作坊往往会集中在城市，因为城市同时还聚集着作为潜在消费者的贵族阶层。手工作坊设在城市，靠近产品的消费市场，又紧邻供应市场，工匠们可以非常方便地购买各类珍贵原材料，添置自己需要的工具以及胶水、麻绳、研钵、陶罐、篮子等其他必需品，可谓一举两得。

大多数奢侈品的生产流程都需要家庭成员的集体参与。工匠的孩子从很小开始就要跟随父辈学艺，如果家里的人手实在不够，他们还可能会招收学徒。无论直接效忠阿兹特克皇帝的皇家工匠，还是服务于其他皇亲国戚的普通工匠，遵循的都是这样的经营模式。例如，蒙特苏马一世执政时期，位于特诺奇蒂特兰的皇宫就曾豢养过羽毛匠、金匠、银匠、铜匠、画师、石匠、木匠，以及专门制作绿松石马赛克镶嵌画的工匠等各色匠人。这些具有私人性质的皇室工匠可以得到皇帝的资助，同时还有权动用皇宫中充盈的贡品库存。工匠们制作的精美物品通常会被用来为皇帝添彩或敬献神祇，也可能以礼物的名义送给那些出席丰盛御宴或其他隆重场合的贵宾。各色匠人云集阿兹特克皇宫，还有一个额外的好处，那就是方便不同行业间的协同合作。例如，一面羽毛盾牌的成功出炉，就需要仰仗木匠、金匠、画师和羽毛匠的齐心协力。为了保证各项工序顺利进行，这些工匠们的生活和工作场所还不能距离太远。

相比于皇室工匠，那些选择在普通居民区开门营业的奢侈品工匠往往具有更大的独立性。他们必须自己去市场，或者委托"波齐特卡"（pochteca），也就是专门从事长途贩运的商人购买各类原材料。在这样的情况下，"波齐特卡"和羽毛匠在类似特拉特洛尔科这样的城市比邻而居也就不足为奇了。总的来说，很多阿兹特克社区经常会因为一些匠人的集中居住，变成某种商品的著名产地。比如以石刻闻名于世的霍奇米尔科[1]，凭借黄金制品扬名远方的阿斯卡波察尔科，以及盛产羽毛制品的特拉特洛尔科，专攻彩陶的特斯科科等。

　　无论产地在哪里，使用何种原材料，面对怎样的外部环境，奢侈品生产都必须依照一套既定的流程，遵守某些得到公认的行业规范。例如生产一面盾牌或一幅马赛克镶嵌画往往都需要一名以上的工匠通力合作，阿兹特克羽毛匠对此有一套约定俗成的分工原则，制作马赛克镶嵌画的工匠也有相似的做法。工匠家庭中的女孩从小就要学会调色技术，男孩则要掌握配制胶水的要领。其他家庭成员，有的负责挑拣各色羽毛，有的负责筛选形状、颜色各异的石片。所有家庭成员都要在一位工艺大师的督促下齐心协力。

　　从某种意义上来说，类似下图这样以绿松石马赛克作为表面装饰的羽毛盾牌自己就能"说话"。这幅圆形镶嵌画的直径为 32 厘米，图案内容由大大小小总计 14000 片绿松石及其他石质的马赛克拼接而成。制作盾牌的工匠凭借精妙的技艺将这些石片拼接成一个整体，同时还让最终成形的画面体现出微妙的明暗对比和层次感。[12]

---

[1]　Xochimilco，墨西哥城南部小镇。

构成画面的某些石片也就比钉子头稍微大那么一点。考虑到图案设计的复杂性，阿兹特克工匠应具有丰富的宗教符号知识。毫无疑问，这幅马赛克镶嵌画被贴到盾牌的木质表面以前，肯定经历过"试制—修改—再试制—再修改"这样一个反复打磨的过程。

图 19　墨西哥中部地区一处山洞出土的绿松石马赛克镶嵌圆盘

　　能够完成这件杰作的工匠必须接受大量的专业训练，具备极高的技术水平。要想做到这点，阿兹特克工匠只能采取父子相传的模式。完成这件杰作，工匠还需要本章开头引文提到的那些意识和素养——以此为业的人，无论男人、女人，还是未成年的孩子，都应该精益求精，耐心细致，足智多谋，注重细节。不惜一切代价追求完美的同时，这些靠制作奢侈品为生的工匠也展现出了勤俭节约的一面——这幅马赛克镶嵌画使用的某些石片是从其他几件旧东西上拆下来循环利用的。

身为一名合格的阿兹特克工匠，还应该讲究诚信、忠诚可靠，尤其是跟别人打交道的时候。话说回来，任何行业都必然存在良莠不齐的现象，有些匠人可能笨手笨脚、偷奸耍滑、漫不经心，甚至暴殄天物。[13] 这种档次的工匠应该不会受到宫廷青睐，最起码很难长期站稳脚跟，即便选择流落民间、独立开业，也无法和那些更具专业水准的同行竞争。

阿兹特克帝国的非农业人口并非只有专业工匠这一个群体，还包括宗教祭司、商人、官员（比如外派使节和贡品催征大员）、教师、星象学家、给水员、理发师和脚夫等群体。这些人中的一部分属于高高在上的统治阶层，另一部分则属于前者的仆从。还有这样一群人，他们本身并不直接生产什么，而是与其他劳动者合作，或者以其他劳动者的成果为基础进行附加劳动，比如建筑工人、泥瓦匠、雕刻师和画匠。阿兹特克人的社会分工异常精细，所有社会成员因此都需要互相配合，谁也离不开谁。农民种地离不开陶匠和篾匠，商人做买卖离不开脚夫，即便手握生杀大权的统治者，也得仰仗裁缝给他做那些花哨的衣服。所有人要想生存下去，就必须保障稳定的食物供给，还需要男女祭司定期做做法事，满足自己的精神需要。生活在阿兹特克帝国的每个人，或多或少，都以自己特定的方式参与到各类物质和劳动力的交换当中，进而催生出了繁荣的市场，以及那些依赖市场为生，时刻充满活力的商人。

第 5 章

市场和商人

　　了解一下阿兹特克人平常用的钱到底是什么肯定会让你受益匪浅。我把这种钱称为"幸福豆"（happy）……它是树上结出来的……当地人把这种树和它的果实叫作"可可"（cocoa）……这种树连同树上结的"钱"只生长在特定的地方……商人们因此不惜跋山涉水，带着各种货物去这些地方"换钱"。他们带去的货物有玉米，也有能用于织布、做衣服的棉花，作为交换，当地人付给他们可可豆。[1]

可可豆、"夸齐特利"，还有锋利的铜斧，这3样东西看似风马牛不相及，其实却有一样共性，那就是可以在阿兹特克人的世界当钱花。当钱花的同时，它们又都具有很高的实用价值，只不过其中一两样的实用性可能还要更强一点。

　　阿兹特克帝国的很多市场都会使用特定的等价物完成各项交易。这些等价物当中，同时兼具实用性和货币性的可可豆出现频率最高。可可是生长在中美地区湿润低地的一种树，分布范围以东、西两条海岸线为起点，逐渐向内陆延伸。无论过去还是现在，可可树对生长环境的要求都非常苛刻，偏爱常年温暖、湿润的气候，易受病虫害的侵扰，需要借助一种生活在高大树木上的热带林蠓[1]为花朵授粉，越靠近河岸，长得也就越好。

可可树的果实里有带甜味的白瓤，白瓤包裹着 30—40 粒杏仁形的可可豆。猴子、松鼠等小动物感兴趣的是成熟果实里多汁的果肉，人类则对苦涩的可可豆情有独钟。可可树每年通常可以收获两季。可可豆从果实中取出来以后，要经过发酵、晾晒、烘烤、风选（目的是除去可可豆的外皮）等数道工序，然后被研磨成可可粉，或者以货币的身份进入流通领域。

可可豆常见的吃法是做成巧克力饮料或调味酱，这种酱料的消费群体以贵族为主，普通老百姓只有逢年过节改善生活时才能偶尔尝尝滋味。阿兹特克人制作巧克力调味酱的办法是利用两个容器把掺了水的可可粉倒来倒去，制造出丰富的泡沫，再往里面添加玉米、香草、蜂蜜、胭脂红、多香果（allspice），以及各种香花或辣椒等配料中和苦味，最终调配成一种至今仍在当地十分流行的酱料。[2]

可可豆在阿兹特克人的世界里也能当钱花，算是一种长在树上的"钱"。这种"钱"还可以被细分为若干不同品种，其中至少有两个品种的可可豆被那些藩属城邦当作贡品定期缴纳给阿兹特克帝

---

[1]　midge，一种类似蚊子的小飞虫。可可花的雄蕊周围被花瓣包住，蜜蜂钻不进去。

图 20   内部包裹白浆的可可果实

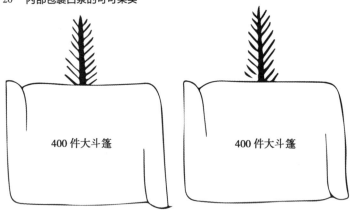

图 21   名为"夸齐特利"的大幅棉布或斗篷，可以被用来充当最高价值等级的货币，每块布料上部的图案含义为"400"

国。不同品种的可可豆制成饮料后，质量理所当然也会有所区别。阿兹特克人很可能会将某些品种的可可豆专门作为食物，同时将另一些品种的可可豆用作专门的流通货币。据说，以可可豆为一般等价物的交易模式曾在阿兹特克帝国内部及周边地区的市场上广泛存在。把可可豆当钱花的事在阿兹特克人的世界中司空见惯，不过这种情况通常只适用于小额交易，主要是购买各类日用品。据早期西班牙征服者留下的史料记载，100 枚可可豆的价值大致相当于 1 只母火鸡[1]，30 枚能买 1 只小野兔，4 枚能买 1 条蝾螈，3 枚能买 1 个新摘的牛油果，要是打算买 20 个小西红柿或 1 个大西红柿，那就只需要 1 枚可可豆。逛市场的人如果觉得肚子饿了，还可以花 1 枚可可豆吃 1 份"塔马利"。[3] 这份价目表可能会依据可可豆的种类和成色作出调整，还可能会随季节等环境因素上下浮动。

相对而言，可可豆的价值算不上特别高，却仍然无法遏制"伪币"制造者的贪欲。某些别有用心的人会小心翼翼地剥开可可豆的外皮，取走里边的仁，填进沙子或碾碎的牛油果种子之类的东西，然后把外皮上的破口恢复原状。

出自妇女之手的白棉布也是阿兹特克帝国的一种硬通货，它们被称为"夸齐特利"，是一种质地独特的纺织品。身在高原的纺织

---

[1]　turkey hen，原文如此，可能指公、母火鸡的售价不同。

工要想从事生产，就必须从低海拔地区获得棉花。这些纯手工编织的特种棉布曾以每年53600件的总量，作为贡品上交给帝国各地的大小领主。今天的我们无从知晓这些"夸齐特利"会不会被阿兹特克人做成衣服或用于其他装饰目的，不过史料中却白纸黑字地保存着它们被作为货币使用的证据。

"夸齐特利"在阿兹特克人手里应该算是价值最高的一种一般等价物，因此也被视为衡量其他物品价值的标尺。它们可以被奴隶主用来购买奴隶，也可以被奴隶用来向奴隶主支付自己的赎金，还可以成为小偷抵罪的罚金。阿兹特克人习惯用"夸齐特利"计算自己拥有的财富，1个阿兹特克人（可能是普通阿兹特克人）的手里如果能有20匹"夸齐特利"，就足够1年的用度开销。[4]今天的我们不知道"夸齐特利"到底有多大尺幅，事实上，阿兹特克人生产这种棉布时或许根本就没有特别严格的尺寸和质量标准。历史文献中有这么一种说法，不同等级的"夸齐特利"大致能折合为65、80或100枚可可豆。另一种说法则认为，参考可可豆和"夸齐特利"两方面的质量、成色，65—300枚可可豆就能买1件"夸齐特利"，价值的差异取决于可可豆和"夸齐特利"质量的不同。无论如何，可可豆和"夸齐特利"在阿兹特克帝国都可以当钱花，只不过它是一种商品形式的"钱"，因此无法保持相对稳定的价值。

阿兹特克人生产的铜斧型号多样，有的做得又大又重，有的则可以做得像纸一样薄。这种精巧的轻型铜斧经常会被大量囤积，它们的产地主要分布在帝国的南部及国境以外的区域，比如瓦哈卡[1]、格雷罗[2]和恰帕斯[3]。有别于那些可能稍具实用性的重型铜斧，轻型铜斧显然不具备任何工具价值。历史上，墨西哥西南地区有两个省份曾以贡品的名义向阿兹特克帝国输送过铜斧，只不过今天的我们不知道这些斧子到底是重型铜斧还是轻型铜斧。这两个省份用于制作铜斧的铜有可能是就地取材，也可能来自西边更远的塔拉斯坎帝国领地。后者作为阿兹特克人的宿敌似乎并没有让弥散在各方之间的紧张气氛妨碍正常的跨境贸易。

根据西班牙早期殖民时期的史料记载，铜斧的价值相对较低，[5]通常只有阿兹特克帝国的南部地区会把它们当成货币使用。同样是在这个区域，还发生过用铜铃、红色贝壳，以及一种中美地区南部特产的石头珠子充当一般等价物的情况。[6]西班牙征服者贝尔纳尔·迪亚斯留下的相关记载进一步增加了问题的复杂性，按照他的说法，特拉特洛尔科的市场曾将填充金沙的羽毛翎管作为货币，用以结算购买"夸齐特利"、奴隶或装满可可豆的葫芦的费用。[7]

---

[1] Oaxaca，位于今墨西哥南部。
[2] Guerrero，位于今墨西哥南部。
[3] Chiapas，位于今墨西哥东南部。

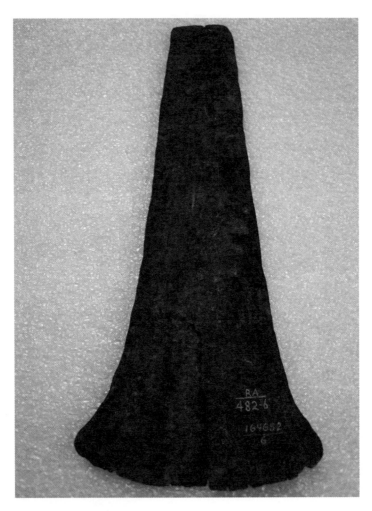

图 22　充当货币的轻型铜斧

　　阿兹特克商人游走于帝国内外，将上述几样东西作为开展商业贸易的媒介，同时也在无形中推动着这个国家的社会和政治发展。

他们从事商贸活动的主要场所就是那些遍及帝国各地的繁荣市场。

市场（田奎茨里）[1]

市场是实现物物交换，提供各项服务，传递各类信息的基本平台。阿兹特克人来到中美地区以前，当地居民就有定期举办"田奎茨里"的悠久历史，时至今日，墨西哥全国各地的大小城镇仍然延续这样的传统。多数"田奎茨里"都属于纯粹的露天市场，做买卖的人每天早上在市场的空地上铺张席子，把货物往席子上一摆，就能开张营业。晚上收摊时，再将这些东西全部带走。只有规模最大的几个"田奎茨里"，除了露天交易场所以外，还拥有固定的售货亭，比如特拉特洛尔科古城的大市场。

阿兹特克时代的老百姓可以在任何城邦的首府找到一个热闹的"田奎茨里"（在城邦下属的小镇上经常也能找到），非常方便地卖掉自己手中的剩余物品或购买各类生活必需品和奢侈品。对阿兹特克人来说，逛市场同时也是一次相互交换各种新闻和谣言的天赐良机。这些小道消息的内容鸡毛蒜皮、林林总总，可能是什么地方将要爆发战争，可能是有那么几位商人即将带着南方特产的漂亮羽毛

[1]　Tianquiztli，这个词在纳瓦语里特指天上的昴宿星团，可以引申为"聚集"的意思，阿兹特克人用它代称定期开市的露天市场，大致相当于中国传统的集市。

和绿松石过来做买卖，可能是上周市场开市的时候抓住了一个小偷，也可能是某对相约私奔的男女最后到底结没结婚……"田奎茨里"定期开市，对当地的老百姓来说，其实就相当于发行了一份地方性的"报纸"。这份"报纸"的内容从国际新闻到社会新闻，杂七杂八、形形色色。

不同地方的"田奎茨里"在开市日期和规模方面也会存在明显区别。那些面向大城市，规模最大的"田奎茨里"每天都会开市，只不过周末的人气更旺。阿兹特克人的"周"（week）为5天。最有名的特拉特洛尔科大市场距离特诺奇蒂特兰的下属小镇只有很短的路程。据说，这个"田奎茨里"的人流量平常基本维持在20000—25000人次，每逢周末则可以达到40000—50000人次的顶峰。[8]其他"田奎茨里"，无论位于墨西哥盆地以内还是以外，在服务当地居民的同时，往往还能吸引大量来自远方的商人。相比于前面提到的特例，这些市场的规模相应地也小了很多。

某些"田奎茨里"还具有专业市场的性质，比如著名的阿科曼（Acolman）狗市，科约阿坎（Coyoacán）的木制品交易中心，奥托潘（Otompan）和泰普尔科（Tepepulco）的火鸡市场，以及阿斯卡波察尔科和伊祖坎（Itzucan）的奴隶市场等。阿兹特克人如果打算购买陶瓷制品、葫芦器皿和上等布匹，一般会去特斯科科的市场。有些"田奎茨里"还具有社区联合举办的性质，参与这项活动的5

个社区会在 1 周当中轮流开市 1 天，每个社区都有义务维护市场的正常秩序，同时也享受不同社区商人成群结队来自己辖区做买卖所获得的经济和社会效益。还有一些处于阿兹特克帝国边缘地带的"田奎茨里"，就像欧洲中世纪的集市一样，每月定期开市 1 次。阿兹特克人的 1 个"月"（month）只有 20 天，届时会有琳琅满目的商品，尤其是奢侈品，涌入这些市场。从事长途贩运的商人大多以经营高附加值的奢侈品为主业，他们的主要经营场所就是这些边境市场，那里汇聚了翘首以待的买主和可观的利润。

即便相对专业化的"田奎茨里"，往往也会提供多样化的经营和服务项目。特拉特洛尔科城邦覆灭以前，西班牙人曾造访当地有名的大市场，并试图开列一份市场上的商品目录。为此颇费周章的贝尔纳尔·迪亚斯经过一番努力后只得半途而废，同时坦言：

> 要想把这份目录写得面面俱到，对我而言，是一项不可能完成的任务。[9]

"田奎茨里"上出售的许多物品在西班牙人眼中都是完全陌生的，因此也就无法被记载得特别清楚。征服行动结束 50 年后，一份出自当地人之手的商品目录可以让我们对这些市场出售的物品有一个大致了解，[10] 它们包括前文提到的各类食品、日用品和奢侈品，以及其他很多东西。市场上出售的基本生活必需品主要有玉米、豆子和其他副食品，还有各种各样的调味品。篮子、碗、鳌子、绳索、布匹、草鞋、黑曜石刀[1]、柴火、松明火把，以及普通家庭过日子离不开而且需要经常添置的各类物品这里都有。农民能在这里买到挖掘棍和斧子，雕刻师能在这里选购石材和凿子，篾匠和画匠能从琳琅满目的染料和颜料中挑选出自己心仪的品种，祭司和他们的助手则可以通过市场搞到香料、陶瓷香炉和奴隶。酝酿一场盛宴的人很容易就可以在市场上买到盆盆罐罐，火鸡和狗，烟叶和烟斗，调料碗，可可豆，食盐，以及作为馈赠礼品的上等布匹或者一两个奴隶。商人可以通过出售那些漂亮的羽毛，闪光的翡翠，打磨精细的绿松石马赛克，高品质的黄金和来自异域的贝壳获取巨额利润。这些买卖人如果感觉腹中饥饿，打算买点吃的填填肚子的话，市场上还能随时供应各类快餐。总而言之，所有人都能在这里找到自己需要的物品。

每个来到"田奎茨里"做生意的买卖人都必须遵守一套完善的规章制度。按规定，每种类型的商品只能在市场中一个固定的区域

---

[1] 原文为 obsidian blade（黑曜石刀），本书存在 obsidian blade 和 flint blade（燧石刀）两种说法混用的现象，黑曜石和燧石成分相似，都可以作为取火的火石，也都可以磨制成刀具，阿兹特克人对它们的区分并不是特别严格；为避免混淆，将这两种说法统一译为"黑曜石刀"。

内出售，食品在一个地方，木制品在另一个地方，布匹以及来自异域的奢侈品也都各有各的地盘。这些看似死板的规章制度背后经常也隐含着某些现实的考虑。就拿特拉特洛尔科的"田奎茨里"来说，按这个市场的规矩，笨重的大宗商品，比如石材和木材，一般只能摆放在市场的边缘地带出售。这个片区紧邻一条运河，方便往来运输。有了这套规章制度，消费者就可以对市场中的每个区域具体出售什么商品做到心知肚明，进而有的放矢地在"田奎茨里"开市的日子里方便、准确地完成自己的采购任务。

　　每个"田奎茨里"的中心区域都会立有一块名为"莫莫兹利"（momoztli）的大石头，它的作用相当于一处宗教神龛，同时还能被用来集中张贴各类公告。"莫莫兹利"的一侧端坐着几位市场管理员，他们明察秋毫地监督着每笔交易的顺利进行，随时准备纠正各种违规行为或惩罚犯罪分子。管理员手下的巡官游走于各个摊位之间，随时对市场中的风吹草动保持警惕，无论是不良商人欺诈顾客，还是窃贼们的小偷小摸，肯定都逃不过他们的法眼。要是运气不错，逮到使用假可可豆的伪币制造者，这些巡官还能得到相应的奖励。他们的日常职责包括及时发现各种以次充好的食品。例如，某位心地不良的玉米贩子会把腐烂发霉或老鼠咬过的玉米粒埋在好玉米的下面，某位道德败坏的豆类商人可能会把虫蛀的豆子和好豆子掺在一起，某位贩卖奇亚籽的生意人则可能在商品中混入大量谷糠。[11] 阿兹特克人习惯用量具[1]和个数，而非重量，充当商品交易时的计算单位，有些歪心思的买卖人就会在这上面动脑筋，故意缺斤短两。针对诸如此类的违规行为，市场管理员都会火速处理，决不姑息。违规者使用的度量工具将被销毁，商品没收充公，小偷则有可能当场遭到羁押。

图 23　泰波兹兰镇的市场现在仍以量具为单位出售柯巴树脂

　　说来说去，阿兹特克人究竟是如何做买卖的呢？首先，买卖双方要协商确定商品的价格，这个过程往往要经历漫长的讨价还价。

―――――――――

[1]　measures，相当于中国古代的升、斗、斛等概念。

每种商品的行情会随地域、年份、季节的变化而上下波动，甚至每天、每个小时都在发生变化，讨价还价可以同时确保买卖双方利益的最大化。如果近期正好赶上玉米成熟，大量上市，这种商品的价格就会下降，让购买者得到实惠。反之，如果某个敌对城邦阻断了商道，干扰了某些奢侈品的进口，工匠们为了争抢稀缺资源，就会抬高价格，最终让出售者获益。有些生意人会对各种宗教节日满怀期待，因为节日期间那些令人眼花缭乱的祭祀仪式，还有仪式上必备的大量贡品，必然会刺激某些商品的市场需求。例如，每逢需要连续欢庆 1 个月[1] 的 "君主大宴"[2] 时期，市面上的葫芦器皿和辣椒就会供不应求；"扫路节"[3] 期间，阿兹特克人会去市场抢购扫把；到了过太阳节[4] 的时候，人们就会大量购买红色的小片羽毛。水果商贩每天清晨沿街叫卖时，可以趁着水果新鲜，适当抬高价格。同样还是这些水果，每天临近日暮，商贩就可以抓紧时间降价处理，避免把它们重新带回家里白白烂掉。

买卖双方讲好价钱，买主就需要根据实际购买量支付相应的货

---

[1]　原文为 monthly，阿兹特克人的 1 个月只有 20 天。
[2]　原文为 Huey tecuilhuitl，英文资料翻译为 Great Festival of the Lords，时间在公历的每年 7 月 19 日到 8 月 7 日，阿兹特克人过这个节是为了向玉米和生育女神西洛内表达敬意。
[3]　Ochpaniztli，时间为公历每年 9 月 17 日至 10 月 6 日，这个节日的主要目的是迎接即将到来的丰收。
[4]　Toxcatl，阿兹特克神话中的第一个太阳，时间在公历 5 月 20 日到 6 月 8 日。

款。阿兹特克人做生意，通常都是采取以物易物的模式，买卖双方要么用一种物品交换另一种物品，要么就是用一种物品交换某种服务。以物易物的比例可能是 1 个小陶罐换 3 个西红柿，1 罐盐换 5 个辣椒，或者 1 束鲜花换 1 捆柴火等。阿兹特克人买卖物品，十有八九用的都是这个法子。问题在于，如果买卖双方手中的物品不是对方真正需要的东西，交易又该如何进行呢？这笔买卖是否就无法进行了呢？实际情况并非如此，因为阿兹特克人做买卖的方式在以物易物的前提下，很大程度上，或者至少是在一定程度上，已经进入了以物易物为主，"以钱易物"为辅的阶段。正如本章前面所说的那样，可可豆、"夸齐特利"和轻型铜斧在阿兹特克人的世界里都可以被视为约定俗成的货币，甚至可以被用来充当衡量其他商品价值的一般等价物。这几样东西在帝国内外的市场上，既可以被生产者和商人当作商品直接出售，也可以作为货币用于购买其他物品。

阿兹特克人的"田奎茨里"多姿多彩，众声喧哗，时刻充满竞争和机遇。商贩们借助高声吆喝，竭尽所能地吸引买主关注他们手中的商品。多数商贩的家通常就在市场附近。理发师、制陶匠甚至还有娼妓，在人群的缝隙中游走逡巡，四处寻找商机。其他商贩则会在市场里挑一块合适的地方铺上席子，摆摊做买卖。很多人出售的都是自家出产的少量剩余物资，这些东西产自他们的田地，房前屋后的菜园或者居所附近的湖泊，也可能是家庭成员凭手艺制作的各种器物，包括玉米、鱼类、火鸡蛋、罐子、篮子、葫芦器、草药、药水、渔网、挖掘棒，以及布匹和衣服等。这些商贩的旁边，可能还站着一位出售黑曜石刀的工匠，他在众目睽睽之下，将刀刃磨得锋利无比、吹毛立断。

几乎没有一个阿兹特克家庭能够完全实现自给自足，所有来到"田奎茨里"的人往往既是商贩，又是消费者。

职业商人

"前西班牙时代"中美地区的长途旅行和运输完全依赖于步行或独木舟。脚夫徒步运输货物时，需要借助一条勒在前额或肩部的带子将背篓或承物架[1]牢牢固定在自己的后背上，以便承受人均20—25 千克的负载。相比于脚夫的徒步运输，独木舟以湖泊、河流和近海等天然水道为依托，效率往往更高。[12] 西班牙人刚刚踏足这片土地时，墨西哥盆地的大小湖泊中漂满了独木舟，它们频繁往来于湖岸和岛屿（目的地之一也包括热闹的特拉特洛尔科大市场）之间，输送大量人员和物资。无论徒步运输还是独木舟运输，归根到

---

[1]　carrying frame，中国西南地区茶马古道上的脚夫使用过原理完全相同的工具。

底都要以人力为基础，无可避免地受制于季节变化、天气因素、地形地貌、政治形势等因素，有时可能还得靠点运气，寄希望于半途中不要碰见占山为王的强盗。

市场上的多数商贩属于自产自销，需要运输的货物不多，自己背在背上或者装在独木舟里就成。这些人的家离平时做生意的市场一般也不会太远，每到"田奎茨里"开市的日子，他们都要呼朋引伴去市场做生意，度过愉快的一天。这些兼具生产者身份的商贩出售的物品大多是自家土地的出产，作为"田奎茨里"的主力军，他们对维持所有阿兹特克家庭的正常生活发挥了重要作用。

还有一些商贩在市场上显得鹤立鸡群，特别引人注目。他们是跨越地域，专门从远方贩运中高档商品的职业商人。有些职业商人为墨西哥高原上的市场带来了产自低海拔地区的可可豆、棉花和优质食盐；另一些职业商人要么深入帝国腹地，要么远赴他乡，四处搜罗那些价值不菲的奇珍异宝。这些特别受贵族阶层青睐的职业商人，被阿兹特克人称为"波齐特卡"，"波齐特卡"指的就是由国家公派或个人出资专门从事长途贩运的商人。

"波齐特卡"这个特殊群体遍布所有中美地区重要城邦，他们在墨西哥盆地范围内包括特诺奇蒂特兰在内的至少 12 个大城市都设立了名为"卡尔波邑"（calpolli）的集中居住区。"卡尔波邑"主要作用是为那些生活陷入困境或事业遭遇危机的商人提供强有力的庇护。每位从事长途贩运的商人开启一段危险旅程前，经常能听到这样的忠告：

> 你或许会迷失在丛林中，或许面临万丈深渊，身上的粗布斗篷和短裤在颠沛流离中变得破破烂烂，你自己则可能暴尸旷野，化作几块凌乱的枯骨……每当你踏上旅程，就要义无反顾，满怀信念，向死而生……忍受缺盐少油、味同嚼蜡的饮食，将干巴巴的玉米饼，粗粝的炒玉米面，还有受潮发霉的玉米粒当成家常便饭。[13]

商人们需要忍受饥饿、干渴、筋疲力尽，以及变化无常的天气，还可能在途中遭遇图财害命的强盗。为了尽可能降低风险，增加自身的安全系数，这些人通常会选择结伴上路，同时再多雇一些脚夫，其中的很多脚夫都是奴隶，每次旅程结束，顺便就可以把他们转手卖掉。每当途中遇到兵荒马乱或被迫深入敌国领土时，商人们还需要披坚执锐，以武士的身份护卫自己的商队。话说回来，经商在外的生活虽然算不上闲适安逸，真正轮到商人们亲自冲锋陷阵的情况却也非常少见。

基于上述原因，设立"卡尔波邑"的目的就是让每名商人获得最基本的安全保障，同时为他们提供一个互相沟通促进的平台。受到"卡尔波邑"庇护的商人是一个相对独立的群体，他们只向自己的孩子传授经商之道，拥有一套特殊的等级制度，共同保卫群体内部每个成员的人身和财产安全。不同商人之间还能实行一定程度的互帮互助，那些因为各种原因无法脱身的人可以把手中的货物交给有条件远行的同行，买卖做成以后再从中抽成。按照约定俗成的规矩，远行商人留在"卡尔波邑"的亲属，以及那些为其他路过商人提供食宿的家庭，能够得到同行们的共同接济和关照。那些有志于博取个人名望或涉足官场的商人也可以从同行那里获得物质和精神方面的双重支持，物质支持的具体内容可能是替他们承担宴请宾客的各项费用，也可能是送给他们一两个奴隶用来充当大型祭祀仪式上的人牲。

商人们必须依靠市场将自己手中价值不菲的物品变成现钱。这些通过他们长途贩运，从远方各地汇聚到特拉特洛尔科大市场的货物包括精美的服装、漂亮的羽毛、珍贵的宝石、成群的奴隶以及其他高档商品。与此同时，从贵族专属的金饰到普通老百姓青睐的兔毛和黑曜石器等各类物品也被商人们带到远方市场用于以物易物，从中赚取差价。商人们的足迹踏遍了阿兹特克帝国内外的各个市场，形形色色具有高附加值的商品也就随着他们的脚步流转于不同的地理和文化区域。

图 24　富有的商人展示精美的纺织品、珍贵的羽毛和宝石饰品

　　职业商人除了自己的生意，还要为社区的宗教生活出钱出力。那些通过长途贸易积累了巨额财富的商人，理所当然被认为应该拿出一部分钱资助公共仪式活动，从而促进社区的精神和谐。提供资助的主要形式，除了举办豪华的盛宴，就是奉献一名充当人牲的奴隶。依据舞蹈水平的高下有别[1]，这名男性或女性奴隶的价格一般为 30 或 40 件"夸齐特利"。由商人出资举办的盛宴通常都很丰

---

[1]　很多阿兹特克人牲在被献祭以前，先要在半麻醉的状态下跳舞，舞蹈水平越高就越能取悦神灵。

盛，届时有头有脸的富商巨贾和名门望族都会以贵宾身份出席。举办这样一场盛宴需要准备 800—1200 件"夸齐特利"，以及 400 条装饰精美的围腰布作为馈赠来宾的礼品。需要置办 80—100 只火鸡，20—40 条狗，大量玉米、豆子和奇亚籽，堆积如山的西红柿、辣椒和南瓜子，40—60 罐盐，20 袋用于制作饮料的可可豆，还需要 3 到 4 "船"的水。阿兹特克人说的"1 船水"（1 boat of water）指的是相当于 1 件小号"夸齐特利"或者 100 枚可可豆能够买到的淡水。

上述这些费用还不包括购买大量木炭、柴火、篮子、杯子、盘子、托盘、调味碟、柯巴香、鲜花、烟草、致幻蘑菇[1] 等用于烘托宴会气氛的物品所带来的开销。[14] 这些东西对一场宴会来说，并非不可或缺，而是锦上添花，宾客们经常会极力怂恿宴会主办者为这些可有可无的东西大把花钱，后者因为害怕背上"吝啬鬼"的骂名，往往也只能从善如流，乖乖地掏腰包。

"波齐特卡"不光是经济生活的参与者，同时还非常善于利用手中可观的财富推动社会发展，换取相应的政治影响力。在这种情况下，有些"波齐特卡"就会充当本国统治者与外国统治者之间进行各项交易的中间人，在帮助双方完成经济交往的同时，实现外交

---

[1] hallucinogenic mushrooms，阿兹特克人会故意食用少量毒蘑菇，追求一种近似做梦的致幻效果。

层面的沟通。"波齐特卡"有时还会奉命深入动荡地区和敌国领土充当刺探情报的间谍，必要时也可能直接披挂上阵。除此之外，他们还可能被任命为特拉特洛尔科大市场的管理员。

总而言之，无论在国内还是国外，享受各种特权的"波齐特卡"都具有一定程度的官方背景。他们跟阿兹特克帝国的统治阶层，以及这个国家的政治生活保持着千丝万缕的联系。在这样的情况下，也就不难理解为什么地处偏远的城邦对来自高原地区的"波齐特卡"经常心怀芥蒂。这些商人在旅行途中非常容易受到攻击，以他们为侵害对象的蓄意谋杀经常被视为针对阿兹特克帝国进行对外扩张的反抗，当然也可能被野心勃勃的阿兹特克人拿来充当对外扩张的借口。尽管如此，长途贸易带来的利益仍然远大于与之相伴的风险。因为"波齐特卡"孜孜不倦的工作既可以保证阿兹特克的统治者和贵族阶层源源不断获得与他们的显赫身份相匹配的奢侈品，也可以在国家的正规外交渠道以外另辟蹊径，实现阿兹特克帝国统治者与其他遥远城邦的有效沟通。

跨国贸易

公元 1502 年，蒙特苏马二世在特诺奇蒂特兰登上阿兹特克皇帝的宝座。同样是在这年，克里斯托弗·哥伦布（Christopher Columbus）在今天洪都拉斯（Honduras）的海湾群岛遇见了一条由当地人驾驶，前来做买卖的大型独木舟。[15] 驾驶独木舟的是玛雅（Mayan）商人，船上的商品多种多样，包括产自墨西哥高原的黑曜石刀剑，生长在低海拔湿润地区的可可豆，遥远的塔拉斯坎城邦生产的铜斧和铜铃铛，还有大概是来自温带和热带的精美纺织品。商人们手中的商品既有便宜货，也有高档货，这些东西的价格千差万别，产地也可能隔着十万八千里。显而易见的是，阿兹特克时代的中美地区贸易能够连续跨越不同的政治实体和文化空间，实现商品的远距离流通。

此类长途贸易的基本模式是步步为营，也就是说，以距离产地较近的一处市场为起点，然后一个市场接一个市场地传递下去，最终将很多物品输送到远方。参与这场接力的有商品的生产者，也有从事长途贸易的商人，经他们之手输送出去的东西包括食物、普通日用品和各类奢侈品。有些"波齐特卡"还可能将主要精力集中于远离家乡的某个贸易区（trading areas）。往来两地的路上，他们也会在沿途一些规模较大的市场暂时停留，顺便做几笔买卖，不过这些商人的主要目标还是前往千里之外的贸易区购买那些久负盛名的高价值产品。

这些贸易区的实质相当于国际贸易中心，那里到处都是诱人的商机，同时还能确保交易的相对安全。贸易区通常设在紧邻阿兹特

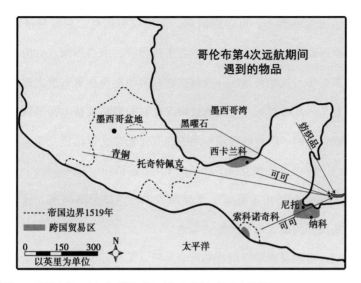

地图 7 哥伦布第 4 次远航美洲时遇到的土著货运独木舟航线图

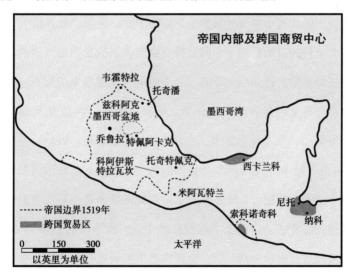

地图 8 阿兹特克帝国从事国内和跨国商贸的交易中心分布图

克帝国边境的地方，可以在国内，也可以在国外。在贸易区范围内，受当地富有统治者监管的市场生机勃勃，来自四面八方的商人们往来交易。这些贸易区一般都被独具慧眼地设在具有重大地缘或政治意义的战略要地，可以通过路况良好的商路或独木舟港口与外界沟通，跨国、跨地域以及本地的商业往来在这里形成交集。阿兹特克治下的托奇特佩克（Tochtepec）、韦霍特拉（Huexotla）、尼托（Nito）等城邦历史上都属于此类商贸中心，每个城邦或大或小都有一块供外国商人永久居留的飞地。

地处墨西哥湾沿岸南部的西卡兰科（Xicalanco）是特别受阿兹特克"波齐特卡"青睐的一个贸易区。他们前往当地贸易时，可以在最后一段旅程中享受武装护卫的特殊照顾。这些"波齐特卡"造访西卡兰科的目的是用手中阿兹特克皇帝名下的货物跟当地的其他城主以物易物，比如用上等的"夸齐特利"交换珍贵的绿石，镶嵌绿松石马赛克的盾牌，玳瑁杯子，贝壳，兽皮（可能是美洲豹的皮）等物品，以及种类繁多、产自异域的艳丽羽毛。以物易物的同时，"波齐特卡"还可能奉命替他们的主人完成某项政治谈判。作为皇帝派遣的特使，"波齐特卡"回到特诺奇蒂特兰后，立刻要将此行换到的奢侈品全部上交给自己的主人。作为辛苦奔波的回报，他们可以趁机夹带一些私货，以便在西卡兰科或往来途中的各个市场出手获利。商人重利，这是始终不变的真理。

除了西卡兰科，还有很多类似的跨国贸易中心点缀在阿兹特克帝国的边境沿线。比如位于东北方向，凭借盐业享誉于世的韦霍特拉，紧邻这个贸易中心的托奇潘（Tochpan）城邦每隔 20 天都要举办一次盛会，届时会有琳琅满目的优质货品陈列其间，任由来往客商挑选。远在太平洋沿岸南部的索科诺奇科（Xoconochco）是个采购可可豆，以及诸如华丽羽毛之类的精致物品的好去处。公元 15 世纪 80 年代，三国联盟派兵征服了索科诺奇科，后者由此成为向阿兹特克帝国称臣纳贡的行省[1]，然而这却不妨碍它继续作为一个充满吸引力的商贸中心。地处墨西哥高原东部的乔鲁拉能够为阿兹特克帝国贡献珠宝、玉石和精致的羽毛工艺品等贵重商品。[16] 这个地方还是一个著名的宗教中心，人们从四面八方涌到这里朝圣。距离更远的地方，还有位于今天墨西哥湾洪都拉斯沿岸的尼托和纳科（Naco），这两个商贸中心的抢手货是可可豆，以及其他低海拔地区特产的服饰。

贸易区内完成的交易规模有大有小，定期到来的"波齐特卡"凭借手中各式各样的贵重商品，以及他们高超的生财之道，成为刺激当地经济增长的独特动因。"波齐特卡"的另一重身份是作为外交特使协助双方高层进行政治交往，在实现以物易物的同时，秘密

---

[1]　索科诺奇科原属玛雅帝国，后来成了阿兹特克人的一块飞地。

传递政治信息。他们游走于阿兹特克帝国内外，在那个日渐商业化的世界里，发挥着重要的经济作用。更有甚者，这些职业商人还在潜移默化中影响着阿兹特克帝国风云变幻的政局和社会环境。

"波齐特卡"是阿兹特克历史舞台上一颗冉冉升起的新星。他们出身卑微，却可能比很多贵族更加富有。他们不畏艰难困苦为那些痴迷奢华生活的贵族阶层带来各式各样的奢侈品，同时也为自己挣得相应的回报。与此同时，受惠于他们的贵族也感受到来自这个新兴富有阶层的威胁。意识到这点的"波齐特卡"往往会采取韬光养晦的策略，有意淡化、掩饰自己的社会影响力。被纸醉金迷的贵族和更加人微言轻的平民夹在中间的"波齐特卡"属于一个身份模糊，难以界定的特殊阶层。本书的下一章，我们将看到这个特殊阶层如何努力争取并保住自己的社会地位，在那个等级森严的社会中荣辱沉浮、起起落落。

第6章

贵族和平民

毗邻那些神庙或将它们环绕其间的是分属于各色人等的宫殿、广厦和寒舍。进门以后，众人依照各自的身份地位，各有各的去处。大人物有大人物的去处，武士有武士的去处，绅士有绅士的去处，侍从当然也有侍从的去处……这里的规矩如此刻板，即便在死亡的威胁下，平民百姓也不敢踏足皇家的宫室和房间。负责打柴送水的下人平时只能走专用的秘密通道，为的是和自己的主人尊卑有别，两不相扰。[1]

《门多萨手抄本》将蒙特苏马二世的宫殿描绘为这样一个所在。宫殿屋顶上 5 个甜甜圈形的装饰物强调了这里作为皇宫，也就是阿兹特克人口中的"特潘卡利"（tecpancalli）的显赫地位。皇帝本人端坐在芦苇编织的宝座上，身披点缀绿松石的斗篷，头戴镶嵌绿松石的皇冠，彰显出他的高贵身份。皇帝左右两侧的两个房间属于三国同盟的另外两位城主。众所周知，在某些特定的情况下，城主们也会互相拜访。来访的城主必须要有能和他本人身份相称的居所。皇宫的正前方，数级台阶引导人们进入一处庭院，庭院的尽头被标记为皇帝专属的祭坛。庭院两侧还有许多房间，它们的具体用途只能全凭后人想象。这些房间可能是储存书籍、兵器、贡品、日常服装、乐器和祭祀服装的仓库，也可能是武士和法官开会的礼堂。

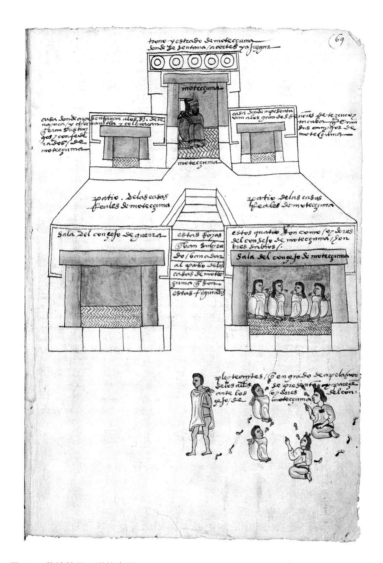

图 25 蒙特苏马二世的宫殿

《门多萨手抄本》的插图详细展示了台阶两侧最靠前的两个房间。几位书写者在其中的一间屋子里举行活动，还有几名男女诉讼人正在声嘶力竭地向皇帝的法官们陈述自己的诉求（画面表现的可能是一场婚姻纠纷）。

为《门多萨手抄本》绘制这幅插图的书写者，在艺术风格方面保留了很多当地土著特征，包括那几个坐姿人物形象，嘴边表示说话的涡卷纹饰，人物留下的脚印，芦苇编织的席子，皇权的标志，以及头发和衣服的款式等。与此同时，他的部分画风也受到欧洲艺术风格的影响，比如能够体现纵深层次感的画面布局和透视手法。"前哥伦布时代"的阿兹特克艺术作品从未使用过类似的手法。为了掌握这些技能，阿兹特克书写者无疑付出了巨大的努力，不过画面中那座造型古怪的宫殿却说明他对这项技术的掌握还不够熟练，尚处于学习阶段。

插图中出现的皇宫能够和其他文献中的相关描述，以及考古发掘找到的现存宫殿遗迹相互印证。话虽如此，阿兹特克皇帝的后宫却没能在《门多萨手抄本》的插图中得到体现，那是一片鳞次栉比，隐匿在庭院当中的典雅屋舍。对于阿兹特克帝国的大小城主和其他皇亲国戚来说，宫殿是他们的家，同时也是城邦的行政中枢。

每个城邦的城主都必须拥有一座或几座此类性质的建筑。这些宫殿的规模普遍非常宏大，屹立在高大的地基上，四周围墙环绕。

修建它们使用的是最上等的石料，以及雪松之类带香味的木材。无论室内还是室外，全都雕梁画栋，墙壁和门廊装饰着五颜六色的帷幔，摆放着布做的遮阳棚，各种内容的壁画（色调以红色为主）和马赛克镶嵌画，取暖用的大型陶瓷火盆，以及照明用的松明火把，还有工艺繁复的羽毛制品，比如前文提到的羽毛盾牌。以上只是阿兹特克皇宫里各类家具的一小部分，其他还包括芦席，木质或石质的凳子，以及大量足以满足日常需要的储物箱。另外，后宫居住区至少会有一个院子配备了被称为"特马扎利"（temazcalli）的桑拿浴室，以便生活在那里的人们随时沐浴。

视野开阔的果园，搭配有池塘、喷泉等诗意景致，芳香四溢的花园点缀在每座宫殿的屋舍、楼宇之间。每位城邦统治者往往同时拥有多座宫殿，某些宫殿可能会被设计成专门的娱乐设施，比如用于狩猎的宫殿，用于钻研园艺的宫殿或者仅仅是高强度工作以后用于放松、减压的宫殿等。身为城主，必须时刻保持王者威仪。同样的道理，那些身世显赫的贵族也必须经常性地向周围的臣民显示自己高高在上的地位，一座又一座的宫殿因此成了精英阶层为自己增光添彩的重要手段。

这些成本高昂、结构复杂的宫殿为了维持日复一日的正常运转，需要在朝堂区设置人数众多的各级官僚，还需要在后宫配备大量嫔妃，以及负责服侍她们的宫女。宫殿是城主或贵族以及他们的家人（嫔妃和孩子）生于斯、长于斯的家，但却没人能准确说出到底还有多少为宫殿服务的人员也生活在这里。可能的情况是，数量可观的仆人和奴隶见缝插针般地生活在宫殿的犄角旯旮。无论居住在宫殿以内还是以外，来自各行各业的人士每天都会出现在宫殿里，会计师负责管理、分发各地缴纳的贡品，监工们按常规领取每天的任务，宫廷豢养的艺术家卖力地工作，富商巨贾们四处搜寻商机。这里聚集着成群结队的园丁、厨师和织工，有人负责烧火，有人专管扫地，有人烹制膳食，有人洗洗涮涮，还有人专门管理每天从附近市场运到这里的各种日常用品，比如柴火和蔬菜。宫殿里修修补补的事情到处都有，相关的工作每天都在进行。武士们专心研讨战略战术，法官们明察秋毫，宫殿主人的私人卫队守护着这里的平安。蒙特苏马二世的皇宫里，至少还有几百名花鸟把式替他照料那些来自异域的珍禽异兽。

这就是阿兹特克皇宫里"普通"的一天。每逢外国首脑来访，皇帝下令大排盛宴；每当受宫廷豢养的"波齐特卡"满载货物，返回故土；每当皇帝发布战争动员或者结束远征，奏凯还朝；每当宫廷内外因为某个重要节日的到来而装扮一新，那里的喜庆气氛都会达到顶峰。要是赶上嫔妃临盆，产婆奉命入宫，人们对未来的期盼还会更上一层楼。

数百人日复一日聚集在宫殿里，逢年过节，人数还要水涨船高，将那里变成拥挤的蜂巢。更重要的是，宫殿为那些最显赫的权贵与最卑微的草民提供了一处平台，让他们可以在这里相互交流，并肩工作。

社会等级

阿兹特克人的世界等级异常森严，每个社会成员对自己的位置全都心知肚明，甚至还知道根据身份地位，自己应该走哪扇门进入宫廷。统治者高高在上，奴隶们身在社会的最底层。这两者之间，形形色色的贵族和平民依次对号入座。每种身份地位都有一套与之相应的权利、责任和行为规范，界限清晰明了，不容混淆。话虽如此，不同等级的阿兹特克人也并非真的老死不相往来，出于日常或某些特殊情况的需要，各行各业的人们也要经常性地发生交集。

城主

当城主真好！作为城邦的最高统治者，城主的生活富丽堂皇、轻松安逸，他居住的房间非常舒适，他的花园多姿多彩、芳香馥郁，他的食谱丰富多样，他的服装精美雅致，他的妻子、儿女成群结队。无论何时何地，都有仆人小心侍奉，随时满足他的需求。民众的仰慕令他信心满满，感觉眼前一片光明，尽管有时也会存在德不配位的情况。城主领导民众投入战争，占据很多公共祭祀仪式的中心位置，在他的宫殿里正襟危坐，接见那些战战兢兢的来访者，明辨是非曲直。每个城邦的城主从整体上领导着城邦政府的运作，三国联盟的三位大城主还要额外肩负整个帝国的重担。每当帝国完成一次对外征服，被打败的城主必须亲自出马，负荆请罪，向其中的一位大城主纳贡称臣，最终成为阿兹特克帝国大小城主体系中的一员。无论城主在这个体系中占据何种地位，他们都牢牢占据着自己统治城邦社会分级的顶端，享受着所在社群最高等级的生活待遇。

与城主优渥的生活待遇相伴的是高标准的道德期许，还有各种重大的实际责任。身为城主，最重要的先决条件就是拥有雄辩的口才。要知道，纳瓦语中"特拉托阿尼"[1] 这个称呼的含义就是"演讲者"（speaker）。城主是城邦领地的最高守护者，他必须骁勇异常，必要时能身先士卒，在战场上证明自己的勇气。出席各类政治和宗教场合时，城主必须公开炫耀他的财富，在众人面前显得威风八面，气度不凡。在很多情况下，凭借气势压人是展示权力的一种重要手段。身为城主，还应该明智地选择盟友，通过政治联姻与其他城邦的城主拉近关系。由于城主和贵族普遍实行一夫多妻制，一次又一次的政治联姻就可以为他们带来数不清的同盟关系。最

---

[1] tlatoani，早期墨西卡人对部落首领的尊称。

后，城主必须永远保持公正和慷慨。最受老百姓爱戴的统治者必须明镜高悬，每当遇到紧急情况能及时开仓放粮，大方地为各类宗教仪式提供资助，包括向参加仪式的穷人赠送各种礼物。基于上述条件，我们便可以判断出哪些城主要比其他城主更称职。

实行多妻制必然带来众多的儿女，这些金枝玉叶命中注定要接受一种与他们的高贵出身相匹配的生活和工作方式。据说，公元1418—1472 年在位的特斯科科城主内萨瓦尔科约特尔总共育有 117名子女，其中 60 个儿子全被授予了封地，并且分到了在这些土地上替他们劳作的佃户。公元 1472—1515 年在位的特斯科科城主内萨瓦皮利（Nezahualpilli）养育了 144 名后代，这些王子和公主全部身居高位，生活富足。他们都是每个城邦必须供养的昂贵"遗产"。

多妻制以及由此而来的多子女导致的另一个后果就是复杂的家庭关系。依照各自的出身，后宫嫔妃各有各的品级，她们生育的子女同样等级分明。话说回来，城主尽管儿女成群，最终却只有一个儿子能够继承大统，对于权力的觊觎最终让城主的宫廷成了各种政治阴谋滋生的温床。[2]

其他贵族

没资格继承权力的这些金枝玉叶长大后会成为怎样的人呢？就这一点来说，每个城邦的最高统治者周围都聚集着一个贵族群体，这些贵族也要养育自己的后代，他们的子孙又会经历怎样的人生呢？通常情况下，这些孩子都将成为贵族，他们可能身居高位，成为城主身边的高参或派驻其他城邦的使节，也可能充当贡品催征大员、法官、军官、行政官僚、会计师、书写者等角色。教师、祭司等职业对教育水平的要求非常高，从业者大多同样来自贵族阶层。

贵族身份的获得充满偶然性，完全取决于每个人出生时的原生家庭，他们的人数据估计应该占阿兹特克帝国总人口的5%。认定贵族身份的主要标准是家庭出身，早在阿兹特克帝国发展壮大以前，这个规矩便已被墨西哥中部的土著居民沿用了几代，由此造就了一个人数不断膨胀的精英阶层。贵族并非是一个庞大、单一的社会阶层或集团，恰恰相反，他们的内部等级森严。最高等级的贵族居住在富丽堂皇的宫殿里，占有大量土地，衣着华美，像城主一样享受许多特权，只不过在待遇方面要稍逊一筹。有些贵族还可能被授予各种显赫的职位。这些职位的获得，部分仰仗他们的家庭背景（包括他们母亲的家庭背景），部分则需要参考他们个人的成就和专长。其他贵族还可能在政治、军事或宗教领域占据某些荣誉性的虚职，这些职位对教育水平的严苛要求往往只有贵族才能达到。

包括城主在内的贵族阶层在道德方面通常被视为全体臣民的表率。这些人位高权重，他们的兴衰荣辱不光关乎个人命运，还可能牵连整个城邦。例如，一名将军可能会因自己正确或错误的决策而改写战局；一名法官可能会因自己的睿智或无知影响一起重要案件的审理；一名祭司可能将一场宗教仪式举办得完美无缺，也可能漏洞百出；一名贡品催征大员则可能由于个人的贪念，私吞原本属于城主的贡品。总而言之，那些在道德规范和言谈举止方面有失身份的贵族都将在法庭上受到严厉的责罚。

城主和其他贵族明目张胆地炫耀着他们高人一等的社会地位。蒙特苏马一世执政时期颁布的一系列禁止奢侈法令（sumptuary laws），也可以说是明确规范不同级别贵族言行、权利的法令，终于刹住了这个势头。到了阿维措特时代，阿兹特克帝国的奢靡之风虽然有所反弹，不过随着蒙特苏马二世的即位，蒙特苏马一世时代的严刑峻法很快便得到了全面落实。根据这些法律，每个级别的贵

图 26　标记为"蒙特苏马头冠"的绿咬鹃羽毛头冠

族都要穿着一种特定款式的斗篷，而且只有贵族才有资格穿长款斗篷。搭配长款斗篷的是同样专属于贵族的棉布服装，其他人只能穿龙舌兰纤维材质的衣服。除此之外，只有高级贵族才能佩戴黄金和宝石材质的耳环、唇塞和鼻塞，只有城主和高等贵族跳舞时才被允许使用黄金和羽毛装饰的沙槌，佩戴臂环、脚镯等器物。为了进一步明确贵族阶层内部的高下尊卑，法律还规定贵族入宫觐见前只能待在与自身品级相匹配的特定房间里。[3]

这一系列法律的意图非常明显，就是要将贵族阶层和平民阶层区分对待，同时还要在贵族阶层内部实现更细致的等级划分。平民百姓枉顾这些法律的僭越行为很容易被识破，进而受到严厉惩罚。尽管如此，胆敢以身试法者仍旧不乏其人。接下来，本书就将谈到这个话题。

平民

平民指的是贵族以外的各色人等，正是由于他们的辛苦劳作才让贵族阶层纸醉金迷的生活成为可能。据估算，阿兹特克帝国95%的人口属于平民，他们从事的职业主要包括农业、渔业、手工业、建筑、娱乐、商贸、运输以及各类服务行业。"macehualli"[1] 这个词在纳瓦语中同时含有"平民"（commoner）和"臣民"（subject）两种含义。[4] 身为平民，在保证自身生活的前提下，有义务向他们所

---

[1] 复数形式为macehualtin，见180页。

属的城邦、领主和社区以实物的形式纳税，同时还要服徭役。

贵族和平民两大阶层很容易通过衣着外貌和生活习惯加以区分。贵族衣着华丽，平民则穿戴朴素。贵族居住在宽敞、漂亮的大房子里，平民的住宅相对寒酸。贵族家中拥有的物品数量比平民多，质地也更加精美。贵族可以将大量可可豆、鲜花和烟草用于年复一年的节假日庆贺活动，与此同时，平民却只能靠变味的玉米饼和干枯、凋谢的花朵聊以自慰。[5]

所谓贵族和平民只是广义的划分，平民内部本身还存在着不同贫富水平的阶层划分。平民的居所可能是一间寒酸的陋室，也可能是拥有若干房间和露天庭院的豪宅。居住在这种豪宅里的通常都不

图 27 平民寒酸的住所

是势力单薄的普通家庭，而是一个人多势众的大家族。后者选择聚族而居是为了将每个家庭成员的劳动力和技能集中到一处，形成合力。这样的家庭模式最适合那些劳动密集型的手工业。无论具体从事哪种手工业，被众多居室环绕当中的天井都是整个家庭日常生活的中心。天井周围的房间则被用于烹饪、起居、贮藏，以及充当天气不好时的备用活动场地。

目前，以墨西哥中部地区阿兹特克帝国不同时期社区遗址为对象的考古活动已经找到了数量可观的平民住宅遗迹。单房间普通住宅的面积通常为20—77平方米，多房间住宅的面积一般为40—416平方米。住宅面积的不同反映了居住者人数的多寡，同时还可能体现了每个家庭贫富程度上的差异。耕作地块的大小也会因具体城邦的不同而有所区别，特诺奇蒂特兰每块垛田的面积大致为4—1377平方米，特斯科科的垛田面积每块则在92—8701平方米之间。[6] 每个家庭的富裕程度还体现在修建住宅使用的材料上，有些住宅的墙壁就是用树枝编织的篱笆墙，然后再抹一层白灰面，有些住宅的墙壁则是用砖坯和石头砌起来的；有些住宅的地面就是裸露的泥地，有些则可能铺上一层灰浆。家庭内使用器物的种类和质量也能体现出贫富差别。有些平民的住宅里只能找到几件稀松平常的陶器，珠宝首饰少得可怜或根本没有。造成这种情况的原因可能并不仅仅是限制奢侈消费的相关法令，因为考古学家在某些平民住宅的遗址中同样发现过精美的陶器，还有翡翠制成的珠宝。这些特例的存在说明，即便是在笼统地被划归为平民的群体内部仍然存在着明显的贫富差异。

贫富差异在一定程度上也可能归因于他们暂时所处的家庭阶段，例如那些需要哺育幼年子女的家庭，日子就要比抚养半大子女的家庭艰难得多。职业的不同也可能导致平民阶层的贫富分化，某些职业商人和奢侈品工匠也可能非常富有，甚至超过某些低等贵族。普通工匠如果运气不错，也可能获得丰厚的收入。例如那些受雇于特诺奇蒂特兰宫廷的雕刻匠就可以提前预支以布匹、南瓜、豆子、辣椒、可可豆等形式支付的工资。作为顺利完工的奖赏，每位雕刻匠还能额外得到 2 名奴隶，2 车可可豆，1 车布匹，外加若干陶器和食盐。[7] 这些奴隶、布匹和可可豆无疑将大大提升雕刻匠家庭的经济水平。

平民群体还会在各自拥有的政治权力方面存在差异。总的来说，平民只有很少的政治权力，或者根本没有任何政治权力。名为"卡尔波邑"的社区以牢固的亲属关系为基础，为生活在那里的多数平民建立起一个相对稳定的生活环境，他们同属一个族群，实行土地公有，信奉同一个守护神，社区中的男孩还可以进入当地的军事学校学习、受训。职业商人和奢侈品工匠定居的那些"卡尔波邑"，凝聚力往往更高，还能从统治者那里获得更多的特权。无论工匠还是农夫，所有被称为"macehualtin"的普通平民都有义务对自己所属城邦的城主保持绝对忠诚，在某些情况下，还要效忠于类似阿兹特克皇帝那样至高无上，将其他城邦踩在脚下的最高统治者。

平民向统治者表达忠心的途径主要有3条。第一种途径是服兵役。阿兹特克帝国没有常备军，任何男性随时都有可能应征入伍，投入战场。正是因为这个原因，很多地方才会设立军事学校。平民效忠的第二种途径是以实物的形式向城主或帝国统治者缴纳贡品和税金。第三种途径则是服徭役，以平民身份参与修建道路、城墙，维护庙宇或疏浚河道等工程。其他被称为"mayeque"的佃户则需

图28　平民从监工那里领受任务

要直接向自己耕种土地的贵族所有者效忠和缴租，他们的生活境遇，租税和徭役标准与"macehualtin"大体相当。唯一的区别就是这些平民直接服务于地方贵族，而非最高统治者[1]。

平民虽然属于社会最底层，却并非完全没有任何权利。历史文献中保留了不少平民为捍卫自身利益，不惜挑战统治者权威的故事。在一次远征途中，某个城邦的城主由于禁止手下士兵劫掠被征服的城市，还引发过军队哗变。据文献记载，类似这样的反抗行动曾取得过几次有限的成功，城主和贵族们面对来自平民的压力，最终只得有所收敛。除此之外，阿兹特克人的社会结构也还没有固化到令人绝望的程度，每个人在这个社会中都面临着荣辱沉浮的机遇和挑战。

社会地位的升降

贵族永远是贵族，平民永远是平民。这句话一针见血地揭示了阿兹特克社会的基本规则。话虽如此，他们的文化仍然为平民保留了提升社会地位的特定渠道，在某些特殊情况下，贵族也可能丧失自己的显赫身份。

———————————

[1]　类似中国古代的食封制度，最高统治者将某块土地指定为某位贵族的封地，封地居民直接向贵族纳税，作为供养后者的费用。

出人头地

不可胜数的阿兹特克人在自己的一生当中凭借个人奋斗赢得了贵族或准贵族（quasi-noble）的头衔。要想取得这样的成就，最常用的办法就是在战场上立功。无论贵族还是平民，都可以通过俘获敌人获得相应的荣誉和物质奖励。按照阿兹特克帝国的规矩，荣获军功的勇敢武士要在公开的表彰仪式上由皇帝亲手赐予特制的斗篷和战袍。这些斗篷和羽毛服饰都能向外传达特定的信息。大家看到一位武士身披带有螺钿镶嵌图案的斗篷，就知道他已经在战场上抓了3个俘虏。两军对垒，敌人看到那些身披美洲豹战袍的武士，当场就会胆战心惊，因为美洲豹和鹰战袍只能颁发给在战场上捕获4名俘虏的武士。这些武士享有特权，能够前往突兀地矗立在特诺奇蒂特兰大神庙两侧分别被命名为"美洲豹之屋"和"鹰之屋"的两处特殊建筑，参加作战会议。数量更多的俘虏意味着更多立功受奖的机会。凭借战场上获得的军功，平民就可以在奢侈禁令的规定范围内，得到一定的豁免权。他们可以佩戴首饰，尽管首饰的材质是不值钱的骨头或木头，还可以在跳舞时佩戴饰品。除此之外，腿部受伤的武士还能破例穿着贵族专属的长款斗篷。

通过战场立功取得的荣誉只属于武士个人，他无法将这些东西当成遗产，留给后世儿孙。这样一来，那些出身低微的准贵族们的前途也就增添了非常多的不确定性。阿维措特执政时期曾有意提拔平民让他们在朝廷中占据高位，他的继任者蒙特苏马二世撤销了上述政策，只允许贵族和贵族子弟涉足政坛，替皇帝出力。

平民提升社会地位的另一条途径就是积累巨额财富，然后用财富换取特权和名望，被称为"波齐特卡"的职业商人特别精于此道。富有的"波齐特卡"热衷于举办奢华的宴会，为各种公共祭祀仪式提供充当人牲的奴隶。这两项活动耗资不菲，作为回报，他们可以在"卡尔波邑"的范围内获得一定的威望，还能得到皇室的赏识。

当祭司是平民改换门庭的第三条出路。阿兹特克人的宗教信仰包含众多神祇，每位神祇都拥有属于自己的庙宇，还有自己专属的宗教节日。无论神庙的日常运转，还是宗教节日的祭祀活动都需要大量受过专门训练的男祭司。在极个别的情况下，可能还需要女祭司。不同的神庙和神祇有尊卑之分，服务于它们的祭司自然也有高低贵贱的差别。这样一来，担任祭司的平民在宗教领域便获得了很大的上升空间。只不过，得到这个机会的首要条件是接受与祭司职业相关的专门训练，还必须具备一定程度的文化水平。在阿兹特克社会中，有条件接受教育的大多是贵族子弟，所以他们在祭司职位的争取和升迁方面也就具有先天的优势。雄踞祭司行列最顶端的高级祭司，平时的主要工作是领导特诺奇蒂特兰大神庙双子圣所[1]

---

[1]　the dual sanctuaries of Tenochtitlan's Great Temple，特诺奇蒂特兰大神庙的主要建筑是两座阶梯形金字塔，分别供奉阿兹特克神话中的雨神和战神。

的正常运转，还要负责主持古城中令人眼花缭乱的众多宗教仪式。大神庙中举行的宗教活动有时还会带有很强的政治色彩，比如公元1487年这座神庙扩建期间，以大量被俘武士为人牲的那次祭祀仪式[1]。这种情况下，祭司们也就从幕后走到前台，占据了历史舞台的中心位置。

军人、商人和祭司，他们在阿兹特克社会结构中扮演着次等统治阶级的角色。人们可以凭借雄心壮志，通过上述途径实现阶层跃升，但也有可能一脚踩空，突然跌进万丈深渊。

丧失地位

每个人从出生开始便属于特定的社会阶层，然而正如我们已经看到的那样，阿兹特克人的社会结构存在着一定程度的不稳定性，从而为某些社会成员提供了超越自己原生阶层的上升空间。相应地，部分社会成员，比如贵族，也可能由于各种原因，丧失原有的社会地位。贵族阶层实行的是一夫多妻制，有条件养育更多的子女。问题在于，能够以遗产的形式留给这些子女的职位和头衔却非常有限。那些等级很低的贵族，通常都是拥有头衔和土地的大贵族

---

[1] 1487年，大神庙的两座金字塔竣工，阿兹特克帝国在几天时间里杀掉了好几万名充当牺牲的被俘武士，目的是炫耀武力、震慑敌国，但同时也在其他部落心中积累了太多仇恨，促使他们后来与西班牙征服者结盟，所以作者说大神庙的祭祀活动带有政治色彩。

家庭中的小儿子连续繁衍若干代的产物。[1] 他们仍然属于贵族，却跟头衔、职位、土地之类的财富源头丝毫不搭界，也无法充分享有贵族特权。多数低等贵族出于生活所迫，只能投奔那些有权有势的亲属，过着寄人篱下的生活。如果他们打算在政治或其他领域出人头地，最明智的选择要么是从军入伍，要么就是当祭司。

更严重的阶层下降是沦为奴隶。奴隶是阿兹特克社会的最底层，他们拥有的社会和经济自由非常有限，很难改变自己的命运。多数情况下，奴隶都会被要求替"主人"卖命工作，不过他们却可以自由结婚，很多时候还能建立并拥有自己的家庭。有些奴隶还可能直接在主人的住宅中获得一块栖身之地。女性奴隶对主人家庭经济的贡献就是无休无止地纺线织布，男性奴隶则可以下地干活，制造工具或者从事其他日常事务。萨阿贡曾经说过，奴隶"是别人的铁锹和背带"。这句话的含义是奴隶被理所当然地认为应该承担各种苦差。[8]

考古学家还发现了商人们在市场上进行奴隶交易的蛛丝马迹。在某些情况下，那些桀骜不驯的奴隶会被主人送到市场卖掉。如果不听话，不好好干活，那就有可能被卖到商人或其他人手里，成为祭祀仪式上的人牲，这也是刺激奴隶们努力工作的一个重要因素。

---

[1]　阿兹特克贵族采取长子继承制，次子只能继承很少的财产和名位。

图 29　市场示意图，奴隶们佩戴着枷锁，女性奴隶正在纺线

　　阿兹特克社会的奴隶总共分两种类型，其中一种是战场上被俘的其他族群武士。阿兹特克人打仗的主要目的就是在战场上俘获敌军，然后让他们充当祭祀时的人牲。这些倒霉的俘虏会被押解到获胜的城邦看管起来，等待高高在上的城主前来决定他们的命运。有些俘虏虽然屈从于征服者的淫威，心甘情愿地替主人工作，却始终

无法真正获得社会的接纳，比如某位城主被打败以后，他那些被迫进入征服者的宫殿，并承担各种苦差的嫔妃和子女。

每个人，无论贵族还是平民，男人还是女人，成人还是儿童，都有可能基于某种原因沦为奴隶。奴隶的境遇暗淡无光，也谈不上什么权利，但能够为一些不幸的人，比如赤贫者，提供一定的生活保障。穷人在生活无着，没有任何其他选择的情况下，可以选择自卖自身，投靠那些更富有的人，以此换取食物、衣服和栖身之所。每当发生严重干旱、饥荒或其他自然灾害，类似这样的现象就变得非常普遍。最极端的案例发生在公元 15 世纪 50 年代中期。当时，饥荒持续了 4 年，困境中的高原居民走投无路，只得将子女卖给那些富裕的商人和贵族，甚至不惜将孩子卖到位于墨西哥湾沿岸未受饥荒影响的托托纳卡城邦，用来交换后者手中的玉米。这场惨剧的年份属于阿兹特克历法中的"兔—1"年，它留下的痛苦记忆如此深刻，以至于从那以后，阿兹特克人和周边的相邻部落始终觉得"兔年"是个不吉利的年份。

自由人沦落为奴隶的另一条途径是沉迷赌博。阿兹特克人参与赌博，往往会和球赛或者一种与十字戏[1]类似，名为"patolli"的游戏纠缠在一起，即便身为城主也同样乐此不疲。只不过，荣华富

---

[1]　pachisi，起源于印度的棋类游戏。

贵的统治者有底气承受赌博带来的经济损失，相同的损失放在不那么富有的人身上，则无异于一场灾难。穷凶极恶的赌徒输光全部赌本后，就会把自己当成最后的筹码（实际是以他们的劳动力为筹码）押上赌桌。除此之外，判处落网窃贼临时为奴也是一种常见的惩戒方式，尤其是针对那些偷了若干玉米或者1只火鸡等低价值财物的小偷。在这种情况下，窃贼必须以奴隶的身份劳动到所得报酬能够与被盗物品的价值相抵时，才能重新获得自由。

人一旦成为奴隶，那就算是光脚的不怕穿鞋的，再也用不着担心失去什么了。首先，阿兹特克帝国历史上虽然确实存在过世袭奴隶制的情况，多数奴隶的后代却不一定还是奴隶。其次，那些为生计所迫将自己或家庭成员卖身为奴的人，只要条件好转，还可以花钱赎身。因为赌博或偷窃丧失自由的人，同样能够借助经济手段改变自己的境遇。在上述两种情况下，奴隶们都可以寄希望于通过努力劳动积累足够的金钱，最终买回自由之身。

图30　一名失败的城主被扼死，妻子儿女沦为奴隶，注意那些木质的项圈

　　话说到此，替奴隶赎身到底需要多少钱呢？对于那些因犯盗窃罪被判为奴的人来说，他们的赎身费用就是所偷物品的价值。同样的道理，赌徒要想重获自由，需要做的就是还清全部赌债。正如前文已经提到的那样，有材料显示，1 个阿兹特克人（可能是平民）1 年的生活费可以折合为 20 件"夸齐特利"。[9]这指的应该是一般生活标准，大致相当于普通人劳作 1 年所得的报酬。

　　需要说明的是，沦落为奴隶的人还有通过逃跑追求自由的可能。尽管受制于木质枷锁，奴隶只要能成功从市场脱逃，顺利找到当地某位地方官的宅邸，他或她就有可能获得自由。有一点值得注意，那些阻挠奴隶出逃的人，无论男女，则可能就地被罚为奴。这条看似荒诞的法规背后隐含着阿兹特克人对公平原则的理解。每名奴隶从主人那里得到的待遇虽然薄厚有别，不过阿兹特克社会却明确存在着禁止虐待奴隶的文化传统。年复一年，奴隶们望眼欲穿地盼望着一个名为"1—死"日[1]的特殊节日。每到这天，他们总能从主人那里得到特别的礼遇。"1—死"日同时还是那些遭受不公正对待，被迫为奴的人重获自由的日子。[10]

　　总而言之，阿兹特克的社会结构是复杂、多变、充满活力的。家庭出身可以从根本上决定一个人的社会地位，占据社会金字塔顶

---

[1]　One Death，阿兹特克"仪式历"中的一天，本书第 7 章有详细介绍。

端的人，同样也掌握着这个社会的权力和财富。然而没有任何社会结构可以保持一成不变（就算有，也非常少见），社会中始终存在着阳光无法触及的角落，永远无法避免漏洞和模糊地带的出现。落魄的低等贵族有时不得不和腰缠万贯的富商巨贾分庭抗礼，堂堂正正的贵族也可能因为嗜赌如命，沦落为奴隶。依靠自身的能力和野性，有时可能还得靠一点运气，武士、祭司和商人可能超越自己的家庭出身，获得更高的社会地位。财富和地位无法永远保持血脉相传，贵族可能非常贫穷，商人和奢侈品工匠却可能格外富有。无论如何，与社会地位紧密相连的还有个人在道德、家庭、社区等领域的责任和义务。任何无法满足社会需要，遵守社会文化规范的人，最终都将为社会摒弃，沦落到一无所有的境地。这些道德和权责意识通过日常教育，潜移默化地被灌输给每个阿兹特克人，然后借助法律机构的相关工作，得到进一步强化。本书下章就将谈到这些内容。

第 7 章

合格的阿兹特克人

他们说："我们在陆上旅行，我们住在高山之巅。这里是一处深渊，那边又是一处深渊。无论在何处偏离，无论在何处迷途，你都必在那里跌倒，坠入深渊。"[1]

They went saying that on earth we travel, we live along a mountain peak. Over here there is an abyss, over there is an abyss. Wherever thou art to deviate, wherever thou art to go astray, there wilt thou fall, there wilt thou plunge into the deep. [1]

这段对迷失人生的生动描述，通过阿兹特克人的视角，展现了他们眼中那片无比珍贵，同时又变幻莫测，命运永远无法预料的广袤热土。身在这个世界，无论贵族还是平民，只有坚守族群文化传统和道德信念这一条出路，才能一步一个脚印，勇攀生命高峰。

本章开头的文字以及它们所描绘的场景出自《佛罗伦汀手抄本》。正如之前已经谈到的那样，这本图文并茂，具有里程碑意义的文献能够告诉我们大量关于阿兹特克人道德生活、法律规范、违法犯罪行为及相关惩处措施之类的信息。《佛罗伦汀手抄本》的问

---

[1] 这段文字出自阿兹特克人之手，存在很多词汇和语法错误。

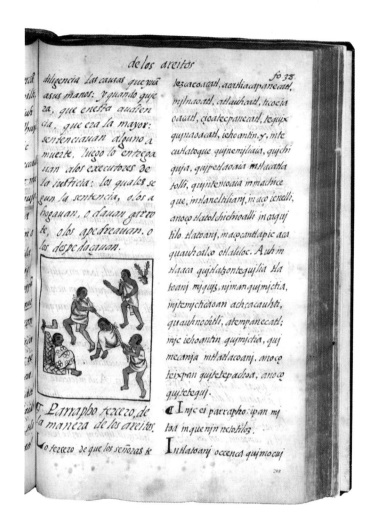

图 31　一名男性罪犯遭受极刑

世时间虽然是在西班牙征服者统治墨西哥后，不过负责编纂这本书的书写者使用纳瓦语叙述时的文风，以及他们绘制插图时的手法，仍在很大程度上保留了"前西班牙时代"的土著风格。本章开头的文字体现的是一种标准的纳瓦语叙述方式，下面展示的那张图片除了描绘那个时代形形色色的人和物品，还为它们配上了带有土著风格的象形文字说明。

对阿兹特克人而言，因无视社会公认的道德规范而误入歧途的后果非常严重。如果基层官吏觉得某件案子非常棘手，自己无从下手，以身试法者就会被带到城主和他的大法官面前，由他们亲自处理。插图中的那个人明显已经被认定为有罪（具体犯了什么罪，我们无从知晓），正在由城主的刽子手执行死刑。之所以将案件的裁决者认定为城主，主要依据是位于插图右上角的象形符号，这个符号的含义是quauhnochtli[1]。同样都是死刑，具体实施时却可以有石头砸死、大刀砍死、乱拳打死等多种执行方式。

插图中坐在左侧的男士应该是一位城主，也可能是城主亲自任命负责审理此案的法官之一。悬在头顶上的华盖和身下用芦苇编织的椅子无不暗示着他的高贵身份，这两样东西只有城主和法官才配使用。这位男士的身份，最大的可能性应该是一位法官，作出如此

---

[1] "quauhtli"在纳瓦语中是"鹰"的意思，"nochtli"的含义是"多刺仙人掌"，鹰和仙人掌放在一起，就是阿兹特克文化中的王权象征。插图中的罪人得到的裁决是当场绞死。

判断的重要依据是他身上的那件斗篷。《佛罗伦汀手抄本》中出现的其他法官形象穿的也是同样的斗篷。

鉴于身上那件朴素的斗篷，插图中的罪人应该是一位平民，不过配套的说明文字却将他的身份描述为一位官员。王子犯法与庶民同罪，这是阿兹特克人对于公平正义的最基本理解，即便是主持正义的法官也不能例外。就拿图中坐在那里负责断案的法官来说，如果他在工作过程中犯了渎职、包庇亲友、醉酒上岗或者仅仅是德不配位之类的毛病，城主也可以下令将他处以极刑，就像图中正在受刑的罪人一样。阿兹特克社会对道德和法律的理解并不存在特别明显的界限，从本质上来说，他们的法律其实就是编纂成法典的道德信条。这些法律和道德条款的作用是规训每个社会成员的言行，一个工作"事无巨细"的司法系统的存在则可以进一步强化这种规训作用。

道德之路：正确和错误

阿兹特克人拥有严苛的道德意识，他们为人生设定的规则包含敬畏（respect）、谦虚（humility）、适度[1]、诚实（honesty）、积

---

[1] moderation，参考下文内容，阿兹特克人对这个概念的定义比较接近儒家的"中庸"。

极（energy）和勤劳（hard work）等多项内容。这些道德规范为人们指明了实现个人理想和社会价值的基本方向。每个人对这些道德规范的遵守，对一种理想生活状态的不懈追求，也有助于维护社区内部的和谐，保持社会结构的稳定。从形而上学的角度来说，阿兹特克人如此重视这些道德信条的终极目标则是为了避免扰乱自然和宇宙的平衡。

每项道德规范针对的都是社会成员的具体言行。例如，那些阿兹特克男性贵族从小就被告知要心怀敬畏，所谓"敬畏"，实际的意思就是自觉自愿遵从来自城主的号令，清醒认知并接受自己的身份地位。身为贵族，言谈举止不能过分张扬。在这方面，只有城主是个例外，因为张扬本身也是对王权的一种体现。认清自己的身份地位，在自己的权力范围内适度而行，不越雷池一步，这是阿兹特克道德规范的首要信条。与此同时，"适度"这条道德准则还要求贵族在公开场合要做到举止得体，为其他人起到表率作用。例如，贵族走路时必须小心翼翼，不能太快，也不能太慢；说话时，必须控制好语气和语速，抑扬顿挫，声声入耳；贵族进餐时应该斯斯文文，不能狼吞虎咽、也不能过于细嚼慢咽、把玉米煎饼撕扯得七零八落；身为贵族，穿衣打扮必须恰如其分，不能过分铺张，也不能太过寒酸。

有别于上述几条道德准则，"诚实"在阿兹特克文化中的含义主要指的是对待别人的真诚和公允态度。贪污、欺骗、造假等行为都是对"诚实"准则的公然挑衅。阿兹特克人认为法官身负重任，断案时必须做到公正无私、不偏不倚，如果这个群体中有人胆敢冒天下之大不韪，无疑将受到最严厉的惩罚。即便是在非正式场合偷听别人谈话或传播闲言碎语之类的做法，也都会为诚实的阿兹特克人所不齿。诸如此类的行为不仅会让当事者看起来愚蠢至极，随便乱传闲话还可能引来牢狱之灾，因为这样的所作所为必然会对正常的社会秩序产生干扰。

合格的阿兹特克人必须始终保持积极的心态。所谓"积极"，具体而言就是不睡懒觉，听到别人召唤时必须迅速作出反应。阿兹特克人一旦被贴上"执拗""懒惰""散漫""马虎"之类的标签，便很可能受到严厉的惩戒。²"勤劳"这条准则不仅局限于平民，也同样适用于贵族，尽管后者不见得非得像前者那样直接从事各种体力劳动。身为贵族，无论身居何职或参加何种活动，都必须惜时如金。任何自由散漫的行为都将暴露在众目睽睽之下，无法文过饰非。最后，阿兹特克贵族还应始终珍视自己的高贵血统，对祖先保持敬意。

阿兹特克贵族女性同样需要遵守相似的道德规范。这些道德规范在言谈举止方面具体表现为贵族女性应该互敬互爱，举止得体，虔诚信仰各路神祇。贵族女性应该更加珍视自己的高贵血统和家族传承，身为女性，如果因为言行不当令家族或祖先蒙羞，后果往往比男性贵族更加严重。显而易见，贵族女性必须严格遵守"适度"的道德准则，她们在穿着打扮方面要像男性贵族一样保守，既不能过分俗艳，也不能破破烂烂。另外，她们说话时必须谈吐文雅，走路时莲步轻移，神态安详淡定。"诚实"对贵族女性而言也是一条重要的道德准则，她们必须在多个层面展现自己的良好操守。与此同时，"诚实"还是其他一切美德的基础。贵族女性必须诚实对待自己的工作，态度严谨认真，而且还要全身心投入进去。那些草率马虎对待工作的妇女，必将为人所不齿。[3]贵族女性同样为人所不齿的另一项道德缺陷是跟婚姻关系以外的男性保持暧昧关系。阿兹特克人异常重视女性贞操，女孩从很小开始便被大量灌输诸如此类的道德理念。积极和勤劳应该算是阿兹特克女性的传统美德，不管下厨做饭、纺线织布、洒扫庭除、哺育后代、去市场采购，还是供奉神灵，她们都应保持这样的良好心态。

身为阿兹特克贵族，无论男女，必须额外具备一项专属的美德，也可以说是人生目标，那就是一言一行必须与平民尊卑有别。除此之外，阿兹特克贵族还被反复告诫要避免向他们的邻居奥托米人那样染上不学无术、愚蠢、贪婪、不思上进、衣着艳俗之类的恶习，更不能像他们眼中的特拉尔胡伊卡人（Tlalhuica）那样野蛮、浮夸、胆小如鼠[1]。⁴合格的阿兹特克人必然不屑与这些劣等部落为伍。

阿兹特克贵族引以为傲的道德操守与平民阶层，乃至其他土著部落具有很多共同特征。就像贵族一样，阿兹特克平民将敬畏、谦虚、适度、诚实、积极、勤劳等美德奉为圭臬。与此同时，平民还被要求始终对贵族和神祇，尤其是自己的祖先心怀敬畏。敬畏之心是阿兹特克文化中普遍存在的精神特质。作为平民，在言谈举止方面保持谨小慎微的态度并非难事。毕竟，他们原本就蜗居在朴素的住宅里，也负担不起那种纸醉金迷的生活。正如我们已经看到的那样，只有那些足够富有的职业商人是这个群体中的特例，他们拥有的财富足以为更高品质的生活提供充足保障，同时却仍需在贵族面前韬光养晦。对于那些胸怀大志却出身低微的富商巨贾而言，低调的行事作风其实是一种生存策略，能够让他们免遭贵族阶层的嫉恨。

适度和诚实既是贵族阶层，也是平民阶层最基本的价值观和行为准则。作为阿兹特克社会的经济支柱，平民理所当然地被认为应

---

[1]　原文特意强调是阿兹特克人眼中的特拉尔胡伊卡人，作者的行文体现了后殖民理论中的"他者"理念。也就是说，很多时候我们树立一个与自己相对的"他者"，为其贴上种种不好的标签，并不一定是因为这个"他者"真的具有这些缺点，而是因为我们作为话语的构建者希望自己能够避免这些缺点。相关理论可参考萨义德的《东方学》。

该更加勤劳，辛勤工作而且干劲十足。本书第 4 章提到的质朴农民和细心工匠当属平民劳动者的典型代表。平民女性在勤劳和积极方面还要更上一层楼，她应该：

> 健壮、坚毅、精力充沛，体态婀娜却并非弱不禁风，能吃苦耐劳（或者应该说极其吃苦耐劳），积极乐观，充满活力，工作积极主动，还能持之以恒，矢志不渝，坚韧不拔……她应该无私忘我，低眉顺眼，鞠躬尽瘁，死而后已。[5]

所有阿兹特克人，不分男女，不分贵族、平民，都应恪守生活中的各种规矩，无论这些规矩属于家庭层面、国家层面，还是神鬼层面。欺瞒诡诈、通奸外遇、酗酒成性无疑会扰乱整个家庭的和谐氛围，尤其是酗酒这个毛病，它被阿兹特克人视为万恶之首。禁止奢侈法令的颁布意在维持阿兹特克帝国社会和政治结构的稳定，个人对它的无视必将动摇整个国家的根本。那些在日常生活中做出种种僭越行为的阿兹特克人，比如私自穿着专属于贵族的华丽斗篷或者涉足宫殿中某处贵族专属的区域，他们行为的实质是利用各种视觉符号向外传达错误的等级和权力信息，混淆了原本泾渭分明的社会和政治边界。

图 32　勤劳的农民和懒惰的农民

神作为地位最高的全能主宰，如果因为祭祀仪式的不合规矩而受到冒犯，就有可能降下种种灾祸，让人们罹患严重的疾病或产下畸形的孩子。总而言之，一个阿兹特克人要想获得成功，最明智的办法就是遵循各种公认的道德准则，孜孜不倦地追求一种"模范生活"。

阿兹特克文化崇尚"适度"，并不意味着上阵杀敌的武士也不能高声呐喊、凶狠嗜血、尚武好斗，也不是说高高在上的城主就不能身穿华丽的衣物，或者不能在众人面前锋芒毕露。同样的道理，"适度"也并非意味着高级祭司不能在喧闹且炫目的仪式中，于巍峨的神庙上主持杀掉人牲的活动。阿兹特克文化崇尚的"适度"，其实是为人处世的一种理想状态，当事人在很大程度上必须审时度势，顺势而为，不能作绝对化的理解。

命运

究竟是什么造成了每个人迥然有别的人生轨迹？是每个人正确或错误的决定？是每个人丰富或不足的社会经验？是机会的多少？或者运气的有无？还是命运的驱使？按照阿兹特克人的世界观，至少有一部分人的悲欢离合、喜怒哀乐早已为他们各自的命运所决定。

命运并非意味着人生的随波逐流或反复无常。恰恰相反，命运的存在使得每个人能够有迹可循地规划各自的人生。这种人生规划的具体形式是一套将全年划分为 260 天的仪式历法[1]，也就是所谓的"仪式历"（tonalpohualli）。这套历法包含 20 个日期名称和 13 个数字，二者互相排列组合，最终构成了全年 260 个称谓不同的"日"[2]。例如，这 260 天当中的一天被称为"1—短吻鳄"（One Alligator/Ce Cipactli）日，还有一天被称为"5—蛇"（Five Snake/Macuilli Coatl）日，另有一天则被称为"7—花"（Seven Flower/Chicome Xochitl）日。"仪式历"的作用类似于占星术使用的历书，260 天中的每一天命中注定都有吉有凶，当然也可能平淡如水。每逢皇帝加冕，发动战争或巨额交易之类的重大事件，人们总要求助于某位美名远播的"托纳尔波乌奇"（阴阳先生）[3]，以"仪式历"为依据选定最合适的良辰吉日。阿兹特克人认为，选择"7—蛇"日进行贸易特别吉利。依据"仪式历"，商人们特别乐意在"4—风"日举办大型展销活动，绣工将"7—花"日视为自己的节日，狗贩子们则尤其重视"4—狗"日。正如之前已经谈到的那样，

---

[1]　ritual calendar，阿兹特克人有两种纪年方式，一种是将全年分为 365 天的太阳历，另一种是将全年分为 13 个月，每月 20 天，总计 260 天的阿兹特克仪式历法，简称"仪式历"。

[2]　原理类似于中国的天干地支。

[3]　tonalpouhqui/reader of the days，这个职业在中国传统文化中被称为"讲阴阳的先生"，简称"阴阳先生"，他们的工作与算命先生相似却又有所区别，主要是以黄历为参考，为各种重要事件选定日期。

日期名称	含 义	象形符号	关联数字			
cipactli	短吻鳄		1	8	2	9
ehecatl	风		2	9	3	10
calli	房		3	10	4	11
cuetzpallin	蜥蜴		4	11	5	12
coatl	蛇		5	12	6	13
miquiztli	死		6	13	7	1
mazatl	鹿		7	1	8	2
tochtli	兔		8	2	9	3
atl	水		9	3	10	4
itzcuintli	狗		10	4	11	5
ozomatli	猴		11	5	12	6
malinalli	草		12	6	13	7
acatl	苇		13	7	1	8
ocelotl	美洲豹		1	8	2	9
cuauhtli	鹰		2	9	3	10
cozcacuauhtli	秃鹫		3	10	4	11
ollin	动		4	11	5	12
tecpatl	燧石刀		5	12	6	13
quiahuitl	雨		6	13	7	1
xochitl	花		7	1	8	2

图33　总天数为260天的仪式历

奴隶们最喜欢的日子是"1—死"日。每到这天，主人都会格外善待他们。

　　尽管存在各种偶然和特例，"仪式历"仍旧在冥冥中指导着全体阿兹特克人日常生活的方方面面。每名新生儿，无论男女，都会依据"神历"上的出生日期获得各自的姓名。每逢新生儿落生，"阴阳先生"也会被孩子的父母请到家中，对孩子的具体出生日期进行确认并作出深度阐释，以这个日期为依据，推算他未来的命运。阿兹特克人相信，不同的出生日期预示着迥然有别的人格特征。例如，"1—鹿"日出生的人勇气不足，胆小如鼠；"9—短吻鳄"日出生的人脾气不好，还爱坑蒙拐骗；"5—猴"日出生的人左右逢源，待人友善。

　　除了人格特征，出生日期是否还能决定一个孩子的未来呢？答案是肯定的。例如，某个新生儿看似偶然地在"4—狗"日降临人间，"阴阳先生"却能据此推算长大以后的他势必财源滚滚。按照同样的理论，"10—鹰"日出生的孩子长大以后肯定勇猛无畏、胆气过人；"11—秃鹫"日或者"13—雨"日出生的孩子必然长命百岁，一生平安。出生日期的差异既能给人带来好运，也会带来厄运。例如，"1—美洲豹"日的孩子命就不会特别好，"2—兔"日出生的孩子将来可能嗜酒如命，"1—房"日出生的孩子可能会终生染上戒不掉的赌瘾，出生在"1—雨"日则意味着这个孩子具有邪恶的法术和魔力。还有一些人的出生日期介于吉凶之间，模棱两可，说不清是好是坏。例如，出生在"3—雨"日的人命中注定很容易发大财，但是这些财富却往往如同过眼云烟，来得快，去得也快；"1—花"日本身是个好日子，不过跟这个日期同名的人[1]也可能事与愿违，经历破败凄凉的人生。6

多数情况下，类似这样的预言看似言之凿凿，要么让人满怀希望，要么让人万念俱灰，实际却仍然存在一定的通融余地。例如，某个人如果鸡鸣狗盗，对各路神祇心存不敬，即便出生在最吉利的时辰，照样也会厄运缠身。另一方面，某个人如果诚心诚意遵守道德规范，追求一种模范化的人生，对各路神祇毕恭毕敬，则可以适度化解因为出生日期不好所带来的霉运。从某种意义上来说，个人可以通过自身的努力改变命运，看似命中注定的未来由此便可能被彻底扭转，或者至少被适当改写。除此之外，某些警惕性特别高的父母还可以故意把给新生儿起小名的日子推迟 4 天，从而减轻因为真实出生日期不吉利所带来的影响。

无论实际的人生轨迹究竟如何，阿兹特克人都会将出生日期作为自己终生不变的昵称，坦然接受这个昵称背后所承载的吉凶祸福。出生在"5—猴"日的人真的会如预言所说的那样，成为社交场上的灵魂人物吗？出生在"1—鹿"日的人是否命中注定会在战场上逃跑呢？非常遗憾，我们不知道阿兹特克人到底会在多大程度

---

[1] 阿兹特克人除了正式姓名，还习惯将出生日期作为孩子的小名。

上相信这些预言，更无从知晓他们长大成人以后，这些预言是否能成真。不管实际情况如何，每名阿兹特克人终其一生，还会凭借各自生理或人格上的特征，凭借生活中的某次重大事件或某项重大成就，或者纯粹就是以某些富含诗意，甚至具有侮辱性的典故为基础，获得一个正式的名字。例如，某位勇敢的武士可以被尊称为"Tequani"（猛兽 [Fierce Beast] 或食人者 [People Eater]）或"Ocelopan"（豹之旗 [Jaguar Banner]）；某位女士则可以被亲昵地称为"Miauaxiuitl"（绿松石色的玉米花 [Turquoise Maize Flower]）或"Quiauhxochitl"（雨中花 [Rain Flower]）。

鉴于"蒙特苏马"（Motecuhzoma）这个词的含义是"我们暴躁的大人"（Our Angry Lord），我们有理由推测这是因为他在命名仪式上眉头紧锁才得到这个雅号。[7] 西班牙殖民时代，相当部分的此类名字被土著居民保留下来，并作为姓氏与来自欧洲的基督教姓名搭配使用，由此诞生了类似于 Juan Tzonen（John Hairy）、doña María Tonallaxochiatl（doña Mary Flowery Water of Summer）、Magdalena Necahual（Magdalena Abandoned One）、Martín Huitzilcoatl（Martín Hummingbird Snake）、Gabriel Tomiquia（Gabriel the Death of Us）、Pedro Tochtli（Peter Rabbit）[1] 这样"土洋结合"的新名字。[8]

---

[1] 括号外为西班牙语+纳瓦语，括号内是对名字的英语解释。

新生儿根据出生日期获得昵称仅仅意味着人生的开始。在未来的很长时间里，这些孩子会在潜移默化中将自己被灌输的那套社会文化践行为符合阿兹特克传统道德标准的"模范生活"，同时还要接受技能培训，为成年后的生活和工作打下基础。

适应社会和接受教育

阿兹特克儿童年纪很小时就会被灌输一套社会公认的是非观。《门多萨手抄本》保留了一份年龄跨度从 3 岁到 14 岁的进度表，内容是儿童应逐年接受的社会教育及适用的惩罚措施。[9]儿童在每个年龄段都应在父母的引导下逐步适应社会，如果达不到要求的话，还应受到一定的惩罚。男孩归父亲教导，女孩则由母亲负责培养。以 3 岁为起点，儿童便开始从父母那里得到初步的启蒙教育。到了 4 岁，他们就应帮助父母完成一些比较轻松的家务劳动，男孩可以替家里挑水；女孩则要着手学习纺线，由此开启自己漫长的纺织生涯。5 岁到 7 岁，儿童的工作量逐渐水涨船高，男孩要帮助家里背负一些更重的物品，协助父亲去市场做买卖，还要下湖学习捕鱼技巧；女孩则继续纺线，使技艺越发炉火纯青。

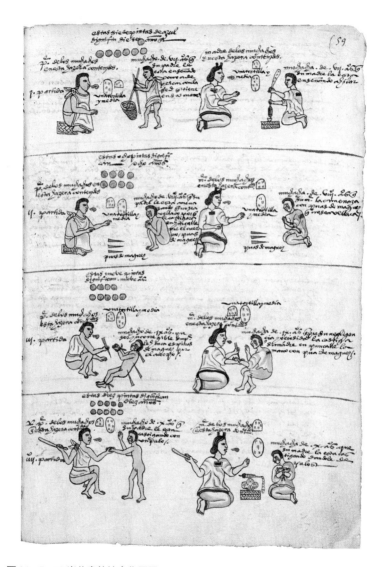

图 34　7—10 岁儿童的社会化历程

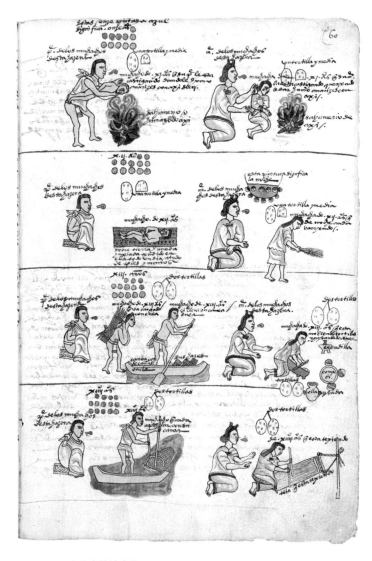

图35　11—14 岁儿童的社会化历程

儿童成长到了这个年龄段，《门多萨手抄本》对待他们的态度悄然发生了转变，开始建议父母对那些执拗、叛逆，做事马马虎虎的孩子采取适当的惩罚措施。8 岁以前，父母对孩子的教育以说教为主（图中那些圆圈文字即代表父母说话的涡卷）。8 岁以后，体罚措施越来越严厉，父母开始威胁要用龙舌兰的刺扎那些不听话的孩子。9 岁以后，原本纯口头上的威胁就会变成实际的皮肉之苦。10 岁以后，孩子要是再不听话，父母就可以棍子打他。到了 11 岁，孩子可能会被放到燃烧辣椒的火焰上方熏烤。男孩长到 12 岁，要是仍旧冥顽不化，就会被五花大绑，扔到泥地里。作为惩罚措施，那些桀骜不驯的女孩则会被母亲要求在夜间洒扫庭除。

阿兹特克女孩长到 13 岁，似乎就已经出落成大姑娘了，年龄大得足以承担烹饪之类的家务。到了 14 岁，除了纺线，她们还要更上一层楼，熟练掌握织布技术。事实上，女孩自从出生以来一直都在学习纺线织布，只不过此时她们的技艺已经炉火纯青。我在普埃布拉州北部的谢拉地区以当代腰机纺织工为对象的人类学调查显示，女孩如果从 5 岁开始学习纺线织布，到了 14 岁，她们对这门技术的掌握便足以达到精通的程度。无论对女孩本人，还是她的母亲来说，这都是一项令人印象深刻的成就。女孩学习纺线织布的同时，男孩长到一定岁数以后就要帮家里搬运更重的物品，学习驾驶独木舟，然后划船去湖里捕鱼。这样算起来，阿兹特克儿童在成长过程中掌握很多重要技能的同时，就已经开始为自己的家庭带来经济利益和其他好处了。

以上内容当然只是立足于宏观基础上的泛泛而谈，具体到个人层面，其实没有哪位父母或子女是完全对应的。话虽如此，《门多萨手抄本》保留的这份进度表毕竟为家庭教育的实施擘画了一个理想的范例，同时也为父母惩罚孩子在思想、行为和工作领域中的各种错误做法提供了必要参考。虽然每个人的成长道路千差万别，阿兹特克女孩们的学习内容却基本能够体现她们未来将要从事的工作。羽毛匠的女儿从小就要学习依据颜色分门别类地整理各色羽毛，制陶匠的女儿从小就要帮父母打下手，高级贵族的女儿命中注定会成为神庙里的女祭司或豪门中的贵妇。其他女孩长大成人以后，也都会依照童年时代掌握的各种技艺，在社会中扮演产婆或洗染匠之类的角色。无论贵族还是平民，匠人还是产婆，毫无疑问，所有阿兹特克女性从小都必须掌握下厨做饭、纺线织布、照料子女、洒扫庭除，以及从全局上操持家务的各项技能。

就男孩而言，他们长大以后只有很少一部分人会成为真正的渔民，《门多萨手抄本》关于男孩学习捕鱼技术的记载其实只是一种象征性的举例说明，阿兹特克成年男性通常从事的主要是种田、手工业、经商等职业。至于贵族家的男孩，我们很难相信他们童年时代也会学习捕鱼之类的技术。

按照《门多萨手抄本》的说法，男孩到了 15 岁就要进入正规的学校接受教育。不过也有其他文献记载说，男孩到了 5 岁、8 岁、10 岁、12 岁或 13 岁，就要被送进当地的普通学校或培养祭司的专门学校。[10] 贵族和平民男孩接受教育时采取的是分校制。贵族学校以及被称为 "calmecac" 的祭司学校[1]可能会把学生的录取年龄压得比较低，"卡尔波邑" 内部开设的平民学校，以及被称为 "telpochcalli" 的军事学校[2]则倾向于招收年龄比较大的学生。

贵族学校一般都附属于各大神庙，主要教学内容就是帮助那些未来必定身居高位的贵族子弟获得在政府机构任职的诸多技能，同时还要向他们传授神学和军事领域的相关知识。学生入校后要学习历史、唱歌、历法、文字读写和军事艺术等课程。除了基本的军事技能，男孩们还要在军事战略和战术层面有所涉猎。如果学有所成，他们将来就会成为战场上的指挥官，还可能受邀出席军事会议。除了从军入伍，贵族男孩成年后还能在政府中出任驻外使节、总督或贡品催征大员之类的官职，全部都是油水充足、位高权重的 "肥差"。那些受教于祭司学校的男孩毕业后，除了担任祭司，还可能被授予教师或书写者等职位。

有别于贵族学校，被称为 "telpochcalli" 的军事学校针对平民

---

[1]　学生以贵族子弟为主，平民子弟很少有机会进入，最低录取年龄为 5 岁。

[2]　录取年龄为 15 岁，学习年限为 5 年，主要学习神学和军事技能。

男孩的教育内容主要是一般性的军事技能。阿兹特克帝国虽然不设常备军，但每名男性都必须接受军事训练，还要保证随叫随到。那些前往自己所在的"卡尔波邑"附属学校就读的平民子弟也会适当接受一些军事训练：

> 他们将他推向战场……他们教他如何灵活自如地使用盾牌保护自己，教他如何去战斗……他们循循善诱，为他演示如何生擒敌人。[11]

阿兹特克平民一旦应召入伍，任何人（无论农夫还是制陶匠）都将全副武装，在生理、物质、精神等多个层面做好准备，义无反顾地在两军阵前与敌人兵戎相见。

与贵族学校和平民学校并存的第三类学校是被称为"cuicacalli"（house of song）的音乐学校，这种学校的招生对象是年龄在 12 岁到 15 岁之间的男孩和女孩，不限身份，平民和贵族均可入学，主要教学内容是唱歌、跳舞和乐器演奏，这些都是各类大型公开祭祀仪式的重要组成元素。学习唱歌本身需要一定的专业技能，同时还需要对诸如创世神话，各路神祇的来历，生死信仰，以及人在宇宙中的位置等阿兹特克宗教命题有所了解。

阿兹特克儿童的早期社会教育由家庭负责，达到一定年龄以后就要进入正规学校学习基本道德理念、社会意识、宗教仪轨，以及实际工作技能等五花八门的知识。对于一位正统、刻板的阿兹特克成年人来说，这些知识都属于日常生活中不可或缺的组成部分。多数阿兹特克人终其一生都在竭尽所能地追求一种"模范化"的生活，然而这并不意味着他们永远都不会在人生道路上迷失自己，有意无意地成为群体中的异类，或者犯下有违社会公序良俗的罪行。

犯罪和惩罚措施

阿兹特克世界对于所谓"任性行为"（wayward behaviour）的界定范围，小到细枝末节的道德纠纷，大到扰乱社会稳定，威胁城邦安全，乃至冒犯各路神祇的犯罪行为，不一而足。那些不起眼的小过失大多源自人们对社会公德的无视。如前所述，阿兹特克儿童会因任性而为，做事马马虎虎受到相应的惩罚，类似的惩戒手段在成人社会仍然存在，意在震慑那些由于自己的不当行为对旁人的家庭生活产生严重影响的捣乱分子，比如那些不断纠缠街坊四邻，到处找碴儿，动不动就和别人发生口角的"麻烦制造者"，还有那些破坏别人家庭关系的通奸者，以及四处惹是生非的酒鬼。与"麻烦制造者"相反，女性往往属于典型的秩序维护者。某些恶名远扬的"麻烦制造者"可能会遭到惩罚，而且经常是由自家女眷来执行。

如果不这么做的话，总有一天，这些坏人将摆脱家庭束缚，变成到处惹是生非的流浪汉，进而给整个社会带来更大的伤害。

酗酒成性被阿兹特克人视为一种特别败坏道德的行为。那些长年累月醉生梦死的酒鬼不仅令家人蒙羞，还可能将全家拖入贫穷的深渊，最终沦落到卖身为奴的境地。阿兹特克人还认为无节制地饮用普尔克是通奸的诱因，这种行为会对家庭关系造成灾难性的破坏。与此同时，酗酒和偷盗这两种罪行就像一对孪生兄弟。正如下面这张图所描绘的那样，喝得醉醺醺的一男一女撬开了某位受害人的箱子（可能还撬开了他的房门），偷走了装在里面的食物和衣服。阿兹特克人对盗窃行为的界定比较宽泛，小到悄悄溜到邻居玉米地里偷走两个玉米棒子的小偷小摸，大到借助魔术在市场上公然行窃，

图 36 一对醉酒的夫妇行窃

都可以被贴上"盗窃"的标签，只不过后者的危害性更大。

就像杀人、诈骗、贪污、敲诈、受贿、谋反和叛国一样，酗酒、偷窃和通奸也被视为对城邦法律的破坏。这些行为既是对道德准则和社会秩序的挑战，也是从根本上对社会稳定的动摇。杀人犯、拦路抢劫的强盗，还有法力高强的恶魔巫师的谋杀罪行以暴力的方式打乱了原本秩序井然的社会生活。[12] 诈骗、贪污、敲诈和贿赂则是对社会诚信底线的公然挑战。伪造可可豆，去市场做买卖时悄悄对量具做手脚，都属于阿兹特克人眼中的诈骗行为。有可能犯下贪污、敲诈罪行的主要是那些贪得无厌的贡品催征大员，而某些道德败坏的法官或律师也可能出于种种目的接受别人的贿赂。在这种情况下，个人的职位或社会地位通常都会为他们的犯罪行为提供特殊的便利。谋反、叛国、告密，以及刺探情报等犯罪行为则更有可能对城邦的安全稳定带来现实性的威胁。充当敌国间谍的人在阿兹特克帝国必须承受极大的心理压力，遭到众人的鄙视和唾弃，虽然阿兹特克帝国也会向敌对城邦或心怀不轨的附庸国派遣间谍（通常是伪装的商人）。这些间谍在别人的地盘上也会得到同样的待遇。

有些场所由于自身的独特性质往往更容易受到不法行为的侵害。例如，大量货物露天堆放，人流如织的市场就是窃贼们眼中的"乐土"。市场上的摊贩不仅是盗窃行为的潜在受害者，同时也可能因为哄抬物价、缺斤少两、造假售假之类的做法对别人"还以颜色"。这样的事屡见不鲜，从出售豆子的小摊贩到经营贵金属制品的大生意人，每个行业都有一套坑骗顾客的独特伎俩。[13]至于城市范围以外，远离喧嚣的农村地区，更是窃贼、杀人犯和劫匪们青睐有加的"福地"。另外，那些邪恶的魔术师还可以凭借高超的法力随意出入任何人的住所，他们可以变身为恐怖的动物使住所里的人吓得目瞪口呆，然后轻松拿走屋里的全部财产。对阿兹特克人来说，这种危险的存在确实令人不安。

我们无从了解各种越轨和犯罪行为到底能对阿兹特克社会产生多大的影响，只知道阿兹特克人对这些行为的性质有着明确的界定，同时还建立了各种用来预防或惩罚此类行为的正规和非正规机制。这套机制建立在一个假设的基础上——每名有教养的阿兹特克人内心都存在着清晰的是非观，虽然现实生活中每个人或多或少都可能有偏离"模范生活"道路的轻微越轨行为，却一定不会心甘情愿地卷入某些性质严重的犯罪事件。为了强化这套机制，阿兹特克人甚至不惜采用公开羞辱的手段，比如将某位犯了错误的贵族降格为平民，或者讽刺某位任性而为的同胞是没教养的奥托米人。除此之外，某些特定的宗教仪式也为这种惩罚性的羞辱提供了展示平台。利用这个平台，年轻姑娘可以毫无顾忌地奚落那些在战场上寸功未立的小伙子，这么做的目的是激励他们下次打仗时能够奋勇争先。[14]

为了裁决、惩处各种犯罪行为，除了社会压力以外，阿兹特克社会还有一套正规的司法及惩罚系统。正如本书第 6 章所述，阿兹特克社会的贵族和平民分别拥有属于自己的专门法庭。无论贵族还是平民，出庭受审时都要经过严格的口头调查，同时还要以文字的形式留下讯问笔录和法庭裁决。坐堂问案的法官必须做到公正无私，一旦事情败露，徇私舞弊者就会遭到严厉的惩处，轻则丢官罢职，重则搭上一条性命。就像其他贵族一样，法官如果知法犯法，将要遭到的处罚可能会比普通平民重得多。因为贵族的教育程度高，多知多懂，理应在社会中起到表率作用。

只要法官作出有罪判决，正义旋至，犹如雷霆万钧。针对每种犯罪行为，都会设定一种相应的惩罚措施。杀人犯、叛国犯、通奸犯、中饱私囊的贡品催征大员、出售被盗物品的销赃者、违反奢侈禁令的人、私改地界的人，以及某些窃贼都有可能被判处极刑，只不过不同种类的罪犯，具体的死法也各不相同。例如，通奸者一般是被众人合力用石头砸死，叛国者会被大卸八块，酗酒成性的贵族和祭司通常是被一根绞索了断残生，至于那些偷盗农民劳动果实的窃贼，他们的脑袋有可能被打得稀烂。很多时候，阿兹特克帝国的司法系统也能表现出一定的灵活性。例如，有些窃贼和杀人犯有可能被判决给受害者本人或他的家庭为奴，作为死刑的替代，从而弥补他们的损失。那些潜入神庙偷盗供品或者去王室田地上偷庄稼的人，也可能被判为奴。这样一来，窃贼就成了神庙和王室的潜在劳动力来源。

　　本章主要介绍了阿兹特克人生活中非常现实的一面。下一章，我们将继续这个话题，进一步了解他们的现实生活。说到"现实"，究竟还有什么能比诸如自然科学、工程技术、医药卫生，以及各种物品的制作工艺更"现实"的话题呢？

第 8 章

科学、医学和实际生活经验

这种树（龙舌兰）用途如此多样，既能造酒、酿醋，还能以它为原料提炼糖浆。它可以被用来制作阿兹特克男女老少身上的衣服和鞋子，可以制成绳索、房梁和屋瓦，还可以制成缝合伤口和做衣服用的针。就像我们打理葡萄园一样，阿兹特克人种植这种类似起绒草[1]的树，把它叫做"龙舌兰"。他们采集这种树的叶子[2]放在土灶里蒸煮，然后用木质工具把煮够火候的龙舌兰捣烂，去掉外皮和根茎，只留下用于酿酒的

图 37　一株龙舌兰

[1]　原文为 teasel，起绒草原产欧洲，能结一种类似苍耳的果子，可以作为毛纺织工业起绒、拉绒的工具。龙舌兰原产自美洲热带地区，浑身带刺，欧洲人刚到美洲时没见过这种植物，有人按自己的生活经验称它为"起绒草"，还有人将它称为"树"。
[2]　制作普尔克用的其实是龙舌兰中间的草芯。

汁液。阿兹特克人非常喜欢喝这种酒，经常喝得烂醉如泥。[1]

阿兹特克人是个非常讲究实际的族群，这种性格特征的最集中表现就是他们对龙舌兰精打细算的充分利用。龙舌兰在墨西哥中部遍地开花，通常分布在海拔 1800 米以上的区域。这种植物对贫瘠的土壤，以及寒冷、干旱的气候都有比较强的适应能力，还能忍受严霜、暴雨、冰雹等自然灾害的侵袭。值得一提的是，用途广泛的龙舌兰还是拓荒的急先锋，可以被用来填补玉米、豆子之类的作物无法生长的荒地。在土地肥力允许的前提下，龙舌兰能跟这些季节性庄稼实行套作，每年收获一次。只不过当地人提取龙舌兰汁液的时间段一般是在秋季或初冬，其他作物到了这个时候早就过季了。龙舌兰就像多刺仙人掌一样生命力顽强，在过去数百年当中（现在仍然如此），这两种植物都是当地老百姓最后的"救命粮"，尤其是在遭遇干旱时。

阿兹特克人和当地的其他部族，还有那些更早生活在这片土地上的先辈们为龙舌兰找到了数不清的实际用途和利用手段。这些植物就算自由自在地长在土里没人照管，最起码也可以充当房屋、田地和山区梯田的篱笆，还能防止水土流失。我见过有些当地妇女在小溪里洗完衣服后，直接就把它们挂在溪边的龙舌兰叶子上晾干。

龙舌兰的其他重要用途包括提供制作绳索、渔网和布匹的纤维。这种植物靠近内芯的叶片相对柔软，以它们为原料制成的布匹也就更加顺滑。远离内芯的叶片体量虽大，纤维质感却特别粗糙。将品质不同的纤维细心分类，从中抽出一根穿在用龙舌兰的尖刺制成的缝衣针上。这样一来，织工手里便有了全套的针线。龙舌兰纤维经过软化和捶打，还能制成纸张。当地人甚至曾将它的叶子当成治病的药物（今天仍在这么做），因为这种植物体内的黏液含有天然防腐抗菌成分。龙舌兰尖刺制成的针用途多样，既可以成为施虐的刑具，也可以用来缝合伤口或在祭祀仪式上放血。它的嫩叶、内芯和茎秆经过适当烹调，就可以变成充饥果腹的食物。总而言之，龙舌兰身上的不同部位物尽其用，都可以找到数不清的用途。比如编织凉鞋，充当建筑材料，制作各种家用工具，还可以制成上附羽毛的工艺品。就连实在派不上用处的干枯内芯，也能被做成饲养蜜蜂的蜂巢。这种植物死亡以后，残枝败叶还能为土地增加肥力。总而言之，龙舌兰身上的任何东西都不会被白白浪费。

龙舌兰的汁液对阿兹特克人具有非常重要的意义，传统的提炼方法（现在仍然如此）是从这种植物成熟的内芯中提取汁液。据说，任何时候每个地区差不多也就只需 2%—7% 的龙舌兰就足以达到采集汁液的目的。[2] 每棵龙舌兰可供采集的时间只有 3—6 个月，老的植株死亡后会被新的幼苗替代，开启一段全新的生命周期。龙舌兰进入成熟期以后，农民会用工具刮开内芯侧面的外皮，刺激汁液流出，将它们收集到一起。吃苦耐劳的农民每天都要重复这项工作，同时还要照料那些处在生长期，没有完全成熟的龙舌兰。[3]

以龙舌兰汁液为原料制成的蜜水（aguamiel，未经发酵的龙舌兰汁）作为重要的营养来源，在阿兹特克人的食谱中扮演着蜂蜜的角色。[4]蜜水经过加工可以变成普尔克和黏稠的龙舌兰蜂糖或者固体的糖块，还能被当成治病的药物。由于龙舌兰的汁液特别容易变质，所以种植龙舌兰和生产蜜水、酿造普尔克的场所通常距离都非常近。蜜水和普尔克制成后必须在 1 周左右的时间内喝完，否则就会变质。这样一来，也就对生产者的加工技术，以及产品的分销渠道，特别是当地市场的周转能力提出了很高要求。相比蜜水和普尔克，固体糖块的保质期可达数月之久。

醉酒在阿兹特克社会被视为严重的违法犯罪，每个阿兹特克人都必须将本民族文化中关于普尔克的种种禁忌铭刻于心。饮用普尔克的合法场合一般仅限于宗教仪式，某些上了岁数的老年人也可以享有随意喝酒的特权。为了增加普尔克的劲头，生产者在酿造过程中还可以往里面添加某种植物的根，这是整个行业都知道的秘诀。

阿兹特克人通过日常观察，反复试验，不断总结经验，开发、利用龙舌兰以及其他各种自然资源。撰写本章的主要目的是集中展示他们在包括自然历史、具象艺术[1]、天文学和医药学等科学领域积累的令人叹为观止的广博知识。作为一个注重实际的族群,阿兹特克人不会任由如此海量的知识被束之高阁,而是要将它们投入到食品生产和加工,机械制造,建筑工程,材料技术以及医药卫生等生活实践当中。

自然历史和具象艺术

阿兹特克人对他们身处其间的世界拥有敏锐的感知力,他们分门别类地梳理那些山河地貌、动物植物,还给它们起了名字。阿兹特克人观察身边自然造化的特征、行为和生长节拍,他们深谙自然界的规律,征服自然的同时又与之和谐相处,在潜移默化中改造着周围的环境。基于对所处世界的深刻体认,阿兹特克人将自己的渔猎、采集传统与农耕和城市文明有机地结合到一起。

自然景物,尤其是那些高山和大河,在阿兹特克文化中往往具有现实和宗教的双重意义,甚至可以成为他们社会政治结构的基础。城邦在纳瓦语中被称为"altepetl",也就是"水山"的意思。这个由"水"(atl/water)和"山"(tepetl/hill or mountain)两个词

---

[1] representational art,通俗的解释就是以现实主义手法再现世界。

根拼合而成的语词，凸显了高山、河流在阿兹特克人生活中的重要地位。阿兹特克人认为高山是河流的源头，这样的想法同时拥有现实和宗教两个层面的依据。从现实的角度来说，酝酿雷雨的云层经常萦绕在群山之巅；从宗教的角度来说，大山是雨神特拉洛克（Tlaloc）仆从们的居所，这些雄踞万仞之上的神祇倾倒手中的水罐，任由河水一泻千里，造福人间。阿兹特克人知道，来自不同源头，具有不同性质的河水各有各的品质和用途。例如，缓缓流淌的溪流能够提供清冽甘甜的淡水，奔腾咆哮的大河却能把人淹死，特诺奇蒂特兰附近的涡流更加凶险，必须定期献祭才能确保太平无事。

阿兹特克人和他们的祖先经过数代积累获得了丰厚的生活经验，具体表现为对自然界的深刻了解，尤其是对动物习性和行为特征的认知方面。例如，他们知道负鼠皮毛的颜色会随年龄的增长而发生改变，知道蝗虫把卵产在地下，还知道蜂鸟在温度降低的情况下就要进入休眠状态。阿兹特克人对各类动植物的习性如数家珍，以至于相关的知识时不时就会以隐喻、格言、预言和谜语的形式出现在人们的日常生活里。例如，阿兹特克人会把落魄的穷人比喻为"卑微的斑鸠"[1]，临阵脱逃者会被形容为鹿或兔子，那些能够为

---

[1]　将落魄者称为"老斑鸠"的做法在南美印第安文化中普遍存在，西班牙人来到美洲后学会了这个比喻，直到现在西班牙语里还有"印第安的老斑鸠"的固定说法。

百姓带来雨露恩泽的有道明君则被尊称为苍劲的柏树或木棉树。如果一只野兔突然跑进某位居民的家门，那就意味着这座房子或房主本人可能会遭受一定的损失。更加令人毛骨悚然的是，如果房子里闯入了一只臭鼬，则预示着住在里面的人将不久于人世。

对于那些谙熟他们文化的人来说，猜透阿兹特克人的谜语往往就像捅破一层窗户纸一样简单。比如说，一个小小的，装满爆米花的蓝色葫芦瓢是什么？这个谜语的答案是"天堂"。再比如说，白色的小石头上插着一根绿咬鹃的羽毛是什么？答案是"臭鼬蛋"[1]。还有一个谜语是这么说的，蹦蹦跳跳的红赭石是什么？谜底是"跳蚤"。⁵除此之外，正如之前已经讲过的那样，阿兹特克仪式历 260 天里的很多天都是用动物来命名的，比如美洲豹、鹿、野兔、猴子、鹰和秃鹫等。相应地，那些以不同种类动物命名的日子，或多或少也就跟它们的属性沾上了边。例如，出生在"鹿日"或"兔日"，以这两种动物作为自己昵称的人通常都比较胆小；那些出生在"美洲豹日"，以美洲豹为昵称的人上了战场也会像野兽一样凶猛；那些出生在"猴日"，以猴为昵称的人往往活泼好动，幽默感特别强。推而广之，阿兹特克文化中的很多神祇也都各有其

---

[1] 原文为 onion，这个词在英语中泛指葱、蒜、韭菜等百合科植物，美洲印第安人吃的 onion 指的是一种类似荠葱的植物，气味介于蒜和韭菜之间，具有很强刺激性，俗称"奥鼬蛋"。

动物或植物特质。例如，守护神威齐洛波契特里的另一个称谓是
"左蜂鸟"，女神修奇克扎尔（Xochiquetzal）[1] 别名"花咬鹃"
（Flower quetzal bird），女神西乌阿科阿特莉（Cihuacoatl）又叫"蛇
女"（Woman-serpent）。总而言之，阿兹特克人的世界观以及他们
每天的言行举止已经跟大自然紧密纠结在了一起，水乳交融。

　　阿兹特克人是生态动力学[2]的身体力行者。他们将自己视为
自然界的一部分，而非高高在上的征服者，同时又对自己改造自然
的能力有着清醒的认知。阿兹特克人将自然界看作一个充满张力的
平衡体，他们的角色则是努力维护这个平衡体内部的和谐关系。如果
系统内部出现暂时的失衡，阿兹特克人有义务及时出手进行纠正。大
大小小的城邦统治者凭借手中的权力，对自然界有着非凡的影响力。
他们下令兴建河堤、渡槽和水坝，将珍贵的水资源牢牢控制在手中。
就连日薄西山的蒙特苏马二世也在自己宫殿里修建了蔚为壮观的动物
园和鸟舍。马修·雷斯托尔[3]认为这位皇帝是"一位非凡的帝王收
藏家……收藏的爱好已然深入骨髓，成了他皇帝生涯的一部分"。[6]

　　蒙特苏马二世的动物园和鸟舍（totocalli/bird house）同时也是
皇家工匠们的领地，他们可以从那里为自己的作品寻找羽毛、毛皮

[1]　Xochiquetzal，阿兹特克神话中的繁殖女神。
[2]　ecological dynamics，研究人类社会和自然界相互作用、共同发展的学科。
[3]　Matthew Restall，美国宾夕法尼亚州立大学拉丁美洲史和人类学教授，代表作
《2012 与世界末日》。

等各类动物资源。阿兹特克皇帝的宫殿遭到彻底破坏前，一名叫安德烈斯·德塔皮亚[1]的西班牙征服者有幸造访过那里。他后来回忆说，自己在皇宫里看见了美洲狮、美洲豹、狼、狐狸、猎隼、鹰、蛇、水鸟，以及各种养在陶罐里的毒蛇。皇宫中负责照料鸟类的人足有 600 之众，甚至还有一座宫殿"被用于专门治疗那些生病的鸟"。[7]安德烈斯·德塔皮亚最后提到的这个细节说明当时的阿兹特克人不光拥有驯养鸟类的能力，还懂得如何让它们保持健康。

大大小小的城主们（可能还包括众多贵族）总爱把他们在园艺方面的兴趣爱好与植物科学结合起来。我们不知道他们这么做到底是出于学习的目的而获取科学知识，还是基于某些更现实的打算，抑或仅仅是因为统治阶层希望通过炫耀这些科学信息来满足自己的虚荣心。阿兹特克帝国最闻名遐迩的两座植物园分别位于瓦斯特佩克（Huaxtepec）和特兹科欣科（Tetzcotzinco）。瓦斯特佩克的植物园由蒙特苏马一世下令营造，当地气候温暖，是这位皇帝在墨西哥盆地南部新征服的一片领土。这个地方河流众多，只要修建几座水坝，稍加改造，就能变成一座水乡伊甸园。园中到处都是来自墨西哥湾沿岸，属于被征服的行省奎特拉斯特兰（Cuetlaxtlan），适应低地环境的奇花异草，比如可可树以及琳琅满目、芬芳馥郁的繁花。

---

[1] Andrés de Tapia，科尔特斯手下的一名士兵。

按照皇帝的命令，运输这些植物必须快马加鞭，一刻不能耽误。为
了提高成活率，每棵植物的根部都被裹上湿润的泥土，再用布条捆
扎结实。这些奇花异草运抵瓦斯特佩克植物园后，随即就要交给技
艺精湛的园丁日夜守护，确保它们正常生长。[8] 据说，这项园艺实验
的结果可谓皆大欢喜。首先，那些植物搬到新家以后长势比预期的
还要好；其次，凭借这座植物园，蒙特苏马一世皇帝威名远播。到
了蒙特苏马二世执政时期，瓦斯特佩克植物园仍在维持正常运转，
还新添了许多观赏植物和药用树木。

　　特斯科科城邦的统治者也耗费巨资在当地的特兹科欣科营造了
一座植物园。植物园的主体是一座大山，山上修建了很多壮观的水
景设施和宗教建筑，还有一座用石头堆砌而成的王室浴池。园内的
异域植物千奇百怪，其中很多都具有药用价值。这个植物园集中了
特斯科科城主从他统治范围内搜罗到的各种奇花异草。

　　阿兹特克人通过富丽堂皇的花园、动物园和鸟舍等设施将大自
然引入城市，同时以再现式[1] 的手法传达着他们的艺术理念。无
论具体使用何种材料，无论是在石雕艺术、金属艺术、羽毛艺术、
木雕艺术、陶瓷艺术、马赛克镶嵌艺术、绘画艺术，还是其他相关

---

[1]　representational，艺术创作大体分为表现和再现两种路径。通俗地说，表现是
像镜子一样将自然界里的东西原封不动地反射出来。再现则是要在创作过程中加入
作者的思想和想象，对艺术形象进行改造，从而传达某些信息。读者可参考艾布拉
姆斯的《镜与灯》。

艺术领域，阿兹特克艺术家都是使用再现手法的大师。动、植物是最受他们追捧的题材。经这些艺术家之手，毒蛇、美洲豹、郊狼、猛犬、猴子、野兔、老鹰、青蛙，甚至蚂蚱[1]和跳蚤那样的低等生物，纷纷以石雕的形式再现于世人面前。同样还是借助这些艺术家的双手，美洲豹、猴子、鸟类、蝴蝶、蛇类、蜥蜴、花朵，以及玉米穗等动植物形象化身为各类金属制品，尤其是金银制品，永存世间。无独有偶，阿兹特克人的羽毛艺术、木雕艺术、制陶艺术和马赛克镶嵌艺术同样热衷于从自然界中选择创作原型，本书之前提到的郊狼图案羽毛盾牌就是其中的代表作。阿兹特克人的绘画艺术中也经常出现动植物的形象，比如《门多萨手抄本》扉页正中绘制的老鹰雄踞在仙人掌上的图案。与这个图案相映成趣的是几种墨西哥土著植物和其他动植物，还有一只被标注了姓名的鸟。扉页边缘的蓝色网格中，每隔4年，兔子的头像就会出现一次。

各类自然造物在这些艺术品中的形象栩栩如生，阿兹特克艺术家甚至能够细致入微地刻画出皮肤和羽毛的质感。据说，蒙特苏马一世曾下令将自己领土上所有已知的动植物用金属和羽毛做成模型，摆在他的动物园里公开展示。无独有偶，特斯科科城主也曾下令借助黄金铸造和马赛克镶嵌的艺术形式，再现那些无法活体捕捉

---

[1] grasshopper，这个词在英语中泛指蝗虫、螽斯、蝈蝈、蛐蛐等昆虫。

的鸟类、鱼类或其他动物。[9]毋庸置疑，阿兹特克帝国那些强大城邦的统治者已经在自然历史研究领域陷入了一种互相竞争、攀比的心态，那些触手可及的园林，以及各种以自然万物为主体的艺术品则是这种心态的具体表现。

图 38　火山岩雕刻的猴子坐像

　　阿兹特克艺术家不仅局限于精确地再现自然，同时还要在创作过程中传达自身的热情。图片中的这尊猴子雕像看似安安稳稳地坐在那里，然而猴子的姿势和举止却能让观看者体会到一种"随时都在跟我交流"的感觉。利用相同的手法，阿兹特克艺术品中的响尾蛇形象往往能给人带来一种箭在弦上的紧张感，青蛙形象老老实实蹲在那里却又引而不发，鸟类形象要么静若处子，要么翱翔蓝天。据说，阿兹特克工匠曾制作过一条左右两支鱼鳍分别用金银打造的鱼形工艺品，还制作过一条浑身上下的鱼鳞用金片和银片间隔镶嵌而成的神鱼。阿兹特克艺术家善于在自己的创作中融入真实灵动的元素。例如，出自某位能工巧匠之手的黄金鹦鹉雕像，舌头、脑袋和翅膀都能自由活动；由另一位高手打造的毒蛇造型老老实实盘在那里，尾巴却能来回摆动。据史料记载，某位阿兹特克工匠制作过一尊猴子雕像。这尊雕像的头部、舌头和手脚全都能动，旁观者把道具放在猴子手里，猴子拿着这些东西仿佛当时就能翩翩起舞。[10]通过这些动态艺术形式，阿兹特克的艺术家们巧妙地再现了生机勃勃的自然万物。

天文学、时间和太阳历

　　阿兹特克人是敏锐的天空守望者，他们立足于前人数千年间通

过实际观察积累的天文学知识，孜孜以求地捕捉着宇宙的每次脉
动，比如太阳和月亮的运行规律，彗星的往返间隔，月食和日食的
出现周期，以及流星雨的爆发时间等。通过观察天空，阿兹特克的
天文学家可以分别计算出太阴月[1]和太阳年[2]的时间长短，还知
道金星的会合周期[3]是 584 天。除此之外，他们还热衷于让大地
上的各种自然和人工景观与冬至、夏至、春分、秋分这些时间点发
生某种微妙的关联[4]。

　　天文学领域的实际观察和数学运算不仅为阿兹特克人理解地外
世界提供了科学基础，与此同时，他们还按自己的文化观念将天空
划分为若干星座。就拿我们熟知的北斗七星或大熊星座来说，在阿
兹特克文化中被视为战神泰兹卡特里波卡的化身。我们眼中的昴宿
星团（Pleiades）到了阿兹特克人那里，摇身一变，就成了"市场
星座"（Marketplace）。我们的金牛座到了他们那边，有一部分就成
了火神德里尔（Fire Dril）。[11] 同样的道理，我们觉得月亮里有一个

[1] lunar month，指相对于太阳，月球环绕地球的周期，具体时长为 29 天 12 小时
44 分 2.8 秒。
[2] solar year，指太阳两次通过春分点的周期，具体时长为 365 天 5 小时 48 分 46
秒。
[3] synodic period of Venus，指太阳、地球和金星在运行过程中相对位置循环一次
的时间，具体时长为 583.92 天，阿兹特克人的计算存在合理误差。
[4] 例如，阿兹特克人修建特诺奇蒂特兰大神庙时就可以通过数学计算有意安排
建筑物的布局和高度，让每年春分日的太阳固定出现在神庙的某个位置，类似这样
的现象在世界各地古代文明中普遍存在。

人形的影子，阿兹特克人则认为那应该是只兔子，类似这样的想象直接源自他们的神话——诸神创造世间万物时，为了降低月亮的亮度，朝上面扔了一只兔子[1]。每名阿兹特克人举头望月，看到月亮上面形似兔子的那块阴影，都能想到这个神话。

古时候没有现在的光污染和空气污染，日复一日，年复一年，阿兹特克人举目四顾，看到的始终都是纯净如洗的天空。毫不夸张地说，经过长年累月的观察，他们对天体运行规律的计算达到了相当准确的程度。阿兹特克人无疑从先辈那里学会了许多天文知识，然而他们并没有止步于此，在天文观测领域，这个族群始终保持着强烈的好奇心和浓厚的兴趣。公元1472—1515年在位的特斯科科城主尼萨华比里（Nezahualpilli）就是一位热情洋溢的天文学家：

据说，他是一位伟大的星象学家，异常专注探索天体的运行规律……他在自己的国土上搜罗一切精于此道的人才，让他们登堂入室……他爬上宫殿的屋顶，站在那里仰望群星，与它

---

[1] 原文写得很含混，这个神话的大致内容是诸神创造万物时，名叫特库希斯特卡特尔和纳纳瓦欣两位神灵自告奋勇想要成为天上的太阳，不过成为太阳的前提是要跳到火堆里自焚献祭，特库希斯特卡特尔临阵胆怯，比纳纳瓦欣慢了一步，可还是跳进了火堆。这样一来，天上就有了两个太阳，诸神对特库希斯特卡特尔的胆怯感到愤怒，就朝他身上扔了一只兔子，特库希斯特卡特尔变成的太阳因此亮度锐减，转而成为月亮。

们倾心交谈。[12]

阿兹特克农民和平民阶层对宇宙天体运行规律的了解主要集中在与劳动相关的实用层面，相比之下，拥有大量专业工具和空闲时间的贵族阶层对这个领域的研究则更加深入。夜幕降临，大小城主和祭司们可以在宫殿的屋顶和神庙的屋脊上连续消磨好几个钟头，仅凭肉眼观测面前一览无余的浩瀚苍穹，全部的辅助工具只有用于划分天空坐标的十字架或者一种利用小孔聚焦视野的装置。

阿兹特克人和他们的祖先以及当地其他土著族群对于时间的精确计算体现了他们在天文观测领域的高超水平。总计 260 天的"仪式历"不仅与人类的妊娠期基本吻合，同时还和金星作为长庚星和启明星[1]出现在天空中的时间间隔存在某种微妙关联，更和中美地区的农耕周期紧密相关。[13]

相比于"仪式历"，总共包含 365 天的阿兹特克太阳历无疑更具实用性。这套历法将全年划分为 20 个月，每月 18 天，合计 360 天，另外还有为期 5 天的"凶日"[2]。更准确地说，太阳历中的 1

————————

[1]　按照中国传统文化，夜晚出现在西方天空的金星叫长庚星，黎明出现在东方天空的金星则叫启明星，古人认为它们是永远不会碰面的两颗星，所以才有"东有启明，西有长庚，两星永不相见"的说法，阿兹特克人对这种天象也有类似的解释。
[2]　fickle days，这 5 天也被阿兹特克人称为 Nemontemi，即"没用的日子"或"不吉利的日子"。

年应该是 365.2422 天。自然界的四季轮转无可避免地会给历法计算带来岁差问题，我们的解决方案是设置闰年，阿兹特克人如何校正岁差，至今却仍然没人知道。太阳历中的每个月都由一位特定的神祇负责掌管，相应地，阿兹特克人每月都要为当月的主神举行专门的祭祀仪式。这些祭祀仪式大多包含降雨、丰收等季节性命题，因此历法的设置也就必须要和四季的轮转做到协调一致。除此之外，太阳历还和阿兹特克人的宗教信仰紧密相关，就连大小市场开市日期的制定也要以太阳历为依据，或 5 天开市一次，或 20 天开市一次。

 365 天的太阳历和 260 天的仪式历结合起来取公倍数就是一个总计 18980 天的历法周期，相当于 52 个太阳年[1]，而且每天的名称是独一无二的。例如，按照西班牙人的历法，也就是儒略历[2]，特诺奇蒂特兰被西班牙征服者联手土著盟友攻陷的时间是 1521 年 8 月 13 日。相同的日期换算成阿兹特克人的历法就是"2—火神[3]、1—蛇"日，这个日期是把太阳历的 10 月 2 日和仪式历的"1—蛇"日放在了一起[4]。一个轮回中的 52 年总共有 4 种年号，即"房年"

---

[1] 即阿兹特克历法中的一个世纪，每隔 52 年，太阳历和仪式历会发生一次重合。
[2] Julian，最早由罗马帝国执政官恺撒颁布的历法，16 世纪前西方人普遍以儒略历纪年，它和现在流行的公历略有区别。
[3] Two Xocotl，Xocotl 是阿兹特克神话中的火神和星神，也是太阳历 10 月的主神。
[4] 类似这样太阳历加仪式历的排列组合每隔 52 年才会现一次重复，结合相关史料综合分析，就可以被换算成公历日期。

"兔年""苇年"和"燧石刀年"，4 个年号与 13 个数字排列组合，形成 52 个名称各不相同的年份。这套循环往复的纪念方式主要意义虽然集中在宗教层面，却也可以被用来记载历史上的重要事件。就拿本书之前介绍的《门多萨手抄本》扉页来说，我们可以沿着画在扉页边缘上的年表，蜿蜒曲折地追溯从"房—2"年（位于年表的左上角）到"兔—3"年，再到"苇—4"年、"燧石刀—5"年，随后在"苇—2"年经历 1 次新火节，直到"苇—13"年的特诺奇蒂特兰的早期历史。这套两种纪念方式纠结在一起的历法体系为阿兹特克人世俗世界的正常运行提供了参照，标明了过去和现在的界线，厘清了平凡与永恒的区别。

医学

作为生活在尘世间的普通人，生老病死和各种意外伤害对阿兹特克人而言几乎无可避免，尤其是他们当中的未成年人，特别容易受痢疾和腹泻的侵害。通过研究那些保存至今的古代遗骸，可以发现部分阿兹特克儿童生前曾罹患缺铁性贫血，这种疾病的诱因则可能要归咎于营养不良或肠道寄生虫。另有一些阿兹特克儿童患有各类牙周疾病，病因或许是糟糕的卫生状况或病菌感染。处于 30 岁到 35 岁这个阶段的成年人不仅会继续受牙齿问题的困扰，还可能

图39 汗蒸浴室

患上关节炎、风湿病或肺结核。年轻女性生儿育女时无疑将要面对更多的困难和不确定性。出土的成年男性颅骨和肋骨大多存在骨折、错位和感染的现象，这与阿兹特克社会的尚武好战之风恐怕不无关联。生活在高原地区的居民，呼吸和消化系统往往存在问题，低海拔地区的居民则更容易受到各类寄生虫的侵袭，[14] 能够免遭此类凶险、病痛折磨的幸运儿便有可能成为长寿之人。作为回报，那些年龄超过 70 岁的阿兹特克人除了享受子孙绕膝的天伦之乐，还能无限量地随意饮用普尔克。[15]

负责为阿兹特克人提供医疗服务的是那些训练有素的医生和产

婆。在缓解病痛、治疗疾病和修补创伤方面，这些知识渊博的专家各有各的高招。男、女医生们的主要工作是诊断病情，提出适当的补救方案，帮助患者恢复健康。当代学者无从知晓阿兹特克的医生是否会像今天的军医一样随军出征，在战场上救死扶伤。我认为，他们应该确实这样做过，因为战场上出现的穿刺伤、劈砍伤和打击伤往往都非常严重，需要火速治疗。阿兹特克医生的入职誓词本身就可以体现这个专业领域的科学基础：

　　医生应该通晓草药、石头、树木和根茎，他应该接受考试，拥有实际经验，为人严谨、精明。[16]

　　与此相反，正如每个人都能预料到的那样，医术不高的庸医只会让他或她的患者雪上加霜，他们诈骗患者的钱财，对患者施加邪恶的巫术，甚至能要患者的性命。助产属于产婆的专业范畴，她们的职责是为妇女提供产前、产中和产后服务。早在孩子降生前几个月，产婆就要给产妇提供正确的指导。她可能会建议产妇不要在白天打盹，以免生下眼皮大得不正常的孩子，还可能警告产妇说享受太烫的蒸汽浴会导致体温升高，进而引发难产。另外，产妇食用白垩或土壤[1]还可能造成孩子体弱多病。[17]诸如此类的建议看似荒诞，却并非全属无稽之谈。事实上，诸如改善伙食，减少劳动那样颇具可行性的建议充分反映出产婆对阿兹特克妇女生活状态的深入了解。产婆的工作非常实用，包括替产妇按摩日渐隆起的腹部，矫正胎位，监督产妇日常沐浴，以及使用草药和其他具有治疗作用的天然材料，缓解产妇和孩子的痛苦，确保母子平安。身为训练有素、经验老到的产婆，除了协助分娩，还要随时做好应对各种突发事件的准备。紧急情况下，产婆采取的应对手段可能是世俗世界的医疗技术，也可能是向虚无缥缈的神灵求助。[18]

完善的预防措施是身体健康的起点，各项措施中最关键的两项就是充足的饮食和良好的卫生习惯。虽然阿兹特克人的食谱注重营养均衡，不过他们隔三岔五就要面临饥荒的威胁，而且也不是所有社会成员都能被平等对待，得到充足的饮食或者至少偶尔改善一下生活。事实上，营养不良的问题在阿兹特克社会的确存在。

阿兹特克人讲究清洁，经常洗澡，平时能够喝到干净的水，垃圾处理工作也做得井井有条，但是出土的古代遗骸仍然说明很多时候他们并不一定都能达到自己制定的卫生标准。尽管阿兹特克人拥有非常有效的牙齿清洁技术，比如使用尿、盐、辣椒等天然物质清

---

[1] 原文如此，可能指饥荒时食用观音土充饥。

洁口腔，借助木炭、灰烬和蜂蜜打磨牙齿，在牙齿上涂抹或直接咀嚼树胶[1]，遗址中找到的牙齿却仍然存在龋齿、牙结石等问题。还有一些针对特殊情况的预防措施，例如处在育儿期的母亲会被告诫别吃牛油果，否则她的孩子就有可能生病；为了帮助消化，吃得很饱的人临到宴席结束以前会被劝说吸几口烟；勇敢的武士奔赴战场时必须装备胸甲和盾牌，意在减轻战斗中的伤害。

　　正如我们已经看到的那样，如果预防措施未能奏效，后续的治疗手段就要跟上。恰当的治疗必须以正确的诊断为前提，如果可能的话，做出诊断的最好是一位训练有素的医生。专业的训练、足够的阅历，以及主要来自植物的有效药物是医生进行诊断和治疗的基础，他们的工作在很大程度上依靠经验的积累。阿兹特克医生专业知识的渊博程度令人印象深刻，这些知识必然来自数千年来无数人的观察和实践。他们浩如烟海的药典可以治疗头疼、胃痛、咳嗽、发烧、寄生虫、疮疖、失眠、精神异常等形形色色的疾病。他们用烟草治疗毒蛇咬伤，用龙舌兰的汁液促进骨折愈合，还用盐和蜂蜜涂抹破损的鼻子。诸如此类的办法看起来简单易行，不过也有一些其他更复杂的治疗措施，需要同时搭配使用多种天然材料，正确配比的获得需要经历反复实验和失败，需要医生本人的持之以恒，有

---

[1]　阿兹特克人有通过咀嚼人心果树树胶清理牙齿的习惯，这种树胶就是现代口香糖的起源。

时可能还得有点运气。

现代科学证明了这些疗法的合理性。一项研究显示，民族史学[1]确认的118种阿兹特克药用植物中有85%被现代医学证明有效。例如，阿兹特克人会用加热后的龙舌兰汁液处理伤口，尤其是那些已经感染的伤口。现代医学发现，这种植物的汁液确实能有效抑制细菌在创伤处的滋生。阿兹特克人不知细菌为何物，说不清其中的科学原理，不过经验告诉他们这么做确实管用。

阿兹特克医学是一门以经验主义为基础，注重实用性的科学。与此同时，这个领域的很多方面也都无可避免地含有精神和宗教的因素。阿兹特克人认为那些亵渎神灵的人会受到神的惩罚，患上可怕的疾病或身体畸形，因此每个人都必须虔诚地对待宗教仪式。另一方面，某些睚眦必报的恶人也可能会延请巫师诅咒自己的宿敌，故意让他生病。引发疾病的原因多种多样，可能是神灵降罪，可能是巫师诅咒，也可能是纯自然的因素。为了救死扶伤，阿兹特克医生就必须同时掌握世俗医术和求神问卜这两项技能。产婆除了凭借实际的医学手段协助产妇生产，也有义务为新生儿的到来举行一系列的宗教仪式。人性复杂且变幻莫测，医疗从业者和他们的病人必须千方百计为健康而努力。

---

[1] ethnohistorically，地理、历史和人类学综合而成的交叉学科。

　　阿兹特克人和当地其他族群曾经饱受各种疾病的困扰，然而直到 16 世纪早期西班牙人来到这里前，他们却从未见识过天花、麻疹或流感等大规模传染病，因此也就不具备针对此类疾病的免疫力。正如我们将要看到的那样，这种先天不足将让他们付出惨痛的代价。

阿兹特克人对科学技术的实用性转化

　　包括以各类野生动、植物的生理结构、生活形态、生命周期，还有它们所处生态环境为对象的研究在内，如此海量的知识积累对阿兹特克人和当地其他族群而言具有很高的实用价值。例如，他们知道美洲麻鳽（American bittern）夜间的突然鸣叫通常预示着很快会下倾盆大雨。更进一步来说，棕硬尾鸭（ruddy duck）夜间的反常行为意味着黎明时分可能有雨，还有一种鸟的叫声说明严寒迫在眉睫。聆听大自然的每次风吹草动，让阿兹特克人在这个变幻莫测的世界获得了一定程度的预测能力。与此同时，他们还能意识到某些生物的稀有珍贵，比如林鹬。阿兹特克人相信擅自捕捉林鹬会带来厄运，没有人愿意主动触这个霉头。城主们的花园和动物园为种类繁多的生物提供了庇护。无论他们这么做是有意而为，还是无心插柳，最终的结果都是这些动植物得到了一个安全的家。

阿兹特克人努力改造身边的环境，在这个世界为自己争取一席之地。他们改造环境的主要手段是形式多样的农耕技术，包括作物间作，构筑梯田，修造灌溉设施和垛田等。我们不能低估那些祖祖辈辈在田间劳动的"业余生物学家"，他们在改良作物品质，发展农耕技术方面拥有自己的独到之处，进而有效提高了作物产量。除此之外，阿兹特克人还拥有高超的食品加工技术，他们可以在玉米中添加石灰[1]，还能借助发酵工艺让龙舌兰汁液变成可口的饮料。

阿兹特克人擅长利用河堤、大坝、渡槽等设施调控水源。他们在这个领域采取的人为干预措施基本取得了成功，但有时也带来了意想不到的后果，我们至今仍然记得阿维措特执政时期那项规划失败的渡槽工程，恰恰是它为特诺奇蒂特兰带来了一场毁灭性的大洪水。除此之外，这位阿兹特克皇帝还应该为将大尾拟椋鸟（great-tailed grackle）从海岸地带引进到特诺奇蒂特兰，同时还下令对它们实行严格保护的错误决策负责。阿维措特做梦也不会想到，这种鸟的繁殖能力如此之强，以至于在很短时间内就成了高原生态系统的负担。

阿兹特克人善于将各类天然材料转化为有用的产品和器物。他

---

[1] 玉米中的烟酸无法直接被人体吸收，长期缺乏烟酸中含有的维生素 B3 会引发糙皮病，煮玉米时加石灰能促进烟酸分解，原理和添加食用碱一样，墨西哥人至今还在使用这个办法。

们能借助复杂的技术精确控制铜、锌、锡三种金属的成分配比冶炼青铜，可以通过向天然橡胶中添加牵牛花汁液的办法制作弹力超群的橡胶球，知道如何调配一种硬度堪比混凝土的石灰砂浆，还拥有配置稳固持久颜料和染料的秘方……诸如此类的例子不胜枚举。需要强调的是，阿兹特克人获得这些技术的主要来源只有自己的祖先和邻居。例如，他们的青铜冶炼技术就来自西边的塔拉斯坎人[1]。

阿兹特克人对天文学的实际应用主要是通过编订历法的方式来规划时间，再就是对以神庙为代表的重要建筑进行某些结构设计。这方面的典型案例就是特诺奇蒂特兰的"大神庙"。通过事先的精心布局，阿兹特克人可以让每年春分、秋分两天的朝阳不歪不斜地在守护神威齐洛波契特里和雨神特拉洛克的双子神殿之间的空当冉冉升起。在"大神庙"扩建期间，神殿的设计出现失误，影响了原先的景观效果，皇帝只得下令全部工程推倒重来，改回之前的正确结构。这也从一个侧面说明了此类人造"神迹"对于阿兹特克人的重要意义。

如此种种全部根植于一种以特定文化为基础的世界观，也就是强调维持自然界和超自然界各个方面的平衡与和谐。我们总是习惯将自然和超自然划分为界限分明的两个世界，阿兹特克人的做法却

---

[1]　Tarascans，主要生活在今墨西哥米却肯州，他们建立了能和阿兹特克人匹敌的强大帝国。

并非如此。恰恰相反，他们眼中的自然界同时还被赋予了很强的象征意味、宗教色彩和仪式感。阿兹特克人对宇宙的了解主要来自实际观察，观察时使用的设备也非常精巧，由此而来的知识甚至已经超出了他们的实际需要。动、植物对阿兹特克人的日常生活具有重要的实用价值，同时却也可以被视为人生观、价值观的隐喻，以神的身份占据宗教仪式的前排和核心位置。例如，鹌鹑经常会被用来充当各类仪式上的牺牲，特诺奇蒂特兰的神庙区域还埋葬着大量充当祭品的美洲豹、蛇、鹰和狗。[19] 某些自然景观，尤其是高山和河流，在阿兹特克文化中具有重要的宗教意味。与此同时，高山还被视为玉米、河流和诸神的家。同样是在这种世界观的指导下，阿兹特克医生诊断、治疗疾病时也会同时使用自然和超自然两种手法。本书下章将着重介绍这个生机勃勃的超自然世界。

第 9 章

神祇、牺牲和生命的意义

第 5 个太阳被创造出来以后，也就是如今这个年代[1]……

后来羽蛇神克查尔科亚特尔[2]前往冥府。抵达冥府的羽蛇神见到了冥王和他的王后，对冥王说："我来这里是为了你保存的那些珍贵的骨头，我要带走它们。"[3]

冥王反问："你要干什么，羽蛇神？"

羽蛇神回答他说："因为世间已经没有人了，诸神感到悲伤。"

冥王答复他说："好吧，那你就吹响我的螺号，然后绕着我这块宝地游走 4 圈。"

然而冥王的螺号却不是空心的，根本吹不响。于是，羽蛇神招来众多蠕虫，将螺壳掏空。从那之后，大黄蜂和蜜蜂飞了进去。羽蛇神向螺号里吹气，冥王听到了它发出的声响。

经过一连串艰难险阻……

---

[1] 按照阿兹特克神话，主神奥梅特奥特尔创造世间万物后，先后有 5 位神灵化身为太阳，每个太阳都有一定的生命周期，每当老太阳毁灭，新太阳诞生，世界便进入一个新的太阳纪，我们现在所处的是第五太阳纪，它应该在 2012 年结束。

[2] Quetzalcoatl，阿兹特克神话中的西方之神，后来化身为第 2 个太阳。

[3] 这个故事讲的是第 4 太阳纪结束后，曾化身为第 2 个太阳的羽蛇神不满自己子民的死去，向冥王讨还第 2 太阳纪子民的骨头，然后用这些骨头创造新的人类，开创第 5 太阳纪。

　　羽蛇神得到了那些珍贵的骨头，他把男人的骨头堆成一堆，女人的骨头也堆成一堆，包裹起来，打算带走它们。这时，冥王再次开口，告诉手下的使者们说："精灵们，羽蛇神真的要把那些珍贵的骨头带走了。精灵们，去，给他挖个陷阱。"

　　精灵们遵命挖了陷阱，羽蛇神跌跌撞撞，掉了进去。鹌鹑趁机吓了他一跳，羽蛇神失去了知觉。等他回过神来收拾那些珍贵的骨头时，却发现鹌鹑正在啄食它们，啃咬它们。

　　羽蛇神回到人间后，把这些骨头收拢起来，带到塔摩安羌[1]。那里的一位女神将骨头碾碎，羽蛇神再将自己的血撒在磨成粉的骨头上……

　　诸神随即……虔诚忏悔……那之后他们说："圣者，人类，已经诞生。"

　　恰恰是因为他们为我们虔诚忏悔。[1]

羽蛇神克查尔科亚特尔是中美地区最受尊敬的一位神祇，他在中美地区古代文明中久负盛名，几乎获得了所有族群的共同

---

[1]　Tamoanchan，阿兹特克神话中一个类似伊甸园的地方。

崇拜。这位神祇如此受人欢迎的原因之一或许是他的多重身份。如前所述，羽蛇神是重要的创世之神，是他帮助人类在大地上站稳了脚跟，他既是王权的守护神，也是祭司之神。羽蛇神掌管着奢侈品制造，主宰着祭司学校的正常运转，还时时化作清风，为人间降下甘霖。他是黎明时分的启明星，他发明了历法。根据花样百出的中美地区土著神话，为了取悦诸神，羽蛇神创造了玉米、普尔克和音乐。除此之外，这位神祇还经常化身出现在以图拉英雄托皮尔琴·克查尔科亚特尔[1]为主角的众多传奇故事当中。乔鲁拉城邦的商人们特别爱戴羽蛇神，其他城邦的老百姓不惜千里迢迢前往那里朝圣，只为向这位尊贵的神祇表达自己的敬意。

《马格里亚贝齐亚诺手抄本》（*Codex Magliabechiano*）还曾提到过名为"埃赫卡特尔-克查尔科亚特尔"（Ehecatl-Quetzalcoatl）的风神[2]，这位神祇最明显的特征就是戴了一顶美洲豹皮材质的锥形帽子。通过下面这张插图可以看到他的帽子上缀了许多骨头，插了几根鸭毛和两朵花，还有一只正在采蜜的蜂鸟挂在骨头上。风神的另一个明显特征就是脸上那张向前突出的面具，它是风神向外放风的法器，面具的造型可能模仿了鸭嘴的样式。他的脖子上挂着贝

---

[1] Topiltzin Quetzalcoatl，古城图拉鼎盛时期的一位高级祭司，他被视为羽蛇神的化身。

[2] 风神由羽蛇神衍生而来，二者在阿兹特克文化中基本可以画等号。

壳项链，胸口装饰了几个螺壳，手里挥舞着镶嵌式掷矛器。

图 40　风神埃赫卡特尔-克查尔科亚特尔

　　《马格里亚贝齐亚诺手抄本》最早被发现于性格古怪却受人尊敬的意大利学者安东尼奥·马利亚贝基[1]的汗牛充栋的私人图书馆，因此得到了这个名字。这本书是 16 世纪中期，由墨西哥土著艺术家按"前西班牙时代"的样式绘制在欧洲纸张上的一本殖民地

---

[1]　Antonio Magliabechi，1613-1714 年，生于意大利佛罗伦萨，享有"书痴"的美誉。

插图手稿。虽然我们对于它的早期历史并不是特别清楚，但仍能确定安东尼奥·马利亚贝基收藏的这本书，是在公元 1529 年至 1553 年创作的作品，原本已经失传。《马格里亚贝齐亚诺手抄本》其实还有多个副本存世，不过就数安东尼奥·马利亚贝基手里的这个版本复制得最为精确。

当年负责临摹风神画像的艺术家是一位复刻高手，而且非常熟悉"前哥伦布时代"美洲土著宗教中的图像符号和象征手法。目前还有另外几幅以这位神祇为题的绘画作品传世，它们保存在《马格里亚贝齐亚诺手抄本》及其他古代文献中，造型多种多样。无论造型怎样变化，几个标志性的特征却始终万变不离其宗，比如风神头上的锥形冠冕，胸口的螺壳装饰物，还有脸上那张突出的鸭子嘴（也可能是鸭嘴造型的面具）。除了这些标志性特征，绘画作品中风神身上披挂的其他装备可能会随情况的变化而作出调整，比如手持不同款式的盾牌，挥舞着形态各异的掷矛器或祭司专用的口袋。不仅如此，风神还有可能被用石头雕刻为身披华丽羽毛的大蛇。考虑到人们对克查尔科亚特尔形象的多样化想象，再加上他那无边的法力，以及在不同族群中的受欢迎程度，这位神祇在艺术领域的多面性其实不足为奇。

羽蛇神只是阿兹特克诸神族谱中的一员，这些神祇盘根错节，组成了一个复杂的宗教体系，也为若干以宇宙演化为主题的故事传说提供了灵感，构建了一个等级分明，颇具神话色彩的宇宙空间，同时还促使人们动工修建了无数雄伟的神庙，吸引众多男、女祭司投奔那里，为各路神灵举行盛大的祭祀仪式。这其中也包括某些以活人为祭品的仪式。[2]

神话：宇宙的故事

阿兹特克人心目中的宇宙是一处强大且活力四射的所在：

它拥有喧嚣的过去，不确定的现在和未知的将来。[3]

宇宙的过去以及人类现在和将来所要扮演的角色，隐藏在大量多姿多彩的神话故事里。这些神话讲述了宇宙不断遭到毁灭，然后又被重新创造的无限轮回，记载了强大男女诸神的丰功伟绩和折戟沉沙，歌颂了那些前赴后继、光耀万代的文化英雄。这些神话故事生动形象，戏剧性强，令人心驰神往。很多阿兹特克神话，主要是宗教神话，往往会有若干不同版本传世，本书将要介绍的是最典型的 4 个案例。

总的来说，阿兹特克人相信他们身处其间的宇宙前前后后被创造过 5 次，其中前 4 个宇宙都已遭到毁灭。不同宇宙存续的年代[1]，各有各的子民，各有各的强大守护神，每个太阳纪都以它彻底终结那天的日期为名。第一个太阳纪被称为"4—美洲豹"（Nahui Ocelotl/Four Jaguar），由战神泰兹卡特里波卡创造而成，受他庇护的子民是一群吃橡子为生的巨人。第一太阳纪终结时，这些巨人全部被美洲豹给吃了。随后而来的是第二太阳纪，名为"4—风"（Nahui Ehecatl/Four Wind），主宰者是羽蛇神，他的子民是普通的人类，靠吃松子为生。第二太阳纪毁于飓风，生活在那个时代的人最终都变成了猴子。第三太阳纪名为"4—雨"（Nahui Quiahuitl/Four Rain），统治者是雨神特拉洛克，子民以一种水生植物的籽为生，突如其来的一场火雨（可能是火山爆发）终结了这个时代，人类变成了狗、火鸡和蝴蝶。接踵而至的第四太阳纪名为"4—水"（Nahui Atl/Four Water），由女水神查尔丘特里魁（Chalchiuhtlicue）主宰，子民靠吃一种野草籽（可能是玉米的祖先）为生。末日到来时，这些人在一场大洪水中变成了鱼。第五太阳纪，也就是如今这个年代，名为"4—动"（Nahui Ollin/Four Movement），统治者是太阳神托纳蒂乌（Tonatiuh），子民以吃玉米为生。阿兹特克人就生活在这个太阳纪，他们相信此前有 4 个太阳纪相继

---

[1] 原文为 age，即前文说的太阳纪，以下为行文方便直接译为"太阳纪"。

到来又全部遭到毁灭，自己所处的这个太阳纪同样前途未卜。第五太阳纪的终结方式命中注定将会是一场大地震，老百姓则会被来自天上的妖怪吞噬殆尽。按照阿兹特克人的日历，这场灾难应该发生在某个为期 52 年的纪年周期结束的那天。

　　阿兹特克人对第五太阳纪开创史的讲述尤其生动，颇具史诗色彩。这个故事大致是这样的，随着第四太阳纪的结束，一切堕入黑暗。面对死一般沉寂的宇宙，诸神齐聚特奥蒂瓦坎，他们决定推举 1 位志愿者跳进熊熊烈焰，为世界重塑一个太阳。有 2 位神祇自告奋勇，分别是高傲自大的特库希斯特卡特尔（Tecuciztecatl）和卑微平庸的纳纳瓦欣（Nanahuatzin）。他们按照祭祀仪式的要求各自做了准备，然而特库希斯特卡特尔临阵退缩，无法担此重任，他一次次地试图跳进火堆，每到最后关头却总像泄了气的皮球那样止步不前。目睹此情此景，纳纳瓦欣没有丝毫犹豫，纵身一跃，跳进火堆。感觉丢了面子的特库希斯特卡特尔紧随其后，终于也跳了进去。那之后，诸神又向火堆中投入 1 只老鹰和 1 只美洲豹充当祭品，这 2 只动物后来就幻化成了太阳和月亮上的阴影。

　　此时此刻，世界仍是漆黑一片。突然，诸神发现东方的天际缓缓露出了一抹亮光，那是纳纳瓦欣化身而成的新太阳正在天空中冉冉升起，为世界带来光明和温暖。诸神正要欢呼雀跃，特库希斯特卡特尔变成的第二个太阳也出现在了空中。诸神惊惧不已，因为两个太阳的火力实在太大，有可能毁掉地上的一切。为了解决这个问题，某位神祇抓过1只兔子，将它投向特库希斯特卡特尔变成的第2个太阳。这个太阳的亮度因此逐渐衰减下来，最终变成了月亮。阿兹特克人认为，满月上的一块阴影就是当年的那只兔子。

整个故事讲到这里似乎皆大欢喜，诸神面临的难题至此却没有完全得到解决——太阳和月亮挂在天上停滞不前，谁都无法移动一步。为了让这两个天体动起来，风神（也就是羽蛇神）只得动手杀死所有神祇充当牺牲，然而两个顽固的天体还是一步不动。为了让它们动起来，风神只得运用神力，朝它们吹了一股风。正如本章开头所说，羽蛇神同时也是第五太阳纪子民的创造者。

另一个流传至今的阿兹特克神话发生在"信史时期"[1]，这个故事刻画的诸神形象或多或少都带有几分人性色彩。故事里的两位高级祭司，也可能是神祇，泰兹卡特里波卡和托皮尔琴·克查尔科亚特尔居住（可能是联合执政）在托尔特克文明的传奇和理想之城——图拉。作为祭司，托皮尔琴·克查尔科亚特尔被视为虔诚和忘我的宗教楷模。只可惜，在他得病的时候，他的主要竞争对手，穷兵黩武的巫师泰兹卡特里波卡引诱他喝下了龙舌兰酒，而且喝得烂醉如泥，由此违背了自己身为祭司立下的神圣誓言。并且，神志

---

[1] historic times，指有文字可考的历史时期，最早在公元前3000年前后。

不清的托皮尔琴·克查尔科亚特尔还跟同样处于醉酒状态的姐妹[1]发生了乱伦。酒醒后的托皮尔琴·克查尔科亚特尔又羞又愤，只得带着一小队随从离开图拉，前往墨西哥湾沿岸。据史料记载，他最终的结局可能是升入了天国，也可能是一直向东行走，不知所踪，还可能是彻底人间蒸发。

每名阿兹特克人心中都铭记着这样一个神话，故事的主角是他们族群的守护神威齐洛波契特里。有一天，威齐洛波契特里的母亲，大地女神科亚特利库埃（Coatlicue）扫地时捡到一团羽毛，就把它塞在自己的腰带里。那之后没过多久，科亚特利库埃就怀孕了。她的女儿月神科约尔沙赫基，以及人数众多的儿子，也就是南半球天空中的 400 颗星星为此大发雷霆。⁴ 在一座名为"科阿特佩克"的大山上，狂怒中的他们联手攻击怀孕的母亲，打算置她于死地。千钧一发之际，威齐洛波契特里[2]呱呱坠地，手持一条巨大的火蛇作为武器。他和那些同母异父的兄弟姐妹们以死相搏，救了自己的母亲，将科约尔沙赫基砍成了碎片，赶跑了 400 颗星星。

类似这样神话传说之所以能出现在历史记载当中，必然有它的合理之处。阿兹特克人当年在向墨西哥中部地区迁徙的漫漫征途中

---

[1]　原文为 sister，无法判断这个人到底是他的姐姐还是妹妹。
[2]　他就是科亚特利库埃捡羽毛后怀孕生的孩子。

曾爆发过内讧，时任首领威齐洛波契特里和他的姐妹（sister）玛里纳奇托[1]发生了一场令人记忆犹新的争吵。威齐洛波契特里最终占了上风，玛里纳奇托只得带着自己的支持者脱离大队，辗转来到马利纳尔科[2]安家落户。5这个真实的故事与虚构出来的守护神传说纠结在一起相互呼应，在阿兹特克文化中源远流长，从未被人遗忘。神话传说中描述的那些超自然神力同样被阿兹特克人铭记于心，威齐洛波契特里被塑造为太阳的化身，相应地，那些敌人则成了形形色色的暗夜神祇。日复一日，太阳神威齐洛波契特里为世界带来温暖和光明，锲而不舍地与黑暗博斗。为了坚持下去，他必须从支持者那里补充神力，具体的补充形式则是血腥的活人祭祀。如此艰巨的任务落在了阿兹特克人肩头，他们与威齐洛波契特里和衷共济，千里迢迢一路迁徙到特诺奇蒂特兰。

神话传说能够为后人阐释历史上的很多陈年旧事，兼具教育性和娱乐性。这些故事的情节扣人心弦，让听众全神贯注。一次又一次，它们在各类宗教场合得到讲述和强化，在潜移默化中向虔诚的信徒们灌输着某些道德信念。与此同时，神话传说还从理念和实践两个方面为宗教信仰的确立提供了基础。这些宗教信仰要么以神话传说为母本进行"故事新编"，重新构建自己的知识体系，要么干

---

[1] Malinalxochitl，阿兹特克神话中的蛇蝎和昆虫女神。
[2] Malinalco，现为墨西哥第二大旅游城市。

图 41　女神科约尔沙赫基被兄弟威齐洛波契特里大卸八块

脆直接套用神话传说中蕴含的重要信息。

　　比如说，阿兹特克人可以依照自己的想象，借助祭祀仪式重演威齐洛波契特里降临人世的历史。举行仪式的过程中，充当祭品的人牲会在"大神庙"（它的正式名称其实应该叫"科阿特佩克"，也就是"蛇峰"的意思）的脚下迎接自己生命的最后时刻。那里还有一座雕像，表现的就是女神科约尔沙赫基躺在地上，被威齐洛波契特里大卸八块的惨状。

再比如说，鉴于此前 4 个太阳纪惨遭毁灭的"事实"，阿兹特克人清醒地意识到他们身处其中的这个宇宙终将步前者的后尘。为了延缓厄运的到来，每逢为期 52 年的纪年轮回即将结束时，也就是他们感觉最危险的时刻，阿兹特克人都要过"新火节"，期盼自己能够躲过一劫。对所有阿兹特克人而言，"新火节"既是一个意义非凡的神话传说，也是一场举足轻重的宗教仪式[1]。他们认为，诸神已经为人类做出了太多的牺牲，人类永远亏欠诸神，这种亏欠只能通过一次又一次的血腥祭祀才能报答。

从更世俗的角度来说，泰兹卡特里波卡和羽蛇神的故事基本都属于民间传说，是为了提醒阿兹特克人谨言慎行，远离隐藏在黑暗中的邪恶。

阿兹特克的宇宙和神圣的土地

神话传说还阐释了宇宙的结构，以及人类在宇宙中的地位。按照这些故事，世界总共可以分为 13 层的天国和 9 层的冥府这两大空间，天国和冥府的交界处就是阿兹特克人所在的尘世。无论对高

---

[1] 阿兹特克人认为世界毁灭通常发生在 52 年纪年周期的最后一天，"新火节"实际模仿的是神跳进火堆，为人间重造太阳的神话。

高在上的天国，还是深藏地下的冥府而言，尘世都是它们的第一层。

太阳、月亮、彗星，还有众多恒星和银河等各类天体分别被安放在笼罩地面的 12 层宇宙里，在阿兹特克人的眼中各有各的神性。例如，就像前面提到的神话讲述的那样，太阳和月亮是两位神祇，后者曾联手 400 颗星星攻击前者的母亲。没被天体占据的其他宇宙层面全部属于那些超自然的造物，比如火蛇和女妖。每层宇宙都由一位特定的神灵长期驻守，而且还有各自专属的飞鸟，如蜂鸟、鹌鹑、仓枭、火鸡、金刚鹦鹉或绿咬鹃等。只有其中一层是个例外，在那里栖身的飞行生物是蝴蝶。宇宙的顶层，那个人类目力无法窥探的所在，居住着双面元神奥梅堤奥托（Ometeotl）。这位神祇经常被刻画为男女成对的形象，男性形象名叫作"奥梅堤库特里"（Ometecuhtli），女性形象则叫作"奥梅西华提"（Omecihuatl），他们是一切神和人的终极创造者。奥梅堤库特里和奥梅西华提身居高高在上的"奥米约坎"[1]，也就是天国的最高层，为地面上的一个个新生儿注入灵魂。他们距离人间虽然很远，却仍然保持着对人们日常生活的影响力。

尘世以下是总共分为 8 层的黑暗地下世界——冥府（Mict-

---

[1] Omeyocan，可理解为"两个地方"或"双重天堂"。

lan)。[6]无论高贵的城主还是卑微的平民，不分男女老幼，多数人经历过"普通"死亡之后都要前往那里继续自己的死后生活。阿兹特克人死后，遗体通常会被火葬，他们的灵魂则将以螺旋下降的方式游历层层冥府。每抵达一层都要经历一次独一无二且痛苦万分的考验，包括穿越危险的水道，经历如林的刀风，被弓箭射中，被开膛摘心，心脏还会被吃掉等。4 年的艰难旅程过后，亡魂终于抵达了冥府的最深层，那是冥王米克特兰堤库特里（Mictlantecuhtli）和王后米克特卡西瓦特尔（Mictecacihuatl）统治的国度，他们是这个地下世界的主宰。幸运的亡魂在此趟旅行中能够得到在世亲人以祭品形式提供的帮助，比如 1 条引路的狗，路上的吃穿，还有烟草、普尔克、玉石珠子和可可豆等各类足以减轻旅途辛劳的物品。[7]值得一提的是，按照阿兹特克文化，那些生前未能遵守"模范生活"准则的人将无法获得这些帮助。这其实也是敦促在世的人们规范自身言行的一种手段。

经历"非常"死亡的阿兹特克人将拥有另一种死后生活。那些在战场上英勇捐躯，或者以人牲身份追随太阳由东方的地平线直达天顶的男人[1]，还有那些死于难产，将太阳从天顶拉回地平线，

---

[1] 特诺奇蒂特兰大神庙矗立在一座金字塔的顶端，那里被认为是离太阳最近的地方，充当人牲的男性首先要攀爬 114 级台阶来到大神庙，然后才被杀死献祭，这样的祭祀仪式象征性地演绎太阳从地平线升起直达天顶的过程。

然后从太阳上跳下来，趁着夜色吓唬那些夜不归宿的愚蠢冒失鬼的女人[1]，这些勇敢者的自我牺牲都将获得另一种光荣的死后生活作为补偿。例如，阿兹特克人相信，作为补偿，那些死于溺水以及其他跟水有关的牺牲者死后都将前往"特拉洛克之地"[2]。

位于地面的特拉提帕克（Tlalticpac）是一处沟通天国和冥府的平缓地带。按照阿兹特克人的想象，大地就像是一条多刺的巨型短吻鳄或者蟾蜍，名叫"特拉尔泰库特利"[3]，她漂浮在环绕陆地的原始海洋之上。造物主的子孙们携手羽蛇神克查尔科亚特尔和战神泰兹卡特里波卡将这片土地从第四太阳纪毁灭后的混沌状态中解脱出来，羽蛇神和战神后来化身成为支撑天地的大树。怪兽特拉尔泰库特利曾在某些神祇那里遭受过不公正对待，另一些神祇则对她表示同情，还预言她将成为大地之母。于是，她的肩膀化作山峦，她的鼻子变为峡谷，她的头发成了树木和花朵，她的皮肤上长出了杂草和其他细小的植物，她的眼睛幻化为泉眼、水井和山洞。这就是阿兹特克人眼中人格化的大地，它是活生生的。日复一日，诸如

---

[1]　按照阿兹特克人的理解，太阳落山以及冬天昼短夜长都是月亮女神科约尔沙赫基的势头压过太阳神威齐洛波契特里的结果，因此他们必须借助活人祭祀替太阳加油鼓劲。

[2]　Tlaloc，阿兹特克的雨水和生育之神，他的领地被描绘为植被茂盛、四季如春的伊甸园。

[3]　Tlaltecuhtli，按照阿兹特克神话，她的身体被撕成两半，一半变成天空，另一半变成大地。

此类的想象让他们在审视身处其中的世界时，获得了一种超自然的视角。现实世界中的他们看到的是一片被海洋包围的陆地（至少美洲东、西海岸是这样的情形），在此基础上，阿兹特克人又会在他们颇具戏剧性的神话传说中，为这些自然地貌涂抹上一层超现实的油彩。

阿兹特克人栖身的那片土地不光自然资源丰富，还被认为具有神性。特别是高山、峡谷、湖泊、河流、小溪、涡流、山洞之类的特殊地貌，更是与阿兹特克人的信仰体系紧密相连，成为他们顶礼膜拜的对象。高山尤其受到阿兹特克人的重视，因为它们总是和降雨、丰收，以及治疗疾病等话题存在千丝万缕的联系。一年一度，三国联盟的3位城主都要举行非常盛大的仪式，朝觐耸立在墨西哥盆地东部边缘，具有神圣意义的特拉洛克山（Mount Tlaloc）主峰。举行仪式的时间通常在4月或5月，也就是旱季即将结束的时候。届时，城主们要向大神特拉洛克庄严献祭，祈求甘霖早日降临人间。与此同时，身在特诺奇蒂特兰的信众们也要在"大神庙"的特拉洛克神殿旁边搭建彩棚，还要遴选1位少女作为特拉洛克的替身，在她的引领下划着小船齐聚特斯科科湖，然后从那里一直划到神秘的潘蒂兰[1]涡旋。抵达目的地的他们要从树林里挑选一棵树

---

[1] Pantitlan，位于今墨西哥城东部。

充当所谓的"生命之树"，那位扮演特拉洛克的少女则将成为祭祀仪式上的人牲。[8]

除了高山，还有很多自然地貌在阿兹特克人眼中具有特殊意义。例如，山洞会被他们视为通往冥府的入口，特斯科科湖在纳瓦语中又被称为"Tonanhueyatl"，也就是"母亲湖"的意思。出现在这片神圣土地上的某些人造景观，比如前人留下的考古遗址，还有阿兹特克人自己修建的众多神庙，同样享有崇高的地位。比如前文提到的，与第五太阳纪的开创存在渊源，出现在"古典时代"的特奥蒂瓦坎遗址，还有与"后古典时代"早期羽蛇神关联紧密的图拉古城，无不具有潜在的神圣意味。在属于他们自己的那个年代，阿兹特克人将"大神庙"修建在心中神圣世界的中心位置。对他们而言，"大神庙"其实是一座神山的化身，象征着神话传说中久负盛名的科阿特佩克山，这座神庙的制高点则是一幕幕史诗神剧不断重演的舞台。

男神和女神

本书在介绍阿兹特克神话和宇宙观的过程中已经提到过很多男女神祇，比如守护神威齐洛波契特里、月亮女神科约尔沙赫基、羽蛇神克查尔科亚特尔、战神泰兹卡特里波卡，还有大地女神特拉尔泰库特利。这些神祇的地位非常重要，却只是阿兹特克人庞大神灵体系中的一小部分。阿兹特克人在征服其他城邦的过程中，也借用了受这些城邦文化崇拜的神祇。总的来说，形形色色的神祇盘根错节，纠缠在一起，他们的身份有时重合，个性和相貌也会经常发生改变。很多时候，这样的情况实在令西方人摸不着头脑。或许是为了把问题弄得更加复杂，"神"（teotl）这个概念在阿兹特克人的语言中还可能被用来指代某种物品、行为或具体的人。例如，"神的大便"（teocuitlatl）实际指的是黄金，"神的话语"（teotlatolli）指的其实就是纳瓦语，"提奥奇奇梅克"（teochichimeca）指的则是阿兹特克人的祖先奇奇梅克人。换言之，"神圣"这个词语在阿兹特克文化中的使用范围并不仅仅局限于男、女神祇，虽然他们确实拥有特别神圣的地位。

阿兹特克人对神性的理解千变万化，他们眼中的诸神基于不同时间扮演的不同角色，形象也会发生相应的调整。比如说，降雨来临以前，羽蛇神就变成了风神，黎明破晓以前羽蛇神摇身一变又成了金星的化身，被尊称为"清晨的主人"（Tlahuizcalpantecuhtli）。除此之外，他还可能化身为负鼠或猴子。再比如，战神泰兹卡特里波卡作为精通魔法和通灵术的巫师，同时也是教会人类用火的米斯科阿特尔（Mixcoatl，意为云蛇），还是年轻武士们的守护神，以及非主流[1]的文化英雄。事实上，羽蛇神克查尔科亚特尔和战神泰兹卡特里波卡经常会以英雄的身份出现在阿兹特克人的故事传说当中。

阿兹特克文化中还有许多与母性和大地相关的女神，她们的姓名、角色和身份同样存在大量含混不清的交集。这份名单可以开列得很长、很长。造成这种情况的部分因素是当地宗教文化的演化，更主要的原因则是基于阿兹特克人对宇宙复杂多变属性的认知。置身这个时刻充满变化的宇宙当中，多样化的任务要求形形色色的神祇们经常变换身份，以便适应周围不断发生变化的情况。有鉴于此，我们在解读阿兹特克诸神世界的过程中也必须采取更加灵活的态度。

尽管存在种种复杂性，阿兹特克人的诸神世界仍然可以被归纳为以创世神、降雨和丰收之神、太阳和战争之神为代表，数量有限的几大门类。这其中，创世神的法力几乎是万能的，经常在各式各样的神话中出现。双面元神奥梅堤奥托占据天国的最高层，远离尘世，对于人间的影响也非常有限。名叫"烟镜"[2]的战神泰兹卡特里波卡无所不能却又反复无常，兴之所至，他可能给人间带来财富，也可能降下灾难。这位神祇受到人们普遍的敬畏，因为凭借手

---

[1] anti-hero，意思是说阿兹特克人对他的塑造不同于传统的"高大全"形象。
[2] Smoking Mirror，Tezcatlipoca 在纳瓦语里的意思就是"烟雾镜"。

中的魔镜，他能洞悉宇宙中的一切。火神修堤库特里（Xiuhtecuht-li）的职责是掌管火焰以及普通人家须臾不可或缺的炉灶。雨水和丰收之神、太阳和战争之神也在阿兹特克神谱中占据显赫的位置，因为他们与每天的生活息息相关。这种重要性最终在阿兹特克宗教中被具体化为两位举足轻重的代表，也就是雨神特拉洛克和太阳神威齐洛波契特里，他们在特诺奇蒂特兰"大神庙"的双子神殿里平分秋色。

最受阿兹特克人推崇的是和丰收有关的男、女神祇，他们相信自己的生活取决于那些主管降雨、玉米和土地的神灵们的善意。每当遭遇干旱、洪水和饥荒频发的年代，阿兹特克人都要竭尽所能取悦这些神祇，平息他们的怒火，同时还会不自觉地追忆起历史上发生过的类似灾难，感怀先人们的劫后余生。

诸神中地位最显赫的非雨神特拉洛克莫属。这位神祇同时具备善恶两幅面孔，当人间风调雨顺时，他就是一位善神；反之，当人间洪水滔天时，他就是一位恶神。特拉洛克的女性助手名叫"查尔丘特里魁"（Chalchiuhtlicue），这个名字的含义是"身穿玉裙的她"[1]。她手中掌握着人间的淡水。阿兹特克人栖身的那片大地由若干位母性女神共同主宰，除了保佑土地丰产，她们的职责还包括

---

[1] 原文为 Jade-her-skirt，但其他英文材料通常写为 She of Jade Skirt。

主管女性怀孕和生产，协助治疗疾病，为人间带来欢乐，助力盛大宴会顺利举行等。与此同时，这个门类的众多神祇还在每年的开春期间，掌控着玉米、龙舌兰的种植和普尔克的加工，监督着游戏、赌博、歌唱、舞蹈等人间娱乐活动。

太阳和战争之神同样需要每个阿兹特克人一丝不苟地顶礼膜拜。这个门类的神祇通常和太阳、死亡、冥府、战争、牺牲等话题紧密相连，其中最具知名度的几位当属太阳神托纳蒂乌，冥王米克特兰堤库特里和王后米克特卡西瓦特尔，以及阿兹特克人的守护神威齐洛波契特里。他们的职责是保证宇宙的正常运行，维持这个世界内部的平衡与和谐状态。从更现实的角度来说，就是确保太阳每天正常升起，为无休无止征战四方的阿兹特克军队提供庇佑。

人牲始终是阿兹特克神话的重要组成部分。各类神话故事和宗教仪式都在反复向人们灌输着这样的观念——人自从来到这个世界就欠下了诸神的债。为了还清这笔永远都还不完的债，每个人都应不惜献出自己的鲜血，有时甚至是生命，作出这种奉献的常见方式就是在祭祀仪式上被开膛摘心。[9]某些人牲最终会以神祇替身的名义走到生命的尽头，另一些被带上祭坛的牺牲品则仅仅是普通的战俘。无论人牲的具体身份如何，他们都是整场祭祀仪式的重中之重。即便是在阿兹特克帝国的晚期时代，大量屠戮人牲仍是统治者炫耀和抬升自身文治武功的重要手段。从更形而上学的角度来说，阿兹特克人认为生和死其实是一对"双胞胎"。那些为太阳献出生命的牺牲，最终会将自己的生命融入到每天的日升日落当中。人牲在祭祀仪式上喷涌的鲜血则将让贫瘠的土地重新获得活力。

图42　人牲祭祀，祭司站在一座神庙的台阶上开膛摘心

　　大量神祇被不同的种族、职业或区域团体奉为守护神。例如，女神托西是产婆和医生的保护神，修奇克扎尔特别眷顾织工和绣工，修奇皮里[1]对画工青睐有加，亚卡特库特里[2]会在漫漫苦旅

---

[1]　Xochipilli，阿兹特克神话中掌管花朵和艺术的神。

[2]　Yacatecuhtli，阿兹特克神话中的商会之神。

中默默守护那些勇敢的商人，至于西佩托堤克[1]，他的身份本来
就是诸神中的铁匠。每个城邦和"水山"也都拥有自己的守护神，
阿兹特克帝国首都特诺奇蒂特兰的守护神是威齐洛波契特里，特斯
科科城邦的守护神是泰兹卡特里波卡，特拉斯卡拉的守护神是卡马
斯特里[2]，乔鲁拉的守护神是羽蛇神。

　　为了得体地侍奉这些神祇，阿兹特克人为每位男神、女神都修
建了属于自己的神庙。各路神祇在神庙中的形象通常会被人格化，
并以石头、木头、黏土、橡胶、柯巴树脂（Copal Resin），甚至紫
苋菜种子为材质制成各类塑像。每座神庙都有专属的男祭司，有时
也可能是女祭司。鉴于阿兹特克文化庞大冗杂的神灵谱系，以及这
些神祇在帝国境内各个社区的受欢迎程度，当年的阿兹特克社会必
然有成千上万人投身宗教领域，充当神职官员或仆役。这些人的日
常工作不仅包括侍奉神祇，维护神庙的正常运行，同时还要负责主
持定期举办的各类宗教仪式。

仪式

　　千奇百怪的仪式活动，无论私人的还是公开的，实质都是为了

---

[1]　Xipe Totec，阿兹特克神话中的重生之神。
[2]　Camaxtli，阿兹特克神话中的另一位战神。

将那个超自然的虚幻世界复制到人间。最具私密性的仪式大多在家庭内部举行，这样的家庭通常都要设立一副神龛或祭坛，每天在那里顶礼膜拜。其他仪式活动主要以人一生中的各个重要节点为核心，尤其是新生儿的出生日和命名日，成年人的结婚日和忌日等。诸如此类的仪式，通常都有一套固定的程式。就拿婚礼来说，确定结婚日期首先需要求助于"阴阳先生"和星象学家，还必须征求远亲近邻的意见。举办婚礼费事费力，同时还要时时征求各方意见，做到皆大欢喜。一场阿兹特克婚礼包括赠送彩礼、举行宴会、饮酒庆贺、跳舞狂欢等环节。整个流程还伴随着老年亲友们喋喋不休的发言，反复告诫新婚夫妇要谨言慎行，规规矩矩过日子。对任何家庭而言，举行婚礼都是一笔不菲的开支，食物、可可豆、鲜花和烟草属于结婚时的必备物品，每场婚礼具体的丰简程度则取决于每个家庭的贫富状况。

每个家庭召集亲友庆贺新生儿降生，或者为逝者发丧出殡，恭送他们前往另一个世界，都需要耗费大量财力。除此之外，某些特定的人群也会在专门的时间为自己的守护神举行祭祀仪式。例如，每逢"4—风"日，商人们都要在大庭广众之下毫无心理负担地公开炫富；每逢"1—花"日，大小城主都要向自己豢养的宫廷工匠馈赠礼物；每逢"1—死"日，奴隶们在战神泰兹卡特里波卡的庇护下，会得到特别优待。总而言之，无论何时何地，阿兹特克帝国的子民当中总会有那么一群人正在庆贺属于自己的节日。

公共仪式通常被安排在每个城邦的大型场所举行。一些盛大的活动可能是为某个特殊事件而专门设立的，比如神庙竣工、军队凯旋、远方使团前来朝觐纳贡、城主登基或驾崩等。最受阿兹特克人期待，时间也更为固定的则是那些以 18 个太阳月为周期，循环举办的仪式活动，它们一般被安排在每月（20 天）的开头或结尾。每个月的节日都是为当月主神量身定做的，各有其独一无二的举行目的、仪式仪轨、活动流程、参与人群和专用礼器。阿兹特克人每个月都要在家庭内部和公共场合精心准备各种仪式活动，其中部分可能会以令人眼花缭乱的表演或惊心动魄的人牲宰杀为点缀。多数仪式都要求全民参与。活动过程中，祭司会站在最前排成为众人瞩目的焦点，大小城主们也要配合着翩翩起舞，贵族们享用盛宴，妇女和女孩欢呼雀跃，小伙子和处女们虚张声势地模拟战场情景，儿童会被象征性地"拉长"，以此祝愿他们长得更高，上年纪的人吟唱古老的歌谣，农民奉献自己种植的果实，工匠们祭拜自己行业的守护神。可以这样说，公众的参与和投入程度是决定一场仪式成败的关键因素。

一月一度的仪式活动通常以一顿简餐或盛宴作为开始，最终再以一场盛宴收官。两顿饭之间是演出性的游行[1]，参与者在行进过程中应和着音乐的节奏连唱带跳，[10]同时还要向神进献祭品，包括动物或人牲。比如阿兹特克太阳历9月的"献花节"（Tlaxochimaco），这个节日一般被安排在每年仲夏，恰逢当地的雨季，纪念对象是战神威齐洛波契特里，整场仪式生动活泼、多姿多彩。仪式正式开始前，人们先要动手采摘鲜花，把它们串成花环，还要制作很多"塔马利"。经历过一个不眠之夜（推测实际情形应该是这样），信众们向威齐洛波契特里和其他神祇敬献花环。紧接着，家家户户大排盛宴。欢宴过后，再去公共场合载歌载舞。这一天将要结束时，每个人都要回到家里，虔诚地为这位独一无二的守护神唱起赞歌，老人和妇女们随心所欲地畅饮普尔克。在漫长的庆典过程中，各个阶层的阿兹特克人走出家门，前往自己所在城市最大的神庙迎神祈福，然后再返回家中。无论待在家里，还是置身公共场所，他们都要依照标准的程式，完成一系列构成整个仪式的各个环节。

进献供品是所有祭祀仪式的核心，它的作用是强化阿兹特克人与诸神间的互惠关系。诸神渴望得到人类的供奉，人类则希望对方得到供品后能够投桃报李，比如保佑他们打赢一场战争。[11]为诸神置

---

[1]　大致相当于中国传统文化的社火游行，信众会在行进过程中组织各类表演。

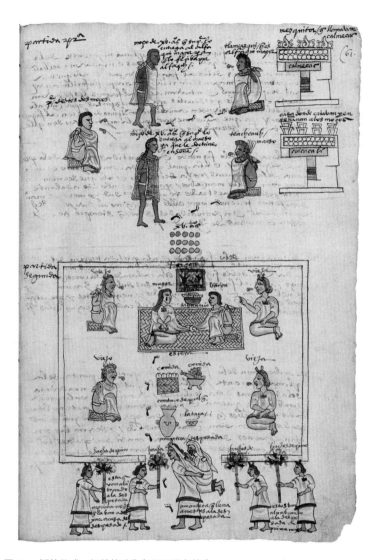

图 43 婚礼仪式，打结的动作象征了男女结合

办供品还有助于让相对独立的家庭更充分地沉浸到公共祭祀仪式的氛围当中。可以想见，当这些人待在家里夜以继日地烹制"塔马利"，编织花环，或者在自家的神龛面前陈列贡品时，所有这一切都将润物细无声地让他们在心理上与那场盛大的仪式建立联系。食物、鲜花和香料是祭祀仪式上最常见的供品，鲜活的牺牲或人牲时常也会被摆上祭坛。

如果赶上神庙扩建之类的重大事件，阿兹特克人还要为各路神祇追加其他种类的祭品。在特诺奇蒂特兰以"大神庙"为核心的"神圣区域"，大大小小的神庙鳞次栉比，已经达到了"庙满为患"的程度。时至今日，已有超过200座被埋藏的祭祀坑在这个范围内出土，而且相关考古挖掘行动仍在继续。其中的祭品包括数以万计的工艺品，材质种类从珍贵的宝石和贵金属到普通的陶器、黑曜石，乃至早期文化的古物，不一而足。形形色色的动物在各类祭品中占绝对多数，考古学家目前已在特诺奇蒂特兰"神圣区域"的遗址中鉴别出450种动物的骸骨，它们的原始分布范围涉及阿兹特克帝国的每个角落。除此之外，被用来充当人牲的武士，以及儿童和贵族的头骨在这个曾经频繁举行祭祀仪式的城市仪式中心也被发掘了出来。[12]

在特诺奇蒂特兰一月一度（每年18次）令人眼花缭乱的仪式活动中，有11次都被献给了雨神特拉洛克，还有他手下那些和丰收有关的各路神祇。这充分体现出阿兹特克人对降雨和丰收的重视，甚至可以说是焦虑。另外 7 个月的仪式主题主要涉及创世和战争，守护神威齐洛波契特里和战神泰兹卡特里波卡是这些仪式的中心，具体情况可参考本书的附录《每月仪式列表》。

还有一些仪式的时间间隔就比较长。例如，献祭火神的仪式每隔 4 年举行一次，要求信众普遍斋戒的仪式每隔 8 年才举行一次，所有阿兹特克节日的重中之重，也就是所谓的"新火节"，它的周期是每 52 年一次。由于担心世界末日的突然降临，每逢"新火节"，祭司率领大家向附近的山上行进祈福时，阿兹特克人都要砸烂自己的家当，熄灭家中的炉火。爬上山顶以后，充当祭品的人牲会被开膛摘心，一束"新火"随即在他的胸膛中燃起。这束"新火"经过人们的接力传递，游走在一个又一个社区，直到家家户户的炉火彻底被更新一遍，开启下一个 52 年的轮回。阿兹特克帝国上上下下的各色人等至此才算松了一口气。

话说到此，这些仪式对于普通阿兹特克人到底有什么意义呢？对阿兹特克人而言，反复参与和接触这些极具戏剧性的公共仪式可以强化支撑他们独特文化的神话基础，重申阿兹特克人以贡献人牲的方式打破生死界限的文化理念。除此之外，于各种人生重要时刻在家庭内部举行的祭祀仪式还可以加强人们的道德准则，规范人们的言行举止。总之，无论从私人角度还是公共角度来说，各类仪式活动都可以起到人际沟通和桥梁的作用，建立或重建人类社会、自然界和超自然世界这三者间的平衡与和谐。阿兹特克人眼中的世界变幻莫测，充满不确定性和无序性，定期举行的严肃仪式则可以为这个众声喧哗的世界带来秩序、均衡和充满希望的神秘色彩。只可惜，所有这一切最终都因西班牙人的不期而至画上了休止符。

或者，真的结束了吗？

第10章

日薄西山：第五太阳纪的终结

你们说我们的神并非真神，你的话我闻所未闻，"因为那些神，我们受到了蒙蔽；因为那些神，我们陷入了彷徨"。

早于我们生活在这片土地上的先人从未领教过如此的信口雌黄，他们知行合一地建立了属于自己的生活，还将它留给了我们。我们心中的神，也曾受到他们的信仰和崇拜。面对诸神，我们五体投地。以神的名义，我们延续着族群的血脉，信守着族群的诺言，我们焚香礼拜，我们献上牺牲……现在，我们是否真的需要毁弃这古老的生活法则？……哦，阁下，听我良言相劝，不要恣意妄为，给我的族人带来灾祸，不要让他们受到神的惩罚……我们根本无法相信你说的一切，更无法平心静气。我们无法对你的那套说教信以为真，尽管这将冒犯你的威严。[1]

公元 1524 年，在西班牙的墨西哥殖民地，阿兹特克的智者（tlamatinime/wise men）[2] 曾这样字斟句酌却又不乏恭顺之态地与 12 位初来乍到的圣方济各会修士虚与委蛇。双方见面的地点是西班牙征服者刚刚在墨西哥城建成的新市政厅。特诺奇蒂特兰陷落 3 年后，新的城市直接从它的废墟上拔地而起。修士们的任务是劝说阿兹特克人背弃他们的诸神，皈依基督教。随着双方交流的逐渐深入，前者开始向后者灌输诸神纯属虚幻，只有上帝才是至高真神的宗教理念。

本章开头引述的这段文字名为"智者发言"，几位阿兹特克智者的目的是用这套言辞礼貌地欢迎几位远道而来的修士，同时也表达出自己对心中那些神祇毫不动摇的坚定信仰。从表面上看，他们已经认可了新领主对自己的统治权威，根底里却仍未放弃阿兹特克诸神创造世间万物的中心地位，坚信自己有义务继续按照传统的仪轨侍奉诸神和祖先。有鉴于此，西班牙人的到来似乎并没能彻底终结阿兹特克文化，游戏仍在继续。

图 44 公元 16 世纪中期创作完成的描绘基督教形象的羽毛马赛克三联圣像

16 世纪中叶，阿兹特克人的世界发生了天翻地覆的巨变，这个过程还经常伴随着强烈的阵痛。与此同时，无论土著居民，还是西班牙征服者，其实也都在努力适应这种变化。双方的磨合是频繁的，也是有效的。本书展示的这件羽毛马赛克镶嵌三联圣像画就是一个典型例证，它是阿兹特克传统工艺与西班牙基督教格式和符号的完美结合。这些用于仪式的画片在基督教世界属于常见的宗教用品，古代墨西哥却对其一无所知。因此，圣像采用的三联折叠式样配鎏金镶边的木质底板很可能出自西班牙匠人之手，虽然那些西班牙监工经常向土著工匠灌输学习使用全新技术的重要意义。

附着在木质底板上的羽毛马赛克无疑是土著工匠的杰作。经过仔细检验，圣像上可以找到粉、黄、橘红、白、棕、蓝、绿、黑等多种颜色的彩色纸片和羽毛碎片。[3] 圣像图案中使用最多的是蓝、绿两色的蜂鸟羽毛，画面中那些大片的灰色区域，16 世纪时很可能就曾被色彩斑斓的羽毛覆盖过。可以想见，这些羽毛镶嵌图案当年一定光彩夺目，丝毫不比教堂里的彩绘玻璃窗逊色。画面中的字母和其他线条使用的或许是大尾拟椋鸟的羽毛。阿兹特克工匠技艺精湛、一丝不苟，细致入微地在画面中用羽毛碎片刻画出桌子上摆放的微小物件，衣服上的褶皱，墙上的砖缝，清晰的字迹，乃至圣徒的脚趾头。他们作画的手法源自古老的羽毛镶嵌工艺，最终呈现在世人面前的却是一种全新的艺术形式和风格，刻画出一系列与自身文化迥然有别的象征符号。

这些象征符号源自基督教文化。圣像正中靠上位置的图案分别是《基督受难像》和《最后的晚餐》，图案下方几行拉丁文的意思是"这是我的身体……因为这是我的血，新约的血，为大众倾流，以赦免罪过"[1]。圣像左联的人物形象表现的是手握天堂钥匙的圣彼得（St Peter），右联则是持剑的圣保罗（St Paul）。综合比较三联圣像的构图风格就会发现一个有意思的现象——3 块木板上的图案应该出自 3 位不同的工匠。中间那块木板手法最细腻，结构最复杂的图案由一位技艺最精湛的高手负责，左右两侧的图案则应该是两位功力稍逊一筹的匠人的杰作。[4] 左右两侧的人物形象和背景颜色虽然达到了完美的对称性，不过负责左侧图案的工匠明显又比负责右侧的同行手法更加娴熟。整件圣像充分体现了阿兹特克工匠的团结协作精神，他们的做法沿用了"前西班牙时代"墨西哥当地的手工业生产模式，最终创造出一件西班牙风尚与阿兹特克人羽毛工艺相结合，处处流露出基督教理念和意象的工艺品。在这件圣像上，两种截然不同的文化不期而遇、水乳交融，最终成就了一件具有独特感染力的宗教艺术品。[5] 从某种意义上来说，这件圣像集中体现了两个不同世界在文化、经济、社会、政治、宗教等多个层面的相撞

---

[1]　这段话出自《圣经·马太福音》，但略有删节。

和相融。

话说到此，那些墨西哥土著又是如何看待眼前发生的这场巨变的呢？本书第1章已经简要介绍过西班牙征服者眼中的阿兹特克人形象，接下来，我们将变换视角，针锋相对地站在墨西哥土著居民的立场上去审视一系列重大历史事件，以及西班牙人对墨西哥的征服史。

公元 1519 年 2 月至 1521 年 8 月的一连串事件

公元1519年2月，科尔特斯率领11条船、16匹马，还有大约600人，其中包括50—100名水手，从古巴渡海而来。他们此行的目的是深入墨西哥内陆。这次远航之前，已有两位欧洲人先后造访过尤卡坦半岛（Yucatán）沿海地区，还跟当地土著发生过小规模冲突。第1次是公元1517年，由弗朗西斯科·埃尔南德斯·德科尔多巴[1]领导的探险活动；第2次探险活动的领导者名叫胡安·德格里哈尔瓦[2]，发生在公元1518年。两位前辈的探险对科尔特

[1] 原文为 Hernandez de Córdoba，实际应为 Francisco Hernández de Córdoba，1475—1517 年，文艺复兴时期欧洲航海家，他是第一位与玛雅文明建立联系的欧洲人。
[2] Juan de Grijalva，公元 1489 年左右生于西班牙的奎利亚尔，1508 年来到美洲，死于 1527 年 1 月 27 日。

斯意义重大，至少为他的团队提供了 38 位经验丰富的成员。但 1517 年和 1518 年的前后两次探险，都从未深入过墨西哥内陆。科尔特斯则将在前两次的基础上取得突破。

科尔特斯首次沿尤卡坦半岛海岸线航行时得到了一位价值无法估量的助手——赫罗尼莫·德阿吉拉尔（Jerónimo de Aguilar），后者从 1511 年开始便滞留当地无法脱身，还学会了尤卡坦当地的玛雅土著语言。来到尤卡坦半岛的科尔特斯探险队与当地土著在塔瓦斯科[1]发生了一场激烈冲突，铩羽而归的土著居民被迫向科尔特斯敬献了大量珍贵的礼品，其中还包括 20 名妇女。受洗后改名为玛丽娜（Marina）的马林辛（Malintzin）就是这 20 名妇女中的一员，通晓纳瓦语和琼塔尔玛雅语[2]的她成了科尔特斯的翻译兼伴侣，两人还生下了一个名叫马丁（Martín）的孩子。

探险队在今天的韦拉克鲁斯附近地区登陆后，科尔特斯率领他们在当地建立了一座小镇，随后开始向内陆进发，先后造访过坎波拉（Cempoalla）和特拉斯卡拉两大城邦。这两股强大的当地政治势力最终都和西班牙人结成了同盟关系。坎波拉城邦当时早已臣服于阿兹特克帝国，然而却拒绝向后者纳贡，特拉斯卡拉则始终跟强大的阿兹特克帝国保持着敌对关系。阿兹特克皇帝当时已经得知西

---

[1] Tabasco，位于墨西哥湾沿岸。
[2] Chontal Mayan，玛雅语的一个分支。

班牙人抵达墨西哥，正在向内陆进发的消息。双方关系起初维持得不错，阿兹特克皇帝甚至还曾派遣使者携带礼物专程拜访科尔特斯。后来，随着疑惧不断加深，阿兹特克人转而开始在道路上大量种植龙舌兰，意在阻止西班牙人向内陆深入的脚步。随后几年，形势发生了戏剧性的变化，一次突发事件让那些西班牙征服者摇身一变，成了阿兹特克人眼中的"天神下凡"。卡米拉·汤森[1]在自己的书里曾这样写道：

> 阿兹特克人从不相信凡人可以羽化成仙，也不相信天神会在某个特定的年份屈尊降临人间，更不相信什么人能够代表上天，前来征服他们。[6]

西班牙人的出现改变了这一切。公元 1519 年 11 月 8 日，蒙特苏马二世亲临特诺奇蒂特兰城外会见科尔特斯。西班牙人和他们的特拉斯卡拉盟友随后获准入城，入住蒙特苏马二世的父亲阿哈雅卡特尔留下的豪华宫殿，这处宫殿坐落在特诺奇蒂特兰的中心地带。从这时开始，直到公元 1520 年的仲夏时节，双方的交往可谓龃龉不断。起初，西班牙人和阿兹特克人维持着短暂的友善关系，前者

---

[1] Camilla Townsend，美国罗格斯大学历史学系教授，代表作《第五太阳：阿兹特克人的新历史》。

得到了贵宾规格的款待，甚至获准在城内四处游览。只可惜，科尔
特斯有意无意亵渎了守护神威齐洛波契特里的神像，这样的行为在
祭司阶层引发了强烈反感，心怀不满的皇帝随即下令给他戴上镣
铐。得知此事的西班牙方面从古巴派来更多人马登陆墨西哥沿岸，
打算从阿兹特克人手里救走科尔特斯。后者来到海边与这些同胞会
面，还说服他们加入了自己的探险队。

　　科尔特斯离开海边，重返特诺奇蒂特兰期间，替他行使指挥权
的是性格鲁莽暴躁的副手佩德罗·德阿尔瓦拉多（Pedro de Alvara-
do）。这个人趁着阿兹特克方面庆贺当月太阳节的机会发动突然袭
击，杀死了许多土著居民。回到特诺奇蒂特兰的科尔特斯发现留在
当地的同伴，还有那些特拉斯卡拉盟友被困在阿哈雅卡特尔的宫殿
里，正在遭到围攻。此时的科尔特斯麾下总共大概有 1000 人，还
有将近 100 匹马，以及 2000 名左右追随他们的特拉斯卡拉土著。
人少势单的西班牙人无法在特诺奇蒂特兰城内立足，尤其是在蒙特
苏马二世惨死以后，形势变得越发严峻。[7] 这年 7 月的一天夜里[1]，
西班牙人只得冒着蒙蒙细雨，沿着特拉科潘堤道（Tlacopan cause-
way）撤离特诺奇蒂特兰。撤离途中发生了激烈战斗，科尔特斯一
方损兵折将，西班牙人大概有 600 人被打死，特拉斯卡拉盟友几乎

---

[1]　原文如此，实际应为公元 1520 年 6 月 30 日夜。

全军覆没，另外还损失了很多马匹，这个夜晚因此被西班牙人称为"悲痛之夜"[1]。同样的事放在阿兹特克人身上当然算不上什么"悲痛"，他们把这个夜晚称为"西班牙人在托尔特卡运河的死亡之夜"。

科尔特斯一行被阿兹特克人追击了很长一段距离，最终退回到了特拉斯卡拉人的领地，并受到热烈欢迎。为了这次探险，后者也折损了不少族人。接下来的事情自不待言，在随后的 5 个半月中，西班牙人享受着特拉斯卡拉人的盛情款待，他们整修战船、厉兵秣马，同时还劝说其他很多土著部族加入到自己的阵营。同年 12 月末，西班牙人率领众多盟友再次向岛城特诺奇蒂特兰进发。

同样是在这段时间，蒙特苏马二世的兄弟库伊特拉华克（Cuit-lahuac）在特诺奇蒂特兰登基加冕。几个月以后，他不幸死于天花。蒙特苏马二世的侄子考乌特莫克临危受命，接替库伊特拉华克成了阿兹特克皇帝。此时，意识到西班牙人将再次发动进攻的阿兹特克人开始有计划地修建路障、堵塞运河、破坏城市道路，在湖里钉满木桩[2]，着意加强与周边部族的关系。阿兹特克人的外交斡旋几乎没能取得任何实效，西班牙人兵临城下时，特斯科科湖沿岸的城

---

[1]　Noche Triste/Sad Night，实际发生后时间为 1520 年 6 月 30 日，西班牙征服者杀死蒙特苏马二世后，引发阿兹特克人的激烈反抗，造成大量伤亡。

[2]　目的是阻碍船只通行。

邦纷纷倒向他们一边，特诺奇蒂特兰真的成了一座孤岛。

公元 1521 年 4 月 28 日，西班牙人正式对特诺奇蒂特兰形成合围，城中的百姓此时却已被持续的饥荒和西班牙人带来的传染病折磨得奄奄一息。科尔特斯麾下则聚集了超过 900 名西班牙士兵（多数是刚从古巴赶过来的），另有数千名土著盟友。他们的装备包括 86 匹马，55 门大炮，以及 13 艘双桅帆船。激战整整持续了 75 天，公元 1520 年 8 月 13 日，特诺奇蒂特兰被攻破，考乌特莫克皇帝兵败被俘。[8] 特诺奇蒂特兰陷落后，科尔特斯的人马又继续花费了几十年的时间东征西讨，这才彻底征服了中美地区的其他土著部落。

落入西班牙征服者之手的特诺奇蒂特兰，大部分城区都遭到了破坏和劫掠，人口损失惨重。阿兹特克方面的具体死亡人数目前很难准确计算，应该在 10 万—24 万。西班牙人在围城战中的死亡人数超过 100 人，其中半数都是被俘后以人牲的身份丢了性命。[9] 西班牙土著盟友的损失人数同样无法准确估量，有一种说法认为，特诺奇蒂特兰围城战期间，土著盟友差不多死了 24000 人，[10] 正是这些各怀心事的土著盟友在进攻阿兹特克帝国的过程中为西班牙征服者提供了有力的支持。虽然后人经常将西班牙人手中的先进武器视为取得这场胜利的先决条件，[11] 然而战场上的主力军却是那些土著部族，双方的作战方式也是几个世纪以来，甚至千百万年以来的传统套路，是他们自己决定了战争的最终结局。

土著族群眼中的征服史

阿兹特克人生活在他们想象中的"第五世界"，或者也可以说是"第五太阳纪"，同时坚信第五太阳纪命中注定将终结于一场大地震。他们做梦也不会想到，自己生活的这个世界最终会毁于来自东方大海上的陌生人，也就是那些追逐黄金、白银，渴望灵魂不朽和社会地位的西班牙征服者。特诺奇蒂特兰陷落，考乌特莫克皇帝被俘的时间，按照阿兹特克历法应该是"2—火神、1—蛇"日，也就是基督教日历的公元1521年8月13日。"考乌特莫克"这个名字在纳瓦语里的意思可以被理解为"落鹰"或"夕阳"，这实在是个不幸的巧合。

土著文献对于那些闯入他们世界的陌生事物记载，可以为我们审视西班牙的中美地区征服史提供一个内在视角，能够让我们知晓当年的他们对这些敌人有过怎样的理解和误解，以及作为失败者的他们如何评价西班牙人取得的胜利，还能让我们从更加细致入微的角度梳理阿兹特克人在那场历史巨变中的欲求、取舍、抉择和行为方式。几段流传至今的稀缺史料恰好可以回答上述问题，同时帮助我们破解某些悬而未决的历史疑团。

旧瓶装新酒

来自查尔科部族的土著作者奇马尔帕辛[1]将西班牙征服者视为与阿兹特克帝国领土上诸多部族定位同等，不存在明显差异的另一族群。[12]类似这样的看法取决于土著族群固有的世界观，也决定了他们会按照自己熟悉的族群交往方式，对西班牙人"一视同仁"。至少在二者相遇的初期，他们采取的是这样的态度。按照这样的思路，阿兹特克人与西班牙人会面，礼貌地和他们打招呼，同时极力让对方相信自己拥有压倒性的优势。为了证明这点，甚至不惜在战场上兵戎相见。如此种种，都是土著族群与异族打交道的常用套路。

交手初期，阿兹特克人没能立刻意识到此次遇见的对手平时遵守的是另一套游戏规则，也并不了解他们有别于其他土著族群的动机和优势。例如，战场上的土著武士曾冒着极大的风险试图生俘西班牙人，为的就是随后向神灵献祭。反观西班牙征服者，他们的心里没有这样的打算，因此在短兵相接的过程中也就丝毫不会手软。冲突爆发后，必然会有一定数量的西班牙人和马匹被阿兹特克武士

---

[1]　Chimalpahin，一般被称为"查尔科的奇马尔帕辛"，著有《他那个时代的编年史》（*Annals of His Time*）。

生俘。他们处理这些俘虏的方式是按照自己的习惯将他们献祭，然后大卸八块，最后再把俘虏的头颅挂在骷髅墙上公开示众。与此同时，阿兹特克武士也会毫不犹豫地使用那些感觉顺手的西班牙武器，手法娴熟地挥舞缴获的佩剑上阵杀敌。

图 45　挥舞西班牙佩剑的土著武士

　　有一个现象特别令人费解，在是否允许对方进入特诺奇蒂特兰这个问题上，当年的阿兹特克人似乎对西班牙人和宿敌特拉斯卡拉人执行了"双重标准"。究竟是什么因素促使他们与"老对头"冰释前嫌呢？阿兹特克帝国的历史似乎可以为这个问题提供答案。同样是在公元 1519 年和西班牙人打过交道的蒙特苏马二世执政期间，时间比前者来到当地还要稍早几年，这位皇帝曾允许素来与阿兹特克人不睦的乌埃索辛卡人以难民身份进入特诺奇蒂特兰，躲避他们共同的仇敌特拉斯卡拉人。如此一来，允许宿敌进入自己强大的都城，对阿兹特克人来说也就算不上什么新鲜事了。无论历史的真相究竟如何，当年陪同科尔特斯来到特诺奇蒂特兰的那些特拉斯卡拉人可能仅仅是一些没有武器的脚夫，阿兹特克人因此也就不会将他们视为现实的威胁。

对西班牙人的理解和"误读"

阿兹特克人和西班牙人实现跨文化交流首先要解决的问题就是互相听懂对方的语言。科尔特斯是幸运的，他的队伍里有一位会说西班牙语和尤卡坦玛雅语（Yucatec Mayan）的手下，也就是前文提到的德阿吉拉尔（Aguilar）；还有玛丽娜这位通晓琼塔尔玛雅语和纳瓦语的贤内助。他们和那些说纳瓦语的土著领主会面时的情景或许是这样的：领主先用纳瓦语对玛丽娜说几句话，玛丽娜把纳瓦语翻译成琼塔尔玛雅语，说给德阿吉拉尔，德阿吉拉尔再把这几句话翻译成西班牙语告诉科尔特斯，科尔特斯听完这几句话以后给出答复，随即按相反的流程翻译给土著领主。这样的"接力翻译"应该能实现基本的交流沟通，问题在于，谁也无法预料整个过程中到底会出多少纰漏，这些纰漏自然而然会造成相应的"误读"[1]。蒙特苏马二世与科尔特斯的那场关键性会面就存在这样的问题：皇帝向来客表示欢迎，言谈举止都很得体，只不过他的所谓"得体"是一种模范阿兹特克人的"得体"。在科尔特斯眼中，皇帝的言行处处流露出投降的意愿，于是他便把这个"喜讯"添油加醋地报告给了西班牙国王。

还有一个例子也能体现双方交流过程中的"误读"现象：当西班牙人向阿兹特克人索要黄金时，后者立刻满足了他们的要求。阿兹特克人希望通过这种慷慨的方式让那些陌生人满意而归，避免节外生枝，然而他们却低估了西班牙人对黄金的贪婪，起初的慷慨只会激发更大的贪欲。问题在于，阿兹特克人手里的黄金数量有限。

---

[1] misunderstanding，"误读"在这里是个知识考古学的概念，有别于一般意义上的"错误"，按照通常的理解，"错误"没有任何意义，应该被排除在"正确"的知识场域以外，但是按照知识考古学的理论，"误读"却可以停留在这个场域里继续发生作用，即便它在本质上就是错的。

谁打赢了那场战争？

对于西班牙征服者来说，讲述那段历史时最重要的一点就是要将自己刻画为克服重重艰难险阻的胜利者。事实的确如此，西班牙人在人数远远少于阿兹特克人的情况下以寡击众，打赢了那场战争。然而西班牙人在对抗阿兹特克帝国的阵营中也是少数，真正的主力军其实应该是特拉斯卡拉人，他们认为"自己在西班牙人的协助之下击溃了阿兹特克帝国的军队，攻克了它的首都"。[13]沿着这个思路推演下去，那场战争的真正胜利者就应该是特拉斯卡拉人，而非西班牙人。

战场上的敌我划分总在不断发生变化，背后隐藏的逻辑却大同小异。出于自身利益的考虑，乌埃索辛卡人也会经常和特拉斯卡拉人结成反对阿兹特克帝国的同盟，他们参加那场战争的目的其实是想"借助西班牙人的势力满足自身的诉求，首先打败阿兹特克人，然后再调头收拾特拉斯卡拉人"。[14]西班牙人的如意算盘是利用土著族群间的明争暗斗打败阿兹特克帝国，土著族群的想法则是借力西班牙人获得地缘竞争中的优势。毋庸置疑，他们热切希望这个新出现的"搅局者"能够帮助自己提升在当地政治环境中的地位。反阿兹特克阵营内部各怀鬼胎，真正吃亏的只有阿兹特克帝国，以及陪他们走到最后的忠实盟友。无论那些土著族群对未来的胜利作过怎样的期许，到头来，西班牙征服者还是终结了当地所有的传统城邦体制，把这片土地变成了"新西班牙"。[15]

站在土著族群的立场上，凭借他们留下的历史文献，我们可以更加深入地了解那场征服战争。举例来说，西班牙人抵达查尔科城邦时，当地的两位城主曾主动与科尔特斯洽谈，另有一位城主则转移到特诺奇蒂特兰，决心和蒙特苏马二世并肩作战，还有一位城主带着妻妾东躲西藏。相似的分裂局面随后又发生在特斯科科和特诺奇蒂特兰，以及其他名不见经传的大小城邦。事实上，土著族群对西班牙人的态度并非铁板一块，不同派系之间基于各自的血缘、居住地和族群背景往往同床异梦。

土著族群留下的历史文献还曾提到阿兹特克人面对西班牙人时的恐惧心理，他们害怕西班牙人豢养的猛犬，更对后者痴迷"闪亮之物"[1]的心态大惑不解。今天的我们已经知道阿兹特克帝国拥有一套卓有成效的信使体系，知道他们如何哀悼死者，替死者发丧，还知道他们怎样为参加祭祀仪式和战争而精心准备。今天的我们知道他们如何表彰在战场上建功立业的武士；如何将缴获的西班牙大炮投入湖中；知道他们很快就在战场上发现通过闪避，以及各

---

[1] shiny things，指黄金和白银。

种纺织品[1]可以有效对抗西班牙人的火药枪炮；还知道当地人驾驶的独木舟在特诺奇蒂特兰围城战期间是抗衡西班牙双桅帆船的利器。通过阅读土著文献，我们可以超越时空"聆听"古人的发言和对话，知晓若干人的姓名和职位，细致入微地了解当地的人文地理。

土著居民

蒙特苏马二世的继任者库伊特拉华克早在特诺奇蒂特兰围城战开始前就死于天花，他并非是这种疾病的唯一受害者，西班牙人来到当地以后，很多土著居民从未见过的传染病便开始突然爆发，比如天花、麻疹和流感，可能还有斑疹伤寒。更糟糕的是，他们对这些疾病没有任何免疫力。征服战争结束后，土著居民先后在公元1545—1547 年、1576—1581 年、1629—1631 年经历了几次传染病大流行，死亡人数空前绝后。据估算，在那场战争过后的半个世纪里，仅墨西哥盆地范围内就损失了 1/2 到 5/6 的人口。

传染病给不同地域居民造成的损失其实并不平均。例如，在公

---

[1]　早期火药武器的威力有限，普通的丝绸和棉布就可以起到一定的防弹效果。

元 1576—1581 年的那场大流行中，奥托潘[1]当地的人口减少了整整一半。从疫情爆发到公元 1563 年，霍奇米尔科[2]的人口总数据说从三万锐减到七八千。[16] 到了 16 世纪末，恰好位于墨西哥盆地南部的莫雷洛地区[3]，人口下滑了 75%—80%，某些低海拔地区的居民则几乎全军覆没。据估算，17 世纪初墨西哥中部土著居民的总人数刚超过 100 万，而在公元 1519 年，这个数字却是 1200 万—1500 万。总体而言，我们通常认为美洲土著居民在和欧洲人发生交往后的大约 100 年中损失了 90% 的人口。

疫情大流行造成的影响惨重而深远。随着人口的锐减，大范围的饥荒接踵而至。某些社区成员离世的同时，还带走了他们掌握的独门技艺和专业知识。鉴于很多村镇的人口日渐单薄，出于方便管理的考虑，西班牙人开始把那些劫后余生的土著居民召集到几个规模较大的社区集中居住。众多土著居民因此背井离乡，彻底断绝了与传统生活方式之间的联系。

西班牙人的到来以及随后的建设活动把这片土地变成了"新西班牙"，同时也在诸多层面影响着土著居民的生活。这种影响首先发生在活生生的人身上。很多来到当地的西班牙人选择与土著妇女

---

[1] Otompan，位于今墨西哥城的东北方向。

[2] Xochimilco，墨西哥城南部小镇。

[3] Morelos，即如今位于墨西哥城以北的莫雷洛斯州。

结婚，然后生下被称为"梅斯蒂索"[1] 的混血后代。从那之后，以奴隶身份来到美洲的非洲人又让当地的人口构成变得更加复杂。多数西班牙人都会选择与大型土著居民社区比邻而居，那些西班牙家庭豢养的奴隶不像征服战争期间一样，仅仅被视为任人摆布的配角，承担私人助理、仆人、商业助手等任务，或者充当别人抬高身价的道具。[17] 恰恰相反，某些拥有一定人身自由的武装奴隶很可能扮演着"双面人"的角色，在西班牙人面前，他们是卑微的奴隶，可是在土著居民面前，他们又是高高在上的征服者，享有身为征服者的种种特权。随着征服行动的不断深入，越来越多的非洲人涌入中美地区。到了公元 1537 年，据说已有 1 万名非洲人长期定居墨西哥城。[18]

可以想见的是，新领主们的到来打乱了土著社会原有的层级划分，许多阿兹特克平民的生活面临着重新洗牌，他们必须像曾经臣服于"前西班牙时代"的大小城主和贵族们那样供养西班牙的"太上皇"。西班牙人建立的殖民体系也会对阿兹特克的城主和贵族阶层产生影响，那些乐意与征服者合作的人将得到回报，而反抗到底的人会受到惩罚，丢官罢职，有时甚至可能因此丧命。此时的很多阿兹特克贵族仍然拥有土地、佃户和较高的社会地位，然而随着

---

[1]　mestizo，特指拥有西班牙和美洲土著血统的拉丁美洲人。

时间流逝，他们的权利将不断遭到蚕食，最终和原先的平民一同沦为西班牙人治下的社会底层。按照古老的传统，各个阶层的土著依然继续使用自己原先隶属的城邦关系来称呼自己，或者更笼统地自称"我们这里的人"（nican titlaca）后来则称为"平民"（macehua-ltin）。

"新西班牙"的西班牙人偏爱城市生活，他们有意识地在那些土著城镇的废墟上修建新的城镇。墨西哥城的大部分地基就建在特诺奇蒂特兰古城之上，"前西班牙时代"建筑物的石料被拆卸下来用于"新西班牙"的政府、宗教和民用建筑。征服战争结束大概100年后，特斯科科王室后裔伊斯特利尔索奇特尔曾感叹说特斯科科壮丽的王宫如今已经成了西班牙人的工厂。

"新西班牙"的征服者也在当地修建了包括普埃布拉和港口城市韦拉克鲁斯在内的若干全新据点，用于安置他们的行政、经济和宗教中枢。墨西哥殖民时代的城市，尤其是墨西哥城这样的城市可以被视为西班牙政治体制和生活方式的集大成之作。随着土著族群不断遭到征服，随着他们的土地先后沦陷于异族铁蹄之下，很多新近来到这里的西班牙人获得了名为"委托监护制度"（encomien-das）的特权，也就是说西班牙政府将"新西班牙"的某块土地连同土地上的居民"委托"给他们全权管理。类似这样的"托管"制度后来被普及到了范围更广的地区。到了16世纪中期，许多土著居民占绝对多数的城镇都已经出现了西班牙定居者的身影。这其中的很多城镇，比如特拉斯卡拉，仍然保留着土著居民的自治委员会，不过从 17 世纪早期开始，这些地方自治政权也就逐渐烟消云散了。

传统和新型经济

几乎是在不期而遇的第一时间，阿兹特克人和西班牙人就开始互相接触对方的食物，以及其他产品和自然资源。西班牙人吃着土著居民的食物，在特拉特洛尔科的市场上流连忘返，四处搜寻黄金的踪迹。相应地，阿兹特克人和其他土著族群也慢慢见识了西班牙人的海船、马匹（他们把这些马称为"鹿"），还有钢铁制成的兵器和盔甲。纵贯整个 16 世纪，随着交往频率的不断提高，双方接触到的新鲜事物也越来越多。

西班牙人带到这片土地的"重头戏"是那些欧洲作物。就拿小麦来说，作为西班牙人的基本食物来源，它们传入墨西哥后很快便挤占了大片原本属于玉米的种植面积，虽然土著居民还是习惯继续靠食玉米为生。基于世俗和宗教[1]的双重需要，葡萄也被引种到

---

[1]　基督教的弥撒仪式必须有葡萄酒和面包，它们象征了耶稣的血和肉。

当地，主要用于酿酒。温暖、湿润的低海拔地区则开始大面积种植甘蔗之类的作物。

随西班牙人来到墨西哥的家禽、家畜包括牛、马、驴、骡子、猪、山羊、绵羊和鸡。在早期殖民时代牛、马、驴和骡子的驯养、使用范围仅仅局限于西班牙人、土著贵族和职业商人群体。绵羊和山羊在墨西哥受到广泛欢迎，这些羊群通常是大地主的私有财产，也可能是社区的集体财产。公元 1500 年至 1510 年中期，特拉斯卡拉的自治委员会就拥有一大群绵羊，由于缺乏饲养这种家畜的专业知识，他们还特意雇了一个西班牙人替自己放牧。到了 16 世纪，墨西哥当地各类生活资料的所有权基本已经落入西班牙人之手，这无疑会给土著居民的生活带来各种问题。大量农田被改造为牧场，存栏量过剩的牲畜时常偷吃牧场周围的庄稼。有时候，人甚至不得不和牲畜争抢口粮。甚至，还曾有土著居民向法庭控诉说自己遭到了马的踩踏，可见牲畜对个人生活的影响。相比于饲养成本偏高的大牲畜，土著居民似乎更乐意在房前屋后放养几只物美价廉的欧洲鸡和本地火鸡，这两种家禽在当时的土著社区随处可见。

西班牙人带到墨西哥的其他新生事物还包括大砍刀、小刀、铧犁、锄头和剪刀等金属工具，以及使用车轮进行运输，以轮轴来纺线，用轮盘进行陶器生产。以龙舌兰为原料酿造的酒饮继续广受欢迎，只不过除了发酵的普尔克外，此时的阿兹特克人已经掌握了蒸馏技术，能够生产名为"特奎拉"（tequila）的高度烈性酒。土著居民还学会了用当地出产的蜂蜡制作照明用的蜡烛，吉他等颇具西班牙风范的拨弦类乐器现在也成了演奏各种土著音乐的"顶梁柱"。随着绵羊的引入，土著居民纺线织布的工艺也在悄然发生改变。绵羊能产出羊毛，羊毛的外观与棉花类似，也能纺线织布，所以时至今日绵羊在纳瓦语中仍被称为"ichcatl"，也就是"棉花"的意思。为了把羊毛纺成毛线，再把毛线织成毯子，土著居民开始使用重型脚踏织机（Heavy-duty treadle loom）和配套的纺轮。操作这些新式织机和纺轮的主要是纺织作坊里的男性织工，普通家庭妇女则继续使用原始的腰机在家里纺线织布，只不过她们也在纺织原料中添加了羊毛。

土著居民在坚守传统服饰、饮食习惯、手工艺和农耕技术方面的努力显而易见，然而在多数情况下，他们的生活仍然体现出一种新旧融合的状态。就拿服饰来说，传统的土著服装大多都很宽松，西班牙人的衣服，比如男、女衬衫和短裤则大多是紧身款式。"后西班牙时代"，阿兹特克女性的日常服装变成了下身穿传统长裙，上身穿西班牙女士衬衫，有时还可能再披一条传统的斗篷。男性服装样式则改为西班牙衬衫配短裤，外罩传统斗篷。直到今天，墨西哥的土著男女仍然坚守着这种被西方人称为"印第安服装"（Indian clothing）的穿衣时尚，虽然它本身就是殖民时代的产物。

图46　20世纪的纳瓦妇女用传统纺锤纺羊毛，身边放着腰机和毛线

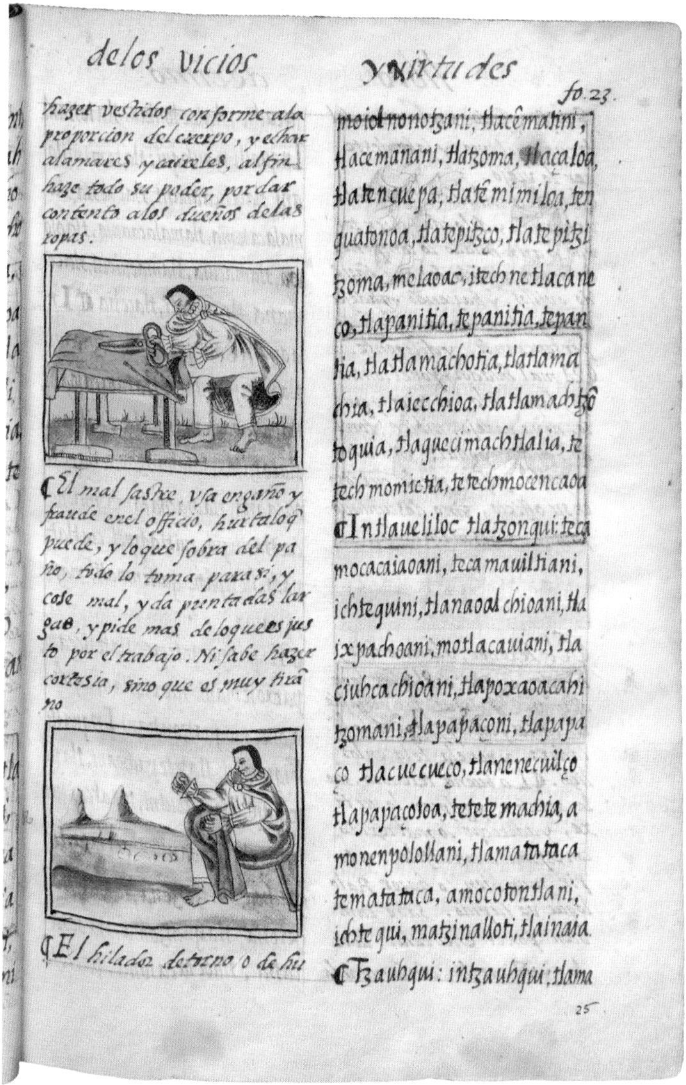

delos vicios　　　　y virtu des　　fo.23.

hazer vestidos conforme alo
proporcion del cuerpo, y echar
alamares y ateveles, al fin
haze todo su poder, por dar
contento alos duenos delas
ropas.

¶El mal sastre, usa engaño y
fraude enel officio, hurta loq
puede, y lo que sobra del pa
ño, todo lo toma para si, y
cose mal, y da puntadas lar
gas, y pide mas de loque es jus
to por el trabajo. Ni sabe hazer
cortesia, sino que es muy tira
no

¶El hilado de treno o de hu

moiol nonotzani, hace matini,
Hacemananani, Hatzoma, Hacaloa,
Hatencuepa, Hatemimiloa, ten
quatonoa, Hatepitzco, tlatepitzi
zoma, melaoac, itechne tlacane
co, Hapanitia, tepanitia, tepan
tia, Hatlamachotia, tlatlama
chia, tlaiecchioa, Hatlamach to
quia, tlaquecimachtialia, te
tech momictia, tetechmocencaoa
¶In tlaueliloc tlatzonqui: teca
mocacaiaoani, teca mauiltiani,
ichtequini, tlanaoal chioani, Ha
ixpachoani, motlacauiani, tla
ciuhcachioani, Hapoxaoacani
tzomani, tlapapaconi, tlapapa
co tlacuecueço, tlanenecuilço
Hapapacoloa, tetete machia, a
monenpolollani, Hama tataca
tematataca, amocotontlani,
icotequi, matzinalloti, tlainaia
¶Tzauhqui: in tzauhqui, tlama

25

图 47　一位身穿西班牙风格衬衫和裤子，外罩传统斗篷的土著裁缝

接踵而至的新生事物或多或少都会对土著居民的生活产生潜移默化的影响，尤其是那些与土地和劳作有关的新生事物。那些在"委托监护制度"下维持生计的土著居民需要学习种植新品种的作物，照料以前从未见过的家禽和家畜。征服战争结束后，下田劳动的主力变成了来自非洲的奴隶。那些经营采矿业的西班牙人为了获得劳动力，逐渐开始将土著居民从原先的社区迁移到边远的矿山。尽管生活发生了如此多的变化，土著居民仍然习惯依靠传统市场，也就是"田奎茨里"这个平台交换各类常用物品，完成形式多样的社交活动。只不过市场上的商品除了那些司空见惯的东西以外，还增添了蜡烛、衬衫、羊毛斗篷、鸡蛋等新生事物。随着新生事物不断涌现，市场交易规则也在发生相应的调整。"前西班牙时代"，阿兹特克人的"田奎茨里"每隔 5 天开市 1 次，到了"后西班牙时代"，为了适应西班牙人的生活习惯，开市的间隔从 5 天改为 7 天。与此同时，西班牙的比索（peso）和托明[1]大行其道，虽然可可豆在未来数十年当中仍将作为货币与它们共同流通。

西班牙与阿兹特克的作用是相互的。就在阿兹特克人接触各类新生事物的同时，西班牙及世界各地也从墨西哥和美洲其他地区得

---

[1] 原文为 tomin，西班牙语为 tomín，这个词源自阿拉伯语，含义是"1 个 8"，后来引申为西班牙文化中的一种重量和货币单位，用在货币领域特指面值为 8 比索的硬币。

到了玉米、土豆、西红柿、辣椒、牛油果、香草、火鸡、胭脂红、橡胶，还有特别重要的可可豆。某些美洲作物来到"新家"以后甚至比原先还要兴旺发达，以至于我们根本无法想象意大利菜要是没了西红柿，究竟会变成什么味道；更无法想象没有了巧克力的瑞士和比利时，会是什么样子。

新、老宗教

随同西班牙征服者、行政官员和定居者前往墨西哥的还有那些或专业、或业余的宗教传播者。他们所属的那个"世界"[1] 经历了整整 8 个世纪的漫长战争，刚刚（公元 1492 年）把伊比利亚半岛（Iberian Peninsula）从摩尔人的手里夺了回来，尚未摆脱宗教裁判所的严酷束缚。抵达"新西班牙"后，西班牙的教会人士与信奉多神教、崇拜偶像、屠戮人牲的土著居民狭路相逢。形形色色的神祇主宰着他们脚下的这片土地，只要稍加改造，这些神祇很容易就可以成为征服者统治被征服者的工具。传统阿兹特克人的生活以历法中规定的若干宗教节日为节点周而复始，井然有序。宗教节日里的仪式活动颇具戏剧性，活动内容通常以对神话故事的重演为主

---

[1]　指欧洲基督教世界。

体，融入音乐、歌唱、舞蹈、游行、聚餐、宴会、敬献供品，有时甚至还包括宰杀人牲等多种元素。不同的节日仪式周期性地轮回上演，每时每刻都在提醒人们牢记自己的宗教信仰。这种信仰最明显的外化形式，就是屹立在每个社区核心位置，高大威严的神庙。

西班牙人出现以后，这一切会发生怎样的变化呢？那些神职人员为了促使土著居民改宗基督教而付出的努力，又将在征服战争结束后的数十年当中产生怎样的影响呢？

西班牙征服者起初只是简单粗暴地拆毁土著居民的神庙，然后在神庙原有的地基上或附近的其他位置重新修建基督教的教堂。他们的做法无疑具有非常强的精神暗示意味，象征性地让基督教的神取代了那些土著居民的神。原先依附于土著宗教的大小祭司们在新的宗教体系中已无立锥之地，只得被迫"失业"。幸好这些曾在传统阿兹特克世界接受过严格祭司职业培训的专业人士只要稍加改造，就可以在西班牙人的殖民地世界充任书写者等角色。更重要的是，他们还可以成为西班牙修士和神父的助手。征服战争结束后，全新的历法很快出炉，基督教节日和配套仪轨在这部历法中取代了原先的阿兹特克节日。借助土著宗教的表述方式和象征手法，各类饱含基督教主题的娱乐活动作为这些节日的主要内容，向人们讲述着新的宗教故事，灌输着新的宗教信条。

话虽如此，在这场巨变的过程中，某些土著宗教的理念和形式还是顽强地被保留了下来。例如，包括产婆和医生在内的各类专业人士仍然在为土著居民和他们的家庭提供服务。虽然修士和神父们经常声称他们为劝说土著居民皈依基督教作出的努力取得了巨大成功，然而直到 16 世纪中期，种种迹象却清晰地显示所谓"皈依"实际可能只是一种相互磨合。以表面上看，上帝[1]确实已经获得了土著居民的普遍接受。可是如果换个角度看问题的话，借用其他族群的神祇，把他们融入自己的神话体系，其实也是阿兹特克人的惯常做法。他们对上帝的"接受"，并非是西班牙人所希望的那种"接受"。

此时的土著居民面临着来自西班牙征服者的改宗压力，骨子里却下定决心要坚守自己的信仰。这样一来，最理想的解决方式就是想方设法把土著神祇与基督教神灵合二为一。类似这样的融合并非任意而为，而是有针对性地合并同类项。例如，基督教的圣母玛利亚到了墨西哥，就跟阿兹特克神话中的母性女神托南齐恩（Tonant-zin）相结合，成了圣母瓜达卢佩（Virgin of Guadalupe）；耶稣基督到了墨西哥，就变成了太阳神托纳蒂乌；施洗者约翰（John the Baptist）因为跟水沾边儿，到了墨西哥以后，就跟雨神特拉洛克，还有耶稣基督的外祖母圣安妮[2]联手化身成了阿兹特克人崇拜的

---

[1]　Dios，原文为西班牙语。
[2]　St Anne，圣母玛利亚的母亲。

托奇（Toci），这个称呼在纳瓦语里的意思是"我们的外祖母"（Our Grandmother）。

两种宗教的融合看起来相当简单，甚至可以说是自然天成，但与此同时，其他一些细节问题却异常微妙，充满了"误读"。例如，西班牙神职人员曾竭力将基督教中善与恶的对立比附为阿兹特克人宗教中的有序与无序。然而这两组主题却不能做到完全对应，因为阿兹特克人的传统文化中并不存在绝对的二元对立，即便是有序和无序也存在相互转化的情况，就像光明和黑暗、生命与死亡可以相互转化一样。这样一来，基督教文化中不可逾越的善恶边界到了阿兹特克人这里便留下了钻空子的余地。

另一个例子是对于地狱的想象。阿兹特克人相信，每个人死后都将前往一个地下世界。这个地下世界跟基督教文化中的地狱也不能完全画等号，因为它不具备后者描绘的那种惩罚性质[1]。依据信众们恍然大悟的表情，神职人员曾自以为是地认为他们已经把地狱的真谛灌输给了土著居民。遗憾的是，两者对于地狱的理解仍然驴唇不对马嘴。直到 16 世纪晚期，西班牙征服者对土著居民的归化工作也谈不上取得了全面成功。[19]

本章开头提到的三联圣像画充分体现了 16 世纪墨西哥不同宗

———————————

[1] 基督教认为好人上天堂，坏人下地狱。

教大融合过程中的复杂性。圣像中的人物和装饰符号代表的是被那些初来乍到的西班牙"太上皇"带到这片土地上的一种全新宗教，土著工匠并不熟悉但却凭借娴熟的传统工艺将这些陌生的形象刻画得活灵活现。从某种意义上说，这幅圣像见微知著地体现了"后西班牙时代"的土著居民绞尽脑汁为与这个崭新的世界达成妥协，适应巨变阵痛所做出的不懈努力。

第11章

阿兹特克的遗产：现实和想象

这些是我的"纳瓦里"（nahualli）。[1]

那是 1985 年田野调查季节[1]的最后一天，那时我们正在墨西哥普埃布拉州北部的谢拉地区[2]的妇女群体中研究传统的腰机纺织技术。我向一位女士讨教她正在制作的一件图案复杂的纺织品，她向我介绍了这件织物的材质、工艺、功耗时间和物质成本，以及其他相关细节。谈及织物上的那些图案时，她告诉我说："这些是我的'纳瓦里'。"

"纳瓦里"指的是动物灵伴，其历史可追溯至"前哥伦布时代"的远古时期。我对这些动物感到惊奇，仿佛它们正在这件刚刚出炉的织物上与我对视。这些神话动物的历史非常悠久，却仍在 20 世纪占据一席之地，成为这位女士还有她街坊四邻们精神世界的一部分。诸如此类的信仰是如何在这些社区中普遍传播的？它们为什么能延续几个世纪的时间，又是如何延续下来的？这些富含象征意味的形象在今人眼中是否能够传达与远古祖先生活年代完全相同的信息？我的大脑被一个接一个的问题搅得一塌糊涂。令人沮丧的

---

[1] field season，人类学概念，主要指社会科学领域的学者实地深入到某个生境群落中搜集一手材料。与这个概念对应的是专注整理二手材料的文献研究。

[2] Sierra Norte de Puebla，普埃布拉州是墨西哥传统的纺织业中心。

是，今天是田野调查的最后一天，我需要耐心等待才能破解这些难题。所幸，此项发现的重要意义显而易见：这一文化碎片以及其他许多种种，在近 5 个世纪的文化交流和变迁中一直存在，尽管其中一些已经遭到严重破坏。

那么，此种文化连续性在当今世界又是如何得到表达的呢？

阿兹特克后裔

今天，仍有超过 200 万人在日常生活中使用纳瓦语，那位让我有幸一窥当地土著文化的女性织工就是其中一员。她的家乡只是普埃布拉州北部的谢拉地区里一个很小的社区，时至今日，全墨西哥至少有 15 个州生活着说纳瓦语的土著居民，还有一些人已经迁居到异国他乡。这些纳瓦语的继承者，尤其是年轻一代，除了母语以外，多数还精通西班牙语或其他语言。

当我向那位女性织工询问她以及她在当地的同族说的到底是什么语言时，她给出的回答是"墨西卡语"[1]。诚然，无论从时间还是空间的角度来说，这位女士的居住地都远离当年阿兹特克帝国的腹地，以及他们心中的荣耀之城——特诺奇蒂特兰。话虽如此，

---

[1]　Mexicano，这个概念用在此处可以等同于阿兹特克语。

包括这位女士的居住地在内，形形色色的纳瓦语方言仍然在阿兹特克帝国的领土上畅行无阻。公元 1521 年的征服战争结束后，纳瓦语反而得到了进一步的传播，因为说纳瓦语的土著武士当时经常配合西班牙军队征讨那些阿兹特克帝国范围以外的地区。会说纳瓦语并不意味着生活在谢拉这片远离墨西哥盆地的土地上的居民一定就是阿兹特克人的直系子孙，事实上，他们很可能不是。然而共同的语言却意味着二者拥有一种"泛中美文化传统"，或者更准确地说应该是"纳瓦语文化传统"。即便相隔万水千山，即便存在着将近 500 年的时间落差，二者间的文化渊源也没能被彻底斩断。[2]

除了语言，类似这样的文化渊源还包括相似的饮食、服饰、工具和技术，以及宗教信仰和配套的仪式活动。玉米对今天的纳瓦族群而言仍然是安身立命的根本，他们像自己的祖先那样不厌其烦地把这种食物加工成墨西哥薄饼、"塔马利"，以及一种名为"阿托利"（atolli）的玉米粥。还会趁着每年收获季节即将到来，玉米最嫩、最甜的时候，制作风味独特的玉米面包。就像之前的若干个世纪一样，品种各异的豆子、南瓜、辣椒等土著蔬果仍然是当地人食谱中的重要角色。他们继续饲养火鸡，吃它们的肉和蛋，依靠传统的无刺蜜蜂[1]采集蜂蜜。普尔克依然是广受欢迎的饮料，市面上

---

[1] stingless bee，墨西哥当地的一种土著蜜蜂，这种蜜蜂生产的蜂蜜口味独特，因此也被称为墨西哥蜂蜜。

随处可见。除了这些发轫于中美地区远古时代的传统食物，今天的纳瓦族群也会对大米、橘子、柠檬、鸡肉、鸡蛋、咖啡、蔗糖，还有丁香和黑胡椒等外来食品甘之如饴。与此同时，小麦面包在当地却非常意外地没能取代玉米薄饼的主导地位，土著居民的饮食习惯仍然偏爱玉米，农村地区尤甚。

　　纳瓦族群的服饰具有很高的辨识度，传统服饰的风格经常可以被用来区分不同的族群分支，特别是女性的衬衫、斗篷和腰带。取决于不同的地域文化，土著妇女的服饰通常包括一条搭配彩色腰带的长围裙，一件白色的绣花衬衫，一条绣花披肩，还有一顶用紫、绿

图 48　作者和一位织工以及她的朋友共同观摩一件刚刚制作完成的纺织品　　图 49　身穿节日盛装的土著妇女

两色羊毛线编制而成，造型显眼的头饰，以及与头饰配套使用的一条小头巾。[3]男性的"印第安服装"一般就是宽松的长裤和衬衫。有意思的是，流传至今的所谓"印第安服装"，无论男女，都体现了土著和西班牙两种面料和款式的融合。这种混搭风尚的起源可以追溯到16世纪。传统穿衣习惯得到延续的同时，今天墨西哥土著族群的男女老少也有很多人习惯穿着连衣裙、格子衫、牛仔裤、人字拖之类的西方服饰。

自从西班牙人来到墨西哥，大量欧式生活用品和工具便逐渐走进了当地人的生活。话虽如此，今天的很多土著家庭却仍在使用那些古老的工具和技术，图片中的这位女士正在展示的就是她最有价值的财产之一——一件传统腰机。今天的土著女性或多或少仍在使用这套古老的设备，它的基本原理是利用几根棍子的复杂组合来纺织布料。除了腰机，能够旋转的手动纺锤也在很多土著妇女手中继续发扬光大。无论羊毛还是棉花，经她们的妙手点化，都可以被纺成线，织成布。只可惜，以龙舌兰纤维为原材料的纺织技艺如今已经很难看到。很多时候，土著妇女也会在市场上直接购买成品化学合成线料，然后再拿回家利用腰机织成布匹。

其他从"前哥伦布时代"流传至今的技艺还包括打制用来研磨玉米的专用石质磨棒（mano）和磨盘（metate），制作用来播种的全木质耕作棒和镬头（现在大多改成了铁质镬头）的木匠工艺，利用古法修筑垛田的耕作工艺等。只不过现在的农民会按照当代城市消费者的喜好选择作物品种，然后再驾驶卡车把它们送到市场上出售。

综观整个墨西哥中部，一项流传至今，最具韧性的土著文化遗产就是定期举办的"田奎茨里"。时至今日，不同地区"田奎茨里"的开市周期几乎能做到整齐划一。正如前文所说，"田奎茨里"是一种相当古老的文化传统，历史甚至比阿兹特克文明还要悠久。这样的文化传统能够留存至今，并在广大地区内保持着旺盛的生命力，自然有它特定的原因。在很大程度上，应该归因于"田奎茨里"为地区内部及不同地区集散商品和服务的能力。

今天的土著居民将这些古老的市场称为"田奎茨"（tianguiz），这个说法源自纳瓦语"田奎茨里"，它们可以为人们提供包括食物、柴火、布匹和瓶瓶罐罐在内的各类日常生活必需品。无论过去还是现在，"田奎茨里"的经营项目都非常具有季节性。按照这样的规律，每到收获季节，市面上的玉米就会供过于求；每到某个特别重要的节日前夕，市面上的鲜花便俯拾皆是。如果某个古代阿兹特克家庭能够实现"穿越"，逛逛 21 世纪的"田奎茨里"，看看那些依照经营项目拉帮结伙做生意的买卖人，听听买卖双方的讨价还价，再见识见识时常上演的以物易物古风，他们恐怕也不会产生丝毫的违和感。

那些陶瓷质地的烹饪器皿，那些争奇斗艳、芬芳馥郁的鲜花，还有那些街坊四邻自己吃不完，堆在摊子上出售的各类蔬菜，所有这一切都会让"穿越"过来的阿兹特克人倍感亲切。他们可能陶醉于沿街叫卖的小吃摊子上各种传统食物诱人的香味，可能会因街头巷尾光怪陆离的蓝色牛仔裤、白色长裤，还有花花绿绿的衬衫感觉眼花缭乱，同时又因自己熟悉的缠腰布和斗篷的难觅踪影而大惑不解。长筒靴，蜡烛，彩色塑料的盘子，玻璃瓶装的饮料，电池，CD，化学合成染色的彩线和塑料袋，所有这一切在穿越而来的阿兹特克人眼中无异于天方夜谭。四处游荡的他们还将发现硬币和纸币已经取代可可豆和棉布，成了新的交易媒介。

如果某位游客抓住这个时机按下快门，拍出来的照片画面一样非常别扭。我们的阿兹特克"穿越者"会像今天的某些土著居民一样，背着各式各样的器具和商品，徒步赶赴市场。与此同时，也会有很多人选择乘坐公交车出行。公交车不合时宜地排放出的刺鼻尾气必然会为"穿越者"的感官带来不愉快的体验。置身于长长的商旅队伍中，他们将发现卡车的使用已经极大地拓展了市场的规模和商人们做买卖的空间跨度。亦如当年那些全靠双脚长途奔波的"波齐特卡"前辈，为了追逐利润，今天那些驾驶卡车的土著商人依然不惜跨越千山万水。

图 50　市场上出售的草药

　　阿兹特克宗教中的很多元素同样流传至今，并广泛渗透到纳瓦文化的信仰和仪式中。例如，受"万物有灵"观念的影响，墨西哥土著族群习惯给河湖、云朵、雨水、土地、神山、太阳、种子、火焰、死亡这些自然事物披上一层人格化的外衣，同时相信有一大群魑魅魍魉生活在作为他们最终归宿的那个地下世界。[4] 他们笃信动物灵伴和转形巫师的存在；痴迷于各种所谓的"预兆"，畏惧幽灵，以及引发疾病的"邪气"。他们的祭祀仪轨包括用纸张裁剪各种形象，向神灵敬献香料、鲜花和烟草。依靠玉米为生的他们仍然保持着一套以玉米生长周期为参考设计而成的仪式活动。还有占卜和治疗仪式，对那些所谓"神圣区域"的划定，以及众多朝圣者对神山、魔洞和圣泉等超自然力量的趋之若鹜等。所有这些土著宗教的理念和仪轨名义上都打着基督教的旗号。经过将近 500 年的接触、冲突和妥协，两种宗教出乎意料却又在情理之中地坚守着各自的底线，相互进行着融合和转化。这样的例子除了第 10 章已经介绍过的内容外，还有很多。例如，生活在莫雷洛斯州[1]泰波兹兰镇（Tepoztlan）的纳瓦族群就认为天主教所说的圣父、圣子、圣灵三位一体其实是 3 位各不相同，却又存在关联的独立神祇。十字架在他们眼中仅仅虽然是一种神圣的象征，却跟耶稣没有任何关系。生活在那个小镇上的居民直到今天依旧对预兆、幽灵、神迹（los aires）之类的说法心怀敬畏。[5]

类似这样的文化孑遗在当代墨西哥随时随地都能见到，而且已经渗透到了纳瓦文化的各个层面。比如说，某位浑身上下西式打扮的土著妇女，手里却摆弄着一架最原始的磨盘正在研磨玉米，与此同时，另一位全盘传统装束的土著妇女可能来到西式药店，询问维生素丸的价格。相应地，某位土著男士在前往教堂虔诚礼拜的同时，也可能请求土著祭司替他的玉米种子加持法力，保证未来的丰收。亡灵节[2]的狂欢气氛中，人们大嚼"塔马利"，痛饮"阿托

---

[1] Morelos，位于墨西哥城以北。

[2] Day of the Dead altars，由阿兹特克传统文化衍生而来的墨西哥特色节日，日期为每年 11 月 1 日至 2 日。

利"，如果愿意的话，也可以把饮料换成时髦的可口可乐和百事可乐。墨西哥东部瓦斯特卡（Huasteca）地区的土著家庭还会用纸制作天主教圣徒和阿兹特克神话形象，然后把它们一起挂在家里和谐共处。[6]

除了类似这样的"历史错位"，生活在城市和乡村的纳瓦族群也在科学技术等诸多方面，越来越多地融入到当今世界的全球化进程中。我曾拜访过一位纳瓦萨满（shaman），言谈话语间，采访用的录音机突发故障，无法正常运转。我正感到手足无措，纳瓦萨满却非常不经意地把录音机拿过去，随手鼓捣了几下，便让它恢复如初。离开墨西哥城，稍微向北走走，瓦斯特卡当地的纳瓦族群对电话、电视、电脑和电子邮件之类的现代科技早已司空见惯，能够使用纳瓦语在这些平台上顺畅交流。在纳瓦语中，电子邮件被土著居民称为"tepozmecaixtlatiltlahcuilloli"，它的意思是"信写好后立刻就能送到你的面前"；电视则被称为"tepoztezcatlamomolincacopincayotl"，这个单词的意思是"能在镜子上自己动的画"。[7]跨越若干个世纪，纳瓦族群成功地坚守着自己的语言和传统文化，同时也在不断接受新生事物，适应这个充满未知的世界。

文化韧性和进一步的复兴

阿兹特克文化在当代世界（涵盖墨西哥及以外地区）的投射体

现在语言、器物和象征符号等多个方面。除了 200 万以纳瓦语为母语的各界人士，墨西哥境内各地还有很多地方仍然保留着纳瓦语的地名，本书提到的那些城镇和重要自然景观，目前使用的地名都是以纳瓦语地名为基础衍生而来的西班牙语版本。例如，现在的奥通巴（Otumba）就是阿兹特克帝国的奥托潘（Otompan）；现在的图斯特佩克（Tuxtepec）就是当年的托奇特佩克（Tochtepec）；塔库巴（Tacuba）以前叫特拉科潘（Tlacopan）；特拉斯卡拉以前也叫特拉斯卡拉（Tlaxcalla）；瓦哈卡以前叫瓦肖卡克（Huaxacac）；泰波兹兰（Tepoztlán）以前也叫泰波兹兰（Tepoztlan）；以前的霍奇米尔科（Xochimilco）现在还叫霍奇米尔科；墨西哥（国家）和墨西哥城均来自古代居民——"墨西卡"人。有些墨西哥地名采用的是"纳瓦语+西班牙语"的混搭模式，有些则干脆以西班牙语中某位圣徒的名字命名，比如现在墨西哥城的 4 个主要城区——圣胡安·莫约特兰区（San Juan Moyotlan）、圣保罗·特奥潘区（San Pablo Teopan）、圣巴斯蒂安·阿特扎科（San Sebastián Atzacoalco），以及圣马里亚拉·雷东达·库波潘区（Santa María la Redonda Cuepopan）。

除了地名，当代西班牙语和其他语言中还沿用了许多纳瓦语的植物、动物、食物，以及某些特定事物的名称。这其中最广为人知的就是那些以西班牙语为跳板进入英语的纳瓦语词汇，比如英语

"西红柿"（tomato）这个单词，它的纳瓦语版本是"xitomatl"或"tomatl"；"牛油果"（avocado）在纳瓦语中的说法是"ahuacatl"；英语"可可"（cacao）源自纳瓦语中的"cacahuatl"；"辣椒"（chilli/chile）是"chilli"的变体；英语"墨西哥牛油果酱"（guacamole）[1] 源自纳瓦语"ahuacamolli"；玉米粽子（tamale）来自"tamalli"；"郊狼"（coyote）源自纳瓦语"coyotl"。

现在风靡全世界的墨西哥料理总体上仍然以"前哥伦布时代"的饮食文化为基础，只不过厨师通常会根据不同地区的饮食偏好和习惯对食谱做出适当的调整。有意思的是，"前哥伦布时代"的饮食风情目前已经渗透到了某些独具特色的人群和地域当中。就拿西

图 51　带有鹰、蛇和仙人掌图案的墨西哥国旗

[1]　牛油果中掺入西红柿、洋葱和辣椒制成的调味料。

雅图水手队（Seattle Mariners' baseball team）的主场萨费科球场（Safeco Field）来说，很久以来，这个球场就有向观赛球迷出售袋装的"墨西哥风情蚂蚱"（Mexico-inspired chapulines），也就是油炸蝗虫配柠檬和辣椒的传统。

当代墨西哥使用的一些重要文化、政治和宗教符号同样吸收、借鉴了土著元素。例如墨西哥国徽和国旗上的鹰蛇相搏图案，以及将基督教的圣母玛利亚与阿兹特克的女神托南齐恩结合到一起，象征当代墨西哥宗教的圣母瓜达卢佩。如今，阿兹特克末代皇帝考乌特莫克的雕像依旧静静矗立在墨西哥城熙来攘往的十字路口，墨西哥国家宫[1]那些将众多阿兹特克人像刻画得细致入微的巨幅壁画令人叹为观止。[8] 阿兹特克时代以及历史更加悠久的古城遗址星散分布在当代墨西哥的角角落落，其中比较著名的有"古典时代"的特奥蒂瓦坎，"后古典时代"早期的图拉，还有从"后古典时代"晚期到阿兹特克时代的马利纳尔科、特拉特洛尔科和特诺奇蒂特兰。这些遗迹的存在总能引发人们对往昔的追忆，同时也为过去和现在生活在这片土地上的人们构建身份认同提供立足点。1978 年以来，以墨西哥城，也就是曾经的特诺奇蒂特兰为对象的考古发掘凭借严谨的工作态度和杰出的研究成果已在世界范围内获得了广泛认可。

---

[1] Mexico's National Palace，墨西哥联邦政府所在地，位于宪法广场东侧，国家宫内的壁画以连环画的形势讲述了墨西哥以阿兹特克为起点的国家历史。

与此同时，墨西哥境内各地的考古发掘行动经常会吸引大量当地居民参与其中，这也在一定程度上加深了他们对自己国家历史的了解。

从全球化的角度来看，今天坐落在墨西哥城的墨西哥国立人类学博物馆和大神庙博物馆（Museo Templo Mayor）享誉海内外。1889 年巴黎世博会（Exposition Universelle in Paris）期间，墨西哥参展的"阿兹特克皇宫"（Aztec Palace）布景模型在更广阔的舞台上向当代世界展现了墨西哥的国家历史。如今，生活在美国的墨西哥裔族群仍有很多人认为自己的故乡在亦真亦幻的阿兹特兰[1]，也就是传说中阿兹特克人的起源地。正如大卫·卡拉斯科[2]所说：

> 这种一厢情愿的登峰造极之作就是奇卡诺人[3]提出的那套重返阿兹特兰北方故土，也就是阿兹特克祖先起源地的理念。今天，但凡有墨西哥裔美国人居住的地方，总能看到"阿兹特兰"这个语，它可以被用来给社区活动中心和公园命名，也可能成为某个人的绰号。9

---

[1]　Aztlan，阿兹特克传说中的一个湖心岛。
[2]　Davíd Carrasco，拉美裔美国宗教历史学家和人类学家，哈佛大学神学院教授。
[3]　Chicano，墨西哥裔美国人。

从不太积极的角度来说，有的阿兹特克文化元素也可以被用来传达某些负面信息。比如"蒙特苏马的复仇"（Montezuma's Revenge），这个说法最早被用来指代部分游客造访墨西哥时出现的肠道不适，很多时候也可以泛指发生在其他地区的所有类似情况。除此之外，"蒙特苏马的复仇"还是一款视频游戏的名字。位于加利福尼亚纳氏草莓园[1]里的一处过山车游戏用的也是这个名字，只不过他们在细节方面做了少许微调，把"Montezuma"改成了"Montezooma"。

关于阿兹特克的文化想象

当今世界，仅仅是"阿兹特克人"这5个字，就足以不断激发人们的想象力。从电影、电视到视频游戏，从连环画和舞蹈到普通的书籍，再到五光十色的创意设计和时尚潮流，他们的形象经常出现在形式各异的艺术和流行文化中。诸如此类的名单可以列得很长、很长，本书只能浅尝辄止地介绍其中一小部分，比如蜚声墨西哥国内外的各类民间舞蹈[2]表演。有些故事讲述者为了增添异域

---

[1] Knott's Berry Farm，洛杉矶的一座大型游乐园。
[2] Ballet Folklorico，又称 folkloric dance，将墨西哥土著舞蹈与欧式芭蕾相结合的一种艺术形式，内容主要是讲述各种古代故事传说。

情趣，推动情节发展，也经常会吸收使用阿兹特克元素，比如《史酷比：阿兹特克古墓疑云》（*Scooby Doo! The Mystery of the Aztec Tomb*），还有《阿兹特克的愤怒》（*Angry Aztecs*）和《加勒比海盗：黑珍珠的诅咒》（*Pirates of the Caribbean：The Curse of the Black Pearl*）之类具有戏说性质，以阿兹特克充当噱头，实际又跟阿兹特克没太大关系的恐怖历史题材小说和影视作品。

　　与此同时，形形色色的作者也在耗费大量时间和精力，试图将那些阿兹特克男女神祇形象融入现代影视作品，比如《星际之门》（*Stargate SG-1 episodes*），以视频游戏为代表的各类电子游戏，比如《印第安纳琼斯与恶魔机器》[1]，乃至种类繁多的漫画书，比如《神奇女侠》（*Wonder Woman*）。这些神祇形象在影视作品中有时是实实在在地出镜，有时却仅仅是提个名字。某些作者对阿兹特克人的形象刻画存在粗制滥造的脸谱化问题，不过以纪录片《营造帝国》[2] 为代表的优秀作品却在试图更加公允地将阿兹特克呈现在世人面前。除此之外，目前还有一些科学家已经开始用阿兹特克母性女神科亚特利库埃的名字给我们的"母亲恒星"——太阳命名。10

---

[1]　*Indiana Jones and the Infernal Machine and Dungeons and Dragons*，直译应为"印第安纳琼斯与恶魔机器及地下城和龙"，但引进的中文版游戏只译了这个名字的前半部分，此处从俗翻译。

[2]　*Engineering an Empire*，共 6 集，主要以古代工程为切入点介绍中国、俄罗斯、阿兹特克等古代文明。

图 52　现代奥托米妇女在市场上出售畅销的刺绣作品

　　综观创意、时尚和工艺领域，被冠以"阿兹特克"之名的现代面料图案，尤其是彩色几何图案几乎随处可见。这些图案中的一部分拥有有据可查的阿兹特克文化来源，有些则属于纯粹的臆造。更重要的是，很多土著居民也无师自通地融入到现代艺术设计领域当中，比如生活在伊达尔戈州[1]圣巴布利多（San Pablito）小村奥托米的村民。这个村子凭借以神话形象和各类植物为题的彩色刺绣工艺闻名于世，当地村民生产的刺绣作品各具特色，远销世界各地。我曾有幸见过一件独具匠心的伸缩式灯罩，还在伦敦维多利亚与艾尔伯特博物馆（Victoria and Albert Museum）的礼品商店遇到过一件作为商品出售的巨幅刺绣作品。

　　作为刺绣技艺的衍生品，眼下墨西哥还有很多地方的土著居民会利用一种在纳瓦语中被称为"amate"或"amatl"的土造纸张创作各类绘画作品。绘画的题材可能是常见的植物，也可能是更具写实风格的动物形象。[11] 同样作为刺绣技艺的衍生品，土著居民制作的木雕还经常蕴含某些全球化元素。20 世纪 70 年代，我曾发现一位擅长利用当地木材雕刻传统木雕的土著工匠在他的作品上描绘了一两头大象。无论呈现在布匹上的刺绣，纸张上的绘画，还是木头上的浮雕，土著工匠们创造出来的图案往往别开生面，想象力丰

---

[1]　Hidalgo，位于墨西哥中南部。

富，同时又非常具有商品价值。

本书开头曾展示过一幅出现在 16 世纪，为纪念特诺奇蒂特兰立城而创作的老鹰站在仙人掌上的图案。在本书即将收官之际，笔者还可以再展示一幅几乎一模一样的图案，这幅图案如今已被深深印刻在 21 世纪当代墨西哥的国旗上。抚今追昔，不禁让人想起这样一句话：一切历史都是当代史，没有哪个"失落的文明"能够被人们彻底遗忘。

附　录

每月仪式列表

月份	日期	主神	宗教主题
1 水收（Atl cauatl）	2月13日至3月4日	女水神查尔丘特里魁、特拉洛奎[1]	降雨和农业丰收
2 剥人皮（Tlacaxipehualiztli）	3月5日至3月24日	重生之神西佩托堤克	降雨和农业丰收
3 小守夜（Tozoztontli）	3月25日至4月13日	女水神查尔丘特里魁、特拉洛奎、玉米之神森特奥特尔（Centeotl）	降雨和农业丰收
4 大守夜（Huey toçoztli）	4月14日至5月3日	特拉洛奎、森特奥特尔、羽蛇神克查尔科亚特尔	降雨和农业丰收
5 干涸（Toxcatl）	5月4日至5月23日	战神泰兹卡特里波卡、守护神威齐洛波契特里	创世和战争
6 食豆黍粥（Etzalqualiztli）	5月24日至6月12日	特拉洛克、女水神查尔丘特里魁、羽蛇神克查尔科亚特尔	降雨和农业丰收
7 君主小宴（Tecuilhuitontli）	6月13日至7月2日	花朵和艺术之神修奇皮里	降雨和农业丰收
8 君主大宴（Hueytecuilhuitl）	7月3日至7月22日	女神西乌阿科阿特利、玉米之神西洛内（Xilone）	降雨和农业丰收
9 献花（Tlaxochimaco）	7月23日至8月11日	战神泰兹卡特里波卡、守护神威齐洛波契特里	创世和战争
10 落果（Xocotlhuetzi）	8月12日至8月31日	火神修维库特里	创世
11 扫路（Ochpaniztli）	9月1日至9月20日	女神提提托斯[2]、森特奥特尔	降雨和农业丰收
12 众神至（Teotl eco）	9月21日至10月10日	战神泰兹卡特里波卡、守护神威齐洛波契特里	创世和战争
13 山之宴（Tepeilhuitl）	10月11日至10月30日	特拉洛奎、修奇皮里	降雨和农业丰收

[1]　Tlaloque，雨神特拉洛克的神使。

[2]　Teteoinan，科亚特利库埃的别名。

续表

月份	日期	主神	宗教主题
14 珍奇羽毛（Quecholli）	10 月 31 日至 11 月 19 日	燧石云蛇——守护神是卡马斯特里[1]	战争
15 举旗（Panquetzaliztli）	11 月 20 日至 12 月 9 日	战神泰兹卡特里波卡、守护神威齐洛波契特里	创世和战争
16 降水（Atemoztli）	12 月 10 日至 12 月 29 日	特拉洛奎	降雨和农业丰收
17 伸展（Tititl）	12 月 30 日至 1 月 18 日	女神西乌阿科阿特莉	降雨和农业丰收
18 生长（Izcalli）	1 月 19 日至 2 月 7 日	火神修堤库特里	创世
19 没用的日子（Nemontemi）	2 月 8 日至 2 月 12 日	—	没用的日子

---

[1] 原文为 Mixcoatl-Camaxtli，这位神祇的名字也可直接写为 Mixcoatl。

注　释

引言

1　Benjamin Keen, *The Aztec Image in Western Thought*（New Brunswick, nj, 1971）, p. 69.

2　See Deborah L. Nichols, 'The Rural and Urban Landscapes of the Aztec State', *in Mesoamerican Archaeology: Theory and Practice*, ed. Julia A. Hendon and Rosemary A. Joyce（Oxford, 2004）, pp. 265-95.

3　See especially Sabine Haag, Alfonso de Maria y Campos, Lilia Rivero Weber and Christian Feest, eds, *El Penacho del México Antiguo*（Altenstadt, 2012）.

第 1 章　令人沉醉的图景

1　Bernal Díaz del Castillo, *The History of the Conquest of New Spain*, ed. Davíd Carrasco（Albuquerque, nm, 2008）, p. 156. 贝尔纳尔·迪亚斯将他的书包装成所谓的"征服美洲正史"。

2 这并非现代意义上的军队，他们也并非现代意义上的军人，与其说他们是职业武士，倒不如说是装备了武器的男人。

3 团队中有2名修士，6名公证人，1名医生，6名木匠，至少50名水手，其他成员早年则从事过矿工、商人、乐师等职业。

4 Edwin Place and Herbert Behm, eds, *Amadis of Gaul, Books i and ii* (Lexington, ky, 2003), vol. i, p. 113. 公元15世纪末，西班牙作家加尔西·罗德里格斯·德蒙塔尔沃（Garci Rodriguez de Montalvo, 1450–1504）在梅迪纳德尔坎波（Medina del Campo）也就是贝尔纳尔·迪亚斯这位未来西班牙征服者生于斯长于斯的家乡创作了这些故事。

5 Díaz del Castillo, *The History of the Conquest*, p. xxviii.

6 这些地图分析主要以芭芭拉·蒙迪（Barbara Mundy，美国杜兰大学教授）收集的资料为依据，'Mapping the Aztec Capital: The 1524 Nuremberg Map of Tenochtitlan, Its Sources and Meaning', *Imago Mundi*, 50 (1998), pp. 11–33, and Elizabeth Hill Boone, 'This New World Now Revealed: Hernán Cortés and the Presentation of Mexico to Europe', *Word and Image*, xxvii/1 (2011), pp. 31–46. Matthew Restall, in *When Moctezuma Met Cortés* (New York, 2018), p. 117, 表明它是由西班牙雕刻师在塞维利亚制作的。

7 Anonymous Conqueror, 'The Chronicle of the Anonymous Con-

queror', in *The Conquistadors*, ed. P. de Fuentes（Norman, ok, 1963）, p. 167; Hernando Cortés, *5 Letters of Cortés to the Emperor*, ed. J. Bayard Morris（New York, 1928）, p. 132.

8 此处指的是位于墨西哥盆地东南部边缘地带仍处于活跃期的波波卡特佩特火山（Popocatépetl），中美地区最高的山是奥里萨巴火山（Pico de Orizaba），又名锡特拉尔特佩特火山（Citlaltépetl），海拔 5636 米。

9 Díaz del Castillo, *The History of the Conquest*, p. 71.

10 在公元 1492 年的"失地收复运动"[1] 中被费迪南德[2]和伊莎贝拉一世[3]麾下的大军打败。

11 The *Codex Mendoza*, fol. 71v. See Frances F. Berdan and Patricia Rieff Anawalt, *The Codex Mendoza*, 4 vols（Berkeley, ca, 1992）.

12 Anonymous Conqueror, 'The Chronicle of the Anonymous Conqueror', p. 168.

13 Díaz del Castillo, *The History of the Conquest*, pp. 165-6.

14 Francisco de Aguilar, 'The Chronicle of Fray Francisco de Aguilar', in *The Conquistadors*, ed. P. de Fuentes, p. 147. 蒙特苏马二

---

[1] Reconquista, 指欧洲人从穆斯林手中夺回伊比利亚半岛控制权的战争。
[2] Ferdinand, 伊莎贝拉一世的丈夫和盟友。
[3] Isabel l la Católica, 公元 1474—1504 年在位的卡斯蒂利亚王国女王。

世被西班牙人俘虏并关押在特诺奇蒂特兰期间，赫罗尼莫·德阿吉拉尔曾充当过看守，公元 1560 年他写下了相关回忆。

15　Patrick Thomas Hajovsky, "André Thevet's 'True' Portrait of Moctezuma and its European Legacy", *Word and Image*, xxv/4（2009）, p. 341.

第 2 章　谁是阿兹特克人？

1　The *Codex Mendoza*, fol. 1r. See Frances F. Berdan and Patricia Rieff Anawalt, *The Codex Mendoza*, 4 vols（Berkeley, ca, 1992）.

2　Davide Domenici, Constanza Miliani and Antonio Sgamellotti, 'Cultural and Historical Implications of Non-destructive Analyses on Mesoamerican Codices in the Bodleian Libraries', in *Mesoamerican Manuscripts*, ed. Maarten E. R. G. N. Jansen, Virginia M. Lladó-Buisán and Ludo Snijders（Leiden, 2019）, pp. 160-74. 雌黄是三硫化砷，一种亮黄色颜料。

3　这些古城的周边地区后来继续使用原有的地名，至今仍有人居住。

4　特奥蒂瓦坎是阿兹特克人和同时代的其他族群对该遗址的称呼，我们并不知道城市鼎盛时期所使用的名字。

5　See Leonardo López Luján, *The Offerings of the Templo Mayor of*

Tenochtitlan（Albuquerque，nm，2005）．

6　其中包括浅浮雕装饰的沙发式祭台；上有身体前倾，手捧盛放心脏容器的查克穆尔雕像[1]；以及若干陶器等。特诺奇蒂特兰出土的托尔特克风格的遗物似乎并非直接来自图拉，更可能是阿兹特克人的仿制品。See Emily Umberger，'Antiques，Revivals，and References to the Past in Aztec Art'，res，13（1987），pp. 62–105.

7　若干版本的族群迁徙历史讲述的故事大同小异。Elizabeth Boone，*Stories in Red and Black*（Austin，tx，2000），pp. 213–21，对这些编年史进行了精彩的讨论。

8　有一个神话讲述了阿兹特克第五太阳纪，也就是当今世界的创造，相关内容可参考第9章。

9　工程开始于公元1418年，1449年毁于洪水，后被一条更先进的新渡槽代替。阿兹特克人利用了已有的知识和技术，这些知识和技术的历史可追溯到1500年以前。See Frances F. Berdan，*Aztec Archaeology and Ethnohistory*（Cambridge，2014），pp. 78–9.

10　Frederic Hicks，'Ethnicity'，in *The Oxford Encyclopedia of Mesoamerican Cultures*，ed. Davíd Carrasco（Oxford，2001），vol. i，pp. 388–92，列举了墨西哥盆地的27个不同族群。

---

[1]　Chac-Mool，位于大神庙入口的天使雕像。

11 关于阿兹特克种族起源的进一步讨论见 Frances F. Berdan, 'Concepts of Ethnicity and Class in Aztec‑period Mexico', in Frances F. Berdan et al., *Ethnic Identity in Nahua Mesoamerica* (Salt Lake City, ut, 2008), pp. 105–32.

第3章 建立帝国

1 The *Codex Mendoza*, fol. 11v. See Frances F. Berdan and Patricia Rieff Anawalt, *The Codex Mendoza*, 4 vols (Berkeley, ca, 1992).

2 *Códice Chimalpopoca* (Mexico City, 1975), p. 67; Berdan and Anawalt, The *Codex Mendoza*, vol. ii, pp. 20–21.

3 Diego Durán, *The History of the Indies of New Spain*, ed. Doris Heyden (Norman, ok, 1994), p. 307.

4 对特诺奇蒂特兰艺术品的精彩描述和解读包括 Esther Pasztory, *Aztec Art* (New York, 1983), pp. 147–50, and Emily Umberger, 'Ethnicity and Other Identities inthe Sculptures of Tenochtitlan', in *Ethnic Identity in Nahua Mesoamerica*, ed. Frances F. Berdan et al. (Salt Lake City, ut, 2008), pp. 64–104. 蒂索克石的多彩历史阐述见 Alfredo López Austin and Leonardo López Luján in 'The Posthumous History of the Tizoc Stone', in *Fanning the Sacred Flame*, ed. Matthew A. Boxt and Brian Dervin Dillon (Louisville, co, 2012), pp. 439–60. 公元 1790

年，这件巨型石雕与另外两件代表性墨西哥文物——历法石和科亚特利库埃女神雕像一起出土。目前，这 3 件文物均保存在位于墨西哥城的国家博物馆的墨西哥厅。

5　Emily Umberger, 'Tezcatlipoca and Huitzilopochtli：Political Dimensions of Aztec Deities', in *Tezcatlipoca：Trickster and Supreme Deity*, ed. Elizabeth Baquedano（Boulder, co, 2014）, pp. 83-112.

6　阿兹特克人非常热衷在生活中"复制"这样的宇宙分层，尤其表现在特诺奇蒂特兰仪式区周围埋葬的各类祭品。

7　公元 1520 年，蒙特苏马二世死于西班牙人突然入侵引发的混乱中，接替他的库伊特拉华克在位 6 个月便死于天花，继任的考乌特莫克于 1521 年 8 月 13 日被西班牙人俘虏，特诺奇蒂特兰围城战至此结束。

8　某些历史学家，包括最著名的迭戈·杜兰还曾谈及阿兹特克政坛上的一位"另类"特拉凯利尔（Tlacaelel），他正式的名字是"西乌阿科阿特莉"，也就是"蛇女"的意思。特拉凯利尔是特诺奇蒂特兰的二号人物，被誉为助力阿兹特克帝国夺取政治和军事霸权的幕后推手，只不过这个人的权力到底能够达到何种程度，至今仍然存在争议[1]。

———————————

[1]　意指此人有垂帘听政的嫌疑。

9 本书所说的"行省"指的是《门多萨手抄本》中列举的那些被阿兹特克帝国征服的城邦，它们在语言和文化方面往往存在很强的多样性。See Framces F. Berdan et al. , *Aztec Imperial Strategies* (Washington, dc, 1996).

第 4 章 在乡村和城市中谋生

1 Bernardino de Sahagún, *Florentine Codex*, ed. Arthur J. O. Anderson and Charles E. Dibble (Salt Lake City, ut, 1950-82), vol. x, pp. 41-2.

2 Ibid. , p. 25.

3 Christian Feest, 'Mexican Featherwork in Austrian Habsburg Collections', in *Images Take Flight*, ed. Alessandra Russo, Gerhard Wolf and Diana Fane (Florence, 2015), pp. 290-97.

4 其中一件在墨西哥城查普特佩克城堡（Chapultepec Castle）的国家历史博物馆（Museo Nacional de Historia），有两件在德国斯图加特（Stuttgart）的符腾堡州立博物馆（Württembergisches Landesmuseum），本书提到的这面盾牌保存在奥地利的维也纳世界博物馆（Weltmuseum Wien），相关细节主要参考雷内·里德勒[1]的严

---

[1] Renée Riedler, 维也纳技术大学教授。

谨大作，'Materials and Technique of the Feather Shield Preserved in Vienna', in *Images Take Flight*, ed. Russo, Wolf and Fane, pp. 330–41。此外，我还参考了本章注释 5 提到的菲洛伊·纳达[1]和莫雷诺·古兹曼[2]的相关研究。

5　这是保存在墨西哥城查普特佩克城堡的羽毛盾牌，相关数据出自 Laura Filloy Nadal 和 María Olvido Moreno Guzmán 的不懈研究，in *Rethinking the Aztec Economy*, ed. Deborah L. Nichols, Frances F. Berdan and Michael E. Smith (Tucson, az, 2017), pp. 156–94.

6　Frances F. Berdan and Patricia Rieff Anawalt, *The Codex Mendoza*, 4 vols (Berkeley, ca, 1992), vol. iii, fol. 65r.

7　See Guilhem Olivier, *Mockeries and Metamorphoses of an Aztec God* (Boulder, co, 2003).

8　Frances F. Berdan, *Aztec Archaeology and Ethnohistory* (Cambridge, 2014), p. 79.

9　据估算，公元 18 世纪墨西哥盆地范围内每年鸭子的消耗量在 90 万到 100 万只，自"前西班牙时代"至 18 世纪，这种自然资源已被消耗殆尽：Charles Gibson, *The Aztecs under Spanish Rule* (Stan-

---

[1]　此处原文为 Filloy Nadal，与下文的 Laura Filloy Nadal 是同一人，墨西哥国立人类学博物馆研究员。

[2]　此处原文为 Moreno Guzmán，与下文的 María Olvido Moreno Guzmán 是同一人，化学家，马德里康普顿斯大学助理教授。

ford，ca，1964），p. 343.

　10　有些学者估计每年应高达256万件，我更倾向于比较保守却仍然令人震惊的数字。Berdan and Anawalt，*The Codex Mendoza*，vol. i，pp. 154-6.

　11　Alyson M. Thibodeau et al.，'Was Aztec and Mixtec Turquoise Mined in the American Southwest?'，*Science Advances*，4/6 eaas9370（13 June 2018）.

　12　这只圆盘在20世纪早期发现于墨西哥中部特瓦坎（Tehuacan）的一个山洞，随之一同出土的还有几件镶嵌有马赛克的圆盘和面具，这些工艺品目前保存在美国华盛顿史密森学会（Smithsonian Institution）下属的国立美洲印第安人博物馆（National museum of the American Indian）。

　13　Berdan，*Aztec Archaeology and Ethnohistory*，p. 92.

第5章　市场和商人

　1　Peter Martyr D'Anghera，*De Orbo Novo*，trans. Francis Augustus MacNutt（New York，1912），vol. ii，pp. 354-6. 他的原著是用拉丁文写成，1516年首次出版。

　2　更多关于可可和可可树的信息参考 Allen Young，*The Chocolate Tree：A Natural History of Cacao*（Gainesville，fl，2007）and Sophie

D. Coe and Michael D. Coe, *The True History of Chocolate* (London, 1996).

3　相关记录保留在公元 1545 年特拉斯卡拉的一份文献中 Arthur J. O. Anderson et al. , *Beyond the Codices* (Berkeley, ca, 1976), pp. 208-13.

4　Motolinía [Fray Toribio de Benavente], *Memoriales o libro de las cosas de la Nueva España y de los naturales de ella*, ed. E. O'Gorman (Mexico City, 1971), p. 367.

5　See Dorothy Hosler, 'Metal Production', in *The Postclassic Mesoamerican World*, ed. Michael E. Smith and Frances F. Berdan (Salt Lake City, ut, 2003), pp. 159-71.

6　Diego de Landa, *Relación de las Cosas de Yucatan*, trans. Alfred M. Tozzer (Cambridge, ma, 1941), pp. 94-6.

7　Bernal Díaz del Castillo, *The History of the Conquest of New Spain*, ed. Davíd Carrasco (Albuquerque, nm, 2008), p. 175.

8　Asreportedin 'The Chronicle of the Anonymous Conqueror', in *The Conquistadors*, ed. P. de Fuentes (Norman, ok, 1963), pp. 178-9. Hernando Cortés, 5 *Letters of Cortés to the Emperor*, ed. J. Bayard Morris (New York, 1928), p. 87, 表明每天有 6 万名买家和卖家来到该市场。

9 Díaz del Castillo, *The History of the Conquest*, p. 174.

10 出自萨阿贡的《佛罗伦汀手抄本》, ed. Arthur J. O. Anderson and Charles E. Dibble（Salt Lake City, ut, 1950–82）, vol. viii, pp. 67–9. 阿兹特克墨西哥转变为西班牙人统治下的"新西班牙"后，市场持续繁荣。

11 Ibid., vol. x, pp. 66–7.

12 独木舟在海上要紧贴海岸线航行，美洲土著不会制造，也可能不会驾驶海船。

13 Sahagún, *Florentine Codex*, vol. ix, p. 13. 皮诺（纳瓦语称"pinolli"）的原料以烤玉米为主，经常还会添加可可豆、香草或奇亚籽之类的香料。

14 Frances F. Berdan, *Aztec Archaeology and Ethnohistory*（Cambridge, 2014）, p. 188.

15 这是哥伦布第 4 次远航美洲。

16 Diego Durán, *Book of the Gods and Rites and the Ancient Calendar*, ed. and trans. Fernando Horcasitas and Doris Heyden（Norman, ok, 1971）, p. 278.

第 6 章　贵族和平民

1 Diego Durán, *Book of the Gods and Rites and the Ancient Calen-*

dar, ed. and trans. Fernando Horcasitas and Doris Heyden (Norman, ok, 1971), p. 196.

2　特斯科科王室的传统是子承父业，特诺奇蒂特兰王室则倾向"兄终弟及"。

3　Durán, *The History of the Indies of New Spain*, ed. Doris Heyden (Norman, ok, 1994), pp. 208-10.

4　James Lockhart, *The Nahuas after the Conquest* (Stanford, ca, 1992), p. 96.

5　Bernardino de Sahagún, *Florentine Codex*, ed. Arthur J. O. Anderson and Charles E. Dibble (Salt Lake City, ut, 1950 - 82), vol. iv, p. 124.

6　Frances F. Berdan, *Aztec Archaeology and Ethnohistory* (Cambridge, 2014), pp. 63-4, 183.

7　Fernando Alvarado Tezozomoc, *Crónica Mexicana* (Mexico City, 1975), pp. 668-9.

8　Sahagún, *Florentine Codex*, vol. iv, p. 5.

9　Motolinía [Fray Toribio de Benavente], *Memoriales o libro de las cosas de la Nueva España y de los naturales de ella*, ed. E. O'Gorman (Mexico City, 1971), p. 367.

10　这样的日子每隔 260 天就轮到一次。

第7章 合格的阿兹特克人

1 Bernardino de Sahagún, *Florentine Codex*, ed. Arthur J. O. Anderson and Charles E. Dibble（Salt Lake City, ut, 1950 – 82）, vol. vi, p. 125.

2 Ibid. , p. 123.

3 阿兹特克妇女的声誉主要取决于她的纺织技术，还记得在普埃布拉州北部的谢拉地区的纳瓦村子里碰到过这样一件事，我在一户人家买了一件手工制作的衣服。没过多久，另一户人家的一位女士却把它从我手里抢走，还严词声讨我购买它的"罪行"。这位女士很快弄清了衣服制作者的身份，同时言之凿凿地声称："谁都知道她的手艺差，做出来的东西不值钱。"此情此景，我该作何感想？

4 Sahagún, *Florentine Codex*, vol. x, pp. 178–9, 193, 259.

5 Ibid. , p. 51.

6 Ibid. , vol. iv, pp. 5, 7, 10–13, 19–21, 23–4, 30, 34, 41–5. 这仅仅是个例子。第4本书的全部内容都是介绍这些日期名称的含义。

7 Diego Durán, *Book of the Gods and Rites and the Ancient Calendar*, ed. Fernando Horcasitas and Doris Heyden（Norman, ok, 1971）, p. 424. 这是第二位自称"蒙特苏马"的阿兹特克皇帝，我们不知

道第一位蒙特苏马当初的真名实姓到底是什么。最大的可能是，两个蒙特苏马的出现仅仅体现了一种前后相继的传承关系，不过迭戈·杜兰却认为其中另有玄机。

8　向比阿特丽克斯·波特致歉[1]。

9　Frances F. Berdan and Patricia Rieff Anawalt, The Codex Mendoza (Berkeley, ca, 1992), vol. iii, fols 57v-60r.

10　See Frances F. Berdan, Aztec Archaeology and Ethnohistory (Cambridge, 2014), p. 307.

11　Sahagún, *Florentine Codex*, vol. viii, p. 72.

12　制度化使用暴力的战争和人牲祭祀仪式是合理的，谋杀行为则不被容忍。

13　例如，某位不讲诚信的豆子商贩把生虫的豆子掺在好豆子里出售，或者某位偷奸耍滑的商贩故意给商品"美容"，让它们看起来比实际的质量要好。伪造可可豆的案例在文献中有据可查。See Sahagún, *Florentine Codex*, vol. x, pp. 66, 61.

14　这种做法让人想起第一次世界大战时英国妇女将白色羽毛赠予那些她们觉得可能应征入伍的男士。

---

[1]　Beatrix Potter, 1866 年 7 月 28 日—1943 年 12 月 22 日，英国著名儿童读物作家和自然科学家，《彼得兔》的创作者。

第 8 章　科学、医学和实际生活经验

1　Anonymous Conqueror, 'The Chronicle of the Anonymous Conqueror', in *The Conquistadors*, ed. P. de Fuentes (Norman, ok, 1963), p. 173.

2　Jeffrey R. Parsons and Mary H. Parsons, *Maguey Utilization in Highland Central Mexico* (Ann Arbor, mi, 1990), p. 336. 采摘龙舌兰的叶子收集纤维只能在植物生长的早期阶段进行，这本书详细介绍了墨西哥中部地区种植龙舌兰的历史和现状。

3　这些细节主要来自对当代龙舌兰加工流程的观察，考古学研究证明这项技术从古到今并没有发生太大变化。

4　似乎在寒冷带的环境下，每公顷龙舌兰提供的热量和关键营养大致与标准种子作物相当。如果把可食用的果肉和糖浆算在一起的话，单位面积龙舌兰甚至可以提供比种子作物更多的热量。Jeffrey R. Parsons, 'The Pastoral Niche in Pre-Hispanic Mesoamerica', in *Pre-Columbian Foodways*, ed. John E. Staller and Michael Carrasco (New York, 2010), p. 117.

5　Bernardino de Sahagún, *Florentine Codex*, ed. Arthur J. O. Anderson and Charles E. Dibble (Salt Lake City, ut, 1950–82), vol. vi, pp. 237, 238–40.

6　Matthew Restall, *When Montezuma Met Cortés* (New York, 2018), p. 130.

7　Andrés de Tapia, 'The Chronicle of Andrés de Tapia', in *The Conquistadors*, ed. P. de Fuentes, p. 40. 他头脑中的"狮子""老虎"形象脱胎自他的西班牙文化背景。

8　Diego Durán, *The History of the Indies of New Spain*, trans. Doris Heyden (Norman, ok, 1994), pp. 244–5.

9　Marshall Saville, *The Goldsmith's Art in Ancient Mexico* (New York, 1920), p. 119.

10　Motolinía [Fray Toribio de Benavente], *Motolinía's History of the Indians of New Spain* (New York, 1950), p. 241.

11　这个工具可以在特诺奇蒂特兰奠基图的右下角看到。Berdan and Anawalt, *The Codex Mendoza* (Berkeley, ca, 1992), vol. iii, fol 2r.

12　Juan de Torquemada, *Monarquía Indiana* (Mexico City, 1969), vol. i, p. 188. Translation in Miguel León–Portilla, *Aztec Thought and Culture* (Norman, ok, 1963), p. 142.

13　Anthony F. Aveni, 'Mesoamerican Calendars and Archaeoastronomy', in *The Oxford Handbook of Mesoamerican Archaeology*, ed. Deborah L. Nichols and Christopher A. Pool (Oxford, 2012), pp. 787–8.

14　关于这些问题的更多信息参考 Bernard Ortiz de Montellano,

Aztec Medicine, *Health and Nutrition* (New Brunswick, nj, 1990), and Juan Alberto Román Berrelleza, 'Health and Disease among the Aztecs', in *The Aztec World*, ed. Elizabeth M. Brumfiel and Gary M. Feinman (New York, 2008), pp. 53–65.

15 Frances F. Berdan and Patricia Rieff Anawalt, *The Codex Mendoza* (Berkeley, ca, 1992), vol. iv, fol. 71r.

16 Sahagún, *Florentine Codex*, vol. x, p. 30.

17 Ibid., vol. vi, pp. 156–7.

18 Frances F. Berdan and Michael E. Smith, *Everyday Life in the Aztec World* (Cambridge, 2021), 详细讨论了产婆和助产士。

19 Leonardo López Luján, *The Offerings of the Templo Mayor of Tenochtitlan* (Albuquerque, nm, 2005).

第 9 章　神祇、牺牲和生命的意义

1 John Bierhorst, *History and Mythology of the Aztecs*: *The Codex Chimalpopoca* (Tucson, az, 1992), pp. 145–6.

2 以阿兹特克宗教为题的代表性论文是 H. B. Nicholson's 'Religion in Pre-Hispanic Central Mexico' in *Handbook of Middle American Indians*, vol. x (Austin, tx, 1971), pp. 395–446.

3 Frances F. Berdan, *Aztec Archaeology and Ethnohistory* (Cam-

bridge，2014），p. 219.

4　纳瓦语"centzontli"（400）也可以指"很多"的意思。

5　该城邦位于特诺奇蒂特兰西南方向大概 72 千米，公元 1468—1481 年前后被阿兹特克皇帝阿哈雅卡特尔率军攻陷。

6　阿兹特克的地狱和基督教的地狱不能画等号，因为前者不含道德判断元素。

7　祭品会因社会地位的不同而存在明显差异，上流社会人士去世后陪伴他们前往另一世界的可能有殉葬的奴隶和其他奇珍异宝，贫苦的平民家庭只能为逝者献上寒酸的祭品。

8　对这些仪式及其含义的更详细描述参考 Richard Townsend， *The Aztecs*（London，2000），pp. 140-45，and H. B. Nicholson，"The Annual 'Royal Ceremony' on Mt. Tlaloc：Mountain Fertility Ritualism in the Late Pre-Hispanic Basin of Mexico"，in *Mesas and Cosmologies in Mesoamerica*，ed. Douglas Sharon（San Diego，ca，2003），pp. 33-49.

9　除了开膛摘心，根据需要，仪式上的人牲还可能以其他形式被献祭，比如被乱箭射死或者扔进火堆烧死。

10　乐器包括螺号、大鼓，哨子或笛子，还有沙槌和骨璜[1]。

11　据史料记载，率军出征以前，蒙特苏马二世要向各路神

––––––––––––

[1]　bone rasps，基本原理是在人或动物的大腿骨上从上到下刻上一排凹槽，然后用薄骨片来回刮擦发声。

祗隆重进献衣服、珠宝、羽毛、鹌鹑等祭品，希望后者保佑他凯旋。

12　对这些贡品的详细研究参考 Leonardo López Luján's *The Offerings of the Templo Mayor of Tenochtitlan*（Albuquerque, nm, 2005）, and 'The Codex Mendoza and the Archaeology of Tenochtitlan', in *Mesoamerican Manuscripts*, ed. Maarten E. R. G. N. Jansen et al.（Leiden, 2019）, pp. 15–44.

第10章　日薄西山：第五太阳纪的终结

1　In Miguel León-Portilla, *Aztec Thought and Culture*（Norman, ok, 1963）, pp. 64–6. 这段引文出自16世纪60年代萨阿贡参观一处在纳瓦语中被称为"Coloquios"的大型市场后写下的相关记录。

2　不清楚他们当中是否有高级祭司、学者或哲学家。

3　对这件器物上各类羽毛品种的鉴定并不是特别科学。殖民地时代制造的同类工艺品上仍可找到相同品种的鸟类羽毛，这其中，蜂鸟在当地分布广泛，器物上那些棕色和白色的羽毛可能出自当地特有的鸭子，粉色羽毛或许来自粉红琵鹭，黄色的大概是黄翅酋长鹂，橙色的八成是金刚鹦鹉的尾羽，所有这些鸟类都生活在低海拔地区。如果对羽毛种类的鉴定是准确的，那么这件器物最有可能的产地就是墨西哥中部。这样的结论同时还说明殖民地时代的土著手工艺人仍然能从低海拔地区获得稳定的羽毛供给。

4　例如，手艺高超的羽毛匠可以事先把全部马赛克块单独加工出来，然后统一在器物上拼接成图案，其他两位技艺稍逊的工匠则可以负责条状马赛克之类对技术要求不高的工作。

5　三连圣像中联的尺寸为482×317毫米，它的早期历史比较模糊，后来成为佛罗伦汀的私人藏品，再后来转手到曼哈顿的高特兄弟（Coudert Brothers）律师事务所，他们代表的是某位国际投资人。1888年，律师事务所把这件藏品捐赠给纽约大都会艺术博物馆保存至今，墨西哥国家艺术博物馆目前也有一幅类似的圣像。

6　Camilla Townsend, *Fifth Sun* (Oxford, 2019), p. 97.

7　民间传说照旧对他的死亡细节添枝加叶。大概意思是说，西班牙征服者把皇帝带到宫殿的屋顶对着愤怒的民众发表讲话，有些人实在气不过，便用石头砸死了他。也有说法认为是西班牙人杀死了皇帝，后者丧命前还被拘禁了大概80天。

8　这只是对这些重大事件的简要概述，更多详细且可靠的史料包括 Hugh Thomas, *Conquest* (New York, 1993) and Matthew Restall, *When Moctezuma Met Cortés* (New York, 2018).

9　Thomas, *Conquest*, pp. 528–9.

10　Michel R. Oudijk and Matthew Restall, 'Mesoamerican Conquistadors in the Sixteenth Century', in *Indian Conquistadors*, ed. Laura

E. Matthew and Michel R. Oudijk (Norman, ok, 2007), p. 33.

11 与西班牙人的火器、钢铁刀剑和十字弩相抗衡的通常是土著居民的长矛、弓箭、套索，以及镶嵌了黑曜石刃的木棒。值得一提的还有西班牙人的马匹和恶犬，土著居民对它们非常畏惧。

12 Susan Schroeder, 'Looking Back at the Conquest', in *Chipping Away on Earth*, ed. Eloise Quiñones Keber (Lancaster, ca, 1994), pp. 81-94.

13 Matthew Restall, *Seven Myths of the Spanish Conquest* (Oxford, 2003), p. 47.

14 Ibid. , p. 48.

15 类似这样的王室权力传承遭到了 17 世纪土著学者奇马尔帕辛（Chimalpahin）的谴责。See Schroeder, 'Looking Back at the Conquest', pp. 81-94.

16 Charles Gibson, *The Aztecs under Spanish Rule* (Stanford, ca, 1964), p. 138. 战争、过度劳累、饥荒和混乱也造成了这些损失。

17 Restall, *Seven Myths of the Spanish Conquest*, pp. 54-5.

18 Ibid. , p. 52.

19 关于这些融合的更多细节参考 James Lockhart, *The Nahuas after the Conquest* (Stanford, ca, 1992), pp. 203 - 60; Louise M. Burkhart, *Aztecs on Stage* (Norman, ok, 2011); and David Tavárez, *The*

Invisible War（Stanford，ca，2011）．

第 11 章 阿兹特克的遗产：现实和想象

1　1985 年在墨西哥普埃布拉州北部的谢拉地区一位纳瓦族纺织工人对作者的陈述。

2　See Alan R. Sandstrom，'The Aztecs and their Descendants in the Contemporary World'，in *The Oxford Handbook of the Aztecs*（Oxford，2017），pp. 707-20. 很多土著族群依然生活在当年阿兹特克帝国的领土上，他们是奥托米人、米斯特克人、萨波特克人、托托纳卡人和胡雅斯特卡人，这些土著居民当中有很多人仍在使用本民族的语言，延续着他们古老文化传统的元素。

3　土著女孩年纪轻轻就开始佩戴这种圈状头饰，只不过数量很少，体量也比较小。随着年龄增长，头饰越来越丰富。

4　Sandstrom，'The Aztecs and their Descendants in the Contemporary World'，p. 714.

5　Oscar Lewis，*Life in a Mexican Village*（Urbana，il，1963），p. 256.

6　Alan R. Sandstrom，*Corn Is Our Blood*（Norman，ok，1991），p. 254.

7　从字面上看，电子邮件读作 "metal-vine-face or eye-deliverdirect object - writing - noun ending"，电视则读作"metal - mirror [glass] -direct object-reflexive movement-this, that-image or drawing-noun ending". Alan R. Sandstrom, personal communication, 2019.

8　叫作《墨西哥的历史》，迭戈·里维拉创作于1929 - 1935年。

9　Davíd Carrasco, 'Imagining a Place for Aztlan', in *The Aztec World*, ed. Elizabeth M. Brumfiel and Gary M. Feinman (New York, 2008), pp. 228, 229.

10　'Solar System Genealogy Revealed by Meteorites', *Science x*, 29 August 2012, https://phys.org, accessed 10 July 2020.

11　这门手艺的历史比刺绣还要悠久，土著居民创作某些绘画和剪纸作品的目的是出于本地仪式的需要（主要是为了祈福祛病），某些则纯粹是为了吸引外国游客的注意，后一种作品在旅游市场上很常见。

参考书目

Alvarado Tezozomoc, Fernando, *Crónica Mexicana* (Mexico City, 1975) .

Anderson, Arthur J. O. , Frances Berdan and James Lockhart, *Beyond the Codices* (Berkeley, ca, 1976) .

Anonymous Conqueror, 'The Chronicle of the Anonymous Conqueror', in *The Conquistadors*, ed. and trans. P. de Fuentes (Norman, ok, 1963), pp. 165–81.

Aveni, Anthony, 'Mesoamerican Calendars and Archaeoastronomy', in *The Oxford Handbook of Mesoamerican Archaeology*, ed. D. L. Nichols and C. A. Pool (Oxford, 2012), pp. 787–94.

Berdan, Frances F. , *Aztec Archaeology and Ethnohistory* (Cambridge, 2014) .

—, 'Concepts of Ethnicity and Class in Aztec-period Mexico', in *Ethnic Identity in Nahua Mesoamerica*, ed. F. F. Berdan et al. (Salt Lake City, ut, 2008), pp. 105–32.

—, et al. , *Aztec Imperial Strategies* (Washington, dc, 1996) .

—, and Patricia Rieff Anawalt, *The Codex Mendoza*, 4 vols (Berkeley, ca, 1992) .

—, and Michael E. Smith, *Everyday Life in the Aztec World* (Cambridge, 2021) .

Bierhorst, John, *History and Mythology of the Aztecs: The Codex Chimalpopoca* (Tucson, az, 1992) .

Boone, Elizabeth Hill, *Stories in Red and Black* (Austin, tx, 2000) .

—, 'This New World Now Revealed: Hernán Cortés and the Presentation of Mexico to Europe', *Word and Image*, xxvii/1 (2011), pp. 31-46.

Burkhart, Louise M. , *Aztecs on Stage: Religious Theater in Colonial Mexico* (Norman, ok, 2011) .

Carrasco, Davíd, 'Imagining a Place for Aztlan', in *The Aztec World*, ed. E. M. Brumfiel and G. M. Feinman (New York, 2008), pp. 225-40.

Códice Chimalpopoca, trans. Feliciano Velázquez (Mexico City, 1975) .

Coe, Sophie D. , and Michael D. Coe, *The True History of Chocolate*

（London，1996）Cortés，Hernando，5 *Letters of Cortés to the Emperor*，ed. J. Bayard Morris（New York，1928）．

Díaz del Castillo，Bernal，*The History of the Conquest of New Spain*，ed. D. Carrasco（Albuquerque，nm，2008）．

Dominici，Davide，Constanza Miliani and Antonio Sgamellotti，'Cultural and Historical Implications of Non-destructive Analyses on Mesoamerican Codices in the Bodleian Libraries'，in *Mesoamerican Manuscripts: New Scientific Approaches and Interpretations*，ed. M. E. R. G. N. Jansen，V. M. Lladó-Buisán and L. Snijders（Leiden，2019），pp. 160-74.

Durán，Diego，*Book of the Gods and Rites and the Ancient Calendar*，ed. and trans. F. Horcasitas and D. Heyden（Norman，ok，1971）．

—，*The History of the Indies of New Spain*，trans. D. Heyden（Norman，ok，1994）．

Feest，Christian，'Mexican Featherwork in Austrian Habsburg Collections'，in *Images Take Flight*，ed. A. Russo，G. Wolf and D. Fane（Florence，2015），pp. 290-97.

Filloy Nadal，Laura，and María Olvido Moreno Guzmán，'Precious Feathers and Fancy Fifteenth-century Feathered Shields'，in *Rethinking the Aztec Economy*，ed. D. L. Nichols，F. F. Berdan and M. E. Smith

(Tucson, az, 2017), pp. 156-94.

Fuentes, Patricia de, *The Conquistadors* (Norman, ok, 1963).

Gibson, Charles, *The Aztecs under Spanish Rule* (Stanford, ca, 1964).

Haag, Sabine, Alfonso de Maria y Campos, Lilia Rivero Weber and Christian Feest, eds, *El penacho del México Antiguo* (Altenstadt, 2012).

Hajovsky, Patrick Thomas, 'André Thevet's 'True' Portrait of Moctezuma and Its European Legacy', *Word and Image*, xxv/4 (2009), pp. 335-52.

Hicks, Frederic, 'Ethnicity', in *The Oxford Encyclopedia of Mesoamerican Cultures*, ed. D. Carrasco (Oxford, 2001), vol. i, pp. 388-92.

Hosler, Dorothy, 'Metal Production', in *The Postclassic Mesoamerican World*, ed. M. E. Smith and F. F. Berdan (Salt Lake City, ut, 2003), pp. 159-71.

Keen, Benjamin, *The Aztec Image in Western Thought* (New Brunswick, nj, 1971).

Landa, Diego de, *Relación de las Cosas de Yucatan*, ed. A. M. Tozzer (Cambridge, ma, 1941).

León-Portilla, Miguel, *Aztec Thought and Culture* (Norman, ok, 1963).

Lewis, Oscar, *Life in a Mexican Village* (Urbana, il, 1963).

Lockhart, James, *The Nahuas after the Conquest: A Social and Cultural History of the Indians of Central Mexico* (Stanford, ca, 1992).

López Austin, Alfredo, and Leonardo López Luján, 'The Posthumous History of the Tizoc Stone', in *Fanning the Sacred Flame*, ed. M. A. Boxt and B. D. Dillon (Louisville, co, 2012), pp. 439-60.

López Luján, Leonardo, 'The Codex Mendoza and the Archaeology of Tenochtitlan', in *Mesoamerican Manuscripts*, ed. M. E. R. G. N. Jansen, V. M. Lladó-Buisán and L. Snijders (Leiden, 2019), pp. 15-44.

—, *The Offerings of the Templo Mayor of Tenochtitlan*, trans. B. O. de Montellano and T. O. de Montellano (Albuquerque, nm, 2005).

Martyr D'Anghera, Peter, *De Orbe Novo: The Eight Decades of Peter Martyr*, trans. F. A. MacNutt, 2 vols (New York, 1912).

Motolinía [Fray Toribio de Benavente], *Memoriales o libro de las cosas de la Nueva España y de los naturales de ella*, ed. E. O'Gorman (Mexico City, 1971).

—, *Motolinía's History of the Indians of New Spain*, ed. and trans. E. A. Foster (New York, 1950).

Mundy, Barbara, 'Mapping the Aztec Capital: The 1524 Nuremberg Map of Tenochtitlan, Its Sources and Meaning', *Imago Mundi*, 50 (1998), pp. 11–33.

Nichols, Deborah L., 'The Rural and Urban Landscapes of the Aztec State', in *Mesoamerican Archaeology: Theory and Practice*, ed. J. Hendon and R. Joyce (Oxford, 2004), pp. 265–95.

Nicholson, H. B., "The Annual 'Royal Ceremony' on Mt. Tlaloc: Mountain Fertility Ritualism in the Late Pre-Hispanic Basin of Mexico", in *Mesas and Cosmologies in Mesoamerica*, ed. D. Sharon (San Diego, ca, 2003), pp. 33–49.

—, 'Religion in Pre-Hispanic Central Mexico', in *Handbook of Middle American Indians*, ed. G. Eckholm and I. Bernal (Austin, tx, 1971), vol. x, pp. 395–446.

Olivier, Guilhem, *Mockeries and Metamorphoses of an Aztec God: Tezcatlipoca, 'Lord of the Smoking Mirror'* (Boulder, co, 2003).

Ortiz de Montellano, Bernard R., *Aztec Medicine, Health, and Nutrition* (New Brunswick, nj, 1990).

Oudijk, Michel R., and Matthew Restall, 'Mesoamerican Conquistadors in the Sixteenth Century', in *Indian Conquistadors*, ed. L. E. Matthew and M. R. Oudijk (Norman, ok, 2007), pp. 28–63.

Parsons, Jeffrey R. , 'The Pastoral Niche in Pre‑Hispanic Mesoamerica', in *Pre-Columbian Foodways*, ed. J. E. Staller and M. Carrasco (New York, 2010), pp. 109‑36.

—, and Mary H. Parsons, *Maguey Utilization in Highland Central Mexico* (Ann Arbor, mi, 1990).

Pasztory, Esther, *Aztec Art* (New York, 1983).

Place, Edwin B. , and Herbert C. Behm, *Amadis of Gaul, Books* Ⅰ *and* Ⅱ: *A Novel of Chivalry of the 14th Century Presumably First Written in Spanish* (Lexington, ky, 2003).

Restall, Matthew, *Seven Myths of the Spanish Conquest* (Oxford, 2003).

—, *When Montezuma Met Cortés* (New York, 2018).

Riedler, Renée, 'Materials and Technique of the Feather Shield Preserved in Vienna', in *Images Take Flight*, ed. A. Russo, G. Wolf and D. Fane (Florence, 2015), pp. 330‑41.

Román Berrelleza, Juan Alberto, 'Health and Disease among the Aztecs', in *The Aztec World*, ed. E. M. Brumfiel and G. M. Feinman (New York, 2008), pp. 53‑65.

Sahagún, Bernardino de, *Florentine Codex: General History of the Things of New Spain*, ed. and trans. A. J. O. Anderson and C. E. Dibble, 12 vols (Salt Lake City, ut, 1950-82).

Sandstrom, Alan R., 'The Aztecs and their Descendants in the Contemporary World', in *The Oxford Handbook of the Aztecs*, ed. D. L. Nichols and E. Rodríguez-Alegría (Oxford, 2017), pp. 707-20.

—, *Corn Is Our Blood* (Norman, ok, 1991).

Saville, Marshall H., *The Goldsmith's Art in Ancient Mexico* (New York, 1920).

Schroeder, Susan, 'Looking Back at the Conquest: Nahua Perceptions of Early Encounters from the Annals of Chimalpahin', in *Chipping Away on Earth*, ed. E. Quiñones Keber (Lancaster, ca, 1994), pp. 81-94.

Tapia, Andrés de, 'The Chronicle of Andrés de Tapia', in *The Conquistadors*, ed. and trans. P. de Fuentes (Norman, ok, 1963), pp. 17-48.

Tavárez, David, *The Invisible War: Indigenous Devotions, Discipline, and Dissent in Colonial Mexico* (Stanford, ca, 2011).

Thibodeau, Alyson M., et al., 'Was Aztec and Mixtec Turquoise Mined in the American Southwest?', *Science Advances*, 4/6 eaas9370, 13 June 2018.

Thomas, Hugh, *Conquest: Montezuma, Cortés, and the Fall of Old*

Mexico (New York, 1993).

Torquemada, Juan de, *Monarquía Indiana*, 3 vols (Mexico City, 1969).

Townsend, Camilla, *Fifth Sun: A New History of the Aztecs* (Oxford, 2019).

Townsend, Richard F. , *The Aztecs* (London, 2000).

Umberger, Emily, 'Antiques, Revivals, and References to the Past in Aztec Art', *RES*, 13 (1987), pp. 62–105.

—, 'Ethnicity and Other Identities in the Sculptures of Tenochtitlan', in *Ethnic Identity in Nahua Mesoamerica*, ed. F. F. Berdan et al. (Salt Lake City, ut, 2008), pp. 64–104.

—, 'Tezcatlipoca and Huitzilopochtli: Political Dimensions of Aztec Deities', in *Tezcatlipoca: Trickster and Supreme Deity*, ed. E. Baquedano (Boulder, co, 2014), pp. 83–112.

Young, Allen, *The Chocolate Tree: A Natural History of Cacao* (Gainsville, fl, 2007).

致　谢

每本书的问世都有其特定的因缘、创作过程和各方面的玉成人士，本书的出现却纯属意外。借此机会，我要特别感谢那些为本书多方奔走的朋友所作出的努力，恰恰是他们的付出催生了今天的成果。

首先要感谢 Reaktion Books 的组稿编辑戴夫·沃特金斯（Dave Watkins），感谢他向我提出撰写此书的邀请，感谢他一直以来为我提供的支持、建议和鼓励，更要感谢他富有远见卓识的编辑工作。感谢 Reaktion Books 的出版商助理亚历克斯·乔巴努（Alex Ciobanu）通过他的资源为本书提供图片，感谢他顺畅、高效的编辑工作。Reaktion Books 的编辑艾米·索尔特（Amy Salter）的工作同样顺畅、高效，在此一并表示感谢，还要感谢玛格丽特·麦科马克（Margaret McCormack）为本书编纂索引，简·加斯科（Jan Gasco）和迈克·史密斯（Mike Smith）为本书提供的那些独一无二的重要插图。感谢诸位的精诚合作。感谢向来慷慨大方的艾米莉·翁贝格尔（Emily Umberger）和我分享她的图片资源。

　　这里还要特别提及我的女儿珍妮弗·伯丹·洛扎诺（Jennifer Berdan Lozano）做出的贡献，她为本书绘制了地图和图表，还对其他图片作了编辑处理。恰恰是因为有了她的帮助，才将我"技术"地带到 21 世纪。最后尤其有必要对我的丈夫鲍勃说一声"谢谢"，他的耐心、智慧和帮助犹如及时雨一般，无时无刻不萦绕在我的身旁。

图片提供鸣谢

作者和出版方向下列为本书提供图片或允许我们复制图片的各方表示感谢，为节省笔墨，某些为本书提供文物参考的机构地址也一并开列如下：

Photos Frances F. Berdan: pp. 26[1], 39, 75, 82, 83, 97, 140, 186, 193 (right), 195, 200; from Frances F. Berdan and Patricia Rieff Anawalt, eds, *The Codex Mendoza*, vol. iv (Berkeley, ca, 1992): pp. 48, 91, 114, 119, 136; drawings Jennifer Berdan Lozano: pp. 12, 27, 42, 45, 56, 60, 65, 102, 128; Bodleian Libraries, University of Oxford (ms. Arch. Selden. a. 1): pp. 34, 64, 67, 106, 132, 133, 170; Brooklyn Museum, New York (cc by 3.0): p. 10; Edward E. Ayer Digital Collection, Newberry Library, Chicago, il: p. 23; Field Museum, Chicago, il/photos Jennifer Berdan Lozano: pp. 81 (cat. no. 93835), 92 (cat. no. 164652); photo Janine Gasco: p. 90; The Metropolitan Museum of Art, New York: p. 175; courtesy Museo Nacional de

---

[1]　此处页码系原版图书页码，本书予以保留。

Antropología, Mexico City: p. 53; National Museum of the American Indian, Smithsonian Institution, Washington, dc (cat. no. 108708) /photo Frances F. Berdan: p. 87; from Zelia Nuttall, ed., *The Book of the Life of the Ancient Mexicans, Containing an Account of their Rites and Superstitions*, or the *Codex Magliabechiano* (facsimile edn) (Berkeley, ca, 1903): pp. 149, 157, 167; courtesy Rhode Island School of Design (risd) Museum, Providence, ri: p. 145; photo Patricia Rieff Anawalt: p. 193 (left); from Fray Bernardino de Sahagún, *Historia general de las cosas de nueva España*, or the *Florentine Codex* (1577), courtesy Biblioteca Medicea Laurenziana, Florence/World Digital Library: pp. 99 (book ix), 113 (book xi), 122 (book viii), 126 (book x), 180 (book xii), 187 (book x); from Michael E. Smith, *The Aztecs*, 3rd edn (Chichester and Malden, ma, 2012), reproduced with permission: p. 118; from André Thevet, *Les vrais pourtraits et vies des hommes illustres grecz, latins et payens*, vol. iii (Paris, 1584), photo courtesy Boston Public Library: p. 32; drawings Emily Umberger: pp. 30, 54, 161; Weltmuseum Wien/ khm-Museumsverband, Vienna: pp. 72, 111.

重要译名对照

阿尔布雷希特·丢勒	Albrecht Dürer
阿哈雅卡特尔	Axayacatl
阿卡玛皮奇特里	Acamapichtli
阿马迪斯	Amadis
阿斯卡波察尔科	Azcapotzalco
阿维措特	Ahuitzotl
埃尔南多·科尔特斯	Hernando Cortés
埃赫卡特尔-克查尔科亚特尔	Ehecatl-Quetzalcoatl
安德烈·泰韦	André Thevet
安德烈斯·德塔皮亚	Andrés de Tapia
安东尼奥·马利亚贝基	Antonio Magliabechi
奥唐特库利	Otontecuhtli
奥托潘	Otompan
贝尔纳尔·迪亚斯·德尔卡斯蒂略	Bernal Díaz del Castillo
大卫·卡拉斯科	Davíd Carrasco

蒙特苏马一世	Motecuhzoma Ilhuicamina
莫雷洛斯州	Morelos
纽伦堡	Nuremberg
潘蒂兰	Pantitlan
普埃布拉州北部的谢拉地区	Sierra Norte de Puebla
奇马尔帕辛	Chimalpahin
恰帕斯	Chiapas
圣方济各会修士贝尔纳迪诺·德萨阿贡	Franciscan friar Bernardino de Sahagún
塔瓦斯科	Tabasco
泰兹卡特里波卡	Tezcatlipoca
唐费尔南多·德阿尔瓦·伊斯特利尔索奇特尔	Don Fernando de Alva Ixtlilxochitl
特奥蒂瓦坎	Teotihuacan
特拉尔泰库特利	Tlaltecuhtli
特拉科潘	Tlacopan
特拉特洛尔科	Tlatelolco
特诺奇蒂特兰	Tenochtitlan
特斯科科	Texcoco

特斯科科湖	Lake Texcoco
图拉	Tula
托皮尔琴·克查尔科亚特尔	Topiltzin Quetzalcoatl
瓦哈卡	Oaxaca
威齐洛波契特里	Huitzilopochtli
韦拉克鲁斯	Veracruz
西佩托堤克	Xipe Totec
修奇克扎尔	Xochiquetzal
修奇皮里	Xochipilli
亚卡特库特里	Yacatecuhtli
亚历山大·冯·洪堡	Alexander von Humboldt
伊达尔戈州	Hidalgo
伊兹柯阿特尔	Itzcoatl
羽蛇神克查尔科亚特尔	Quetzalcoatl